中传学者文库编委会

主　任： 廖祥忠　张树庭

副主任： 蔺海波　李　众　刘守训　李新军　王　晖
　　　　　杨　懿　柴剑平

成　员（按姓氏笔画排序）：

王廷信　王栋晗　王晓红　王　雷　文春英
龙小农　付　龙　叶　龙　刘东建　刘剑波
任孟山　李怀亮　李　舒　张绍华　张　晶
张根兴　张毓强　林卫国　郑　月　金　炜
金雪涛　周建新　庞　亮　赵新利　徐红梅
贾秀清　高晓虹　隋　岩　喻　梅　熊澄宇

数字时代的新闻学

涂凌波自选集

涂凌波 著

1954-2024

中传学者文库

主编／柴剑平

执行主编／龙小农　副主编／张毓强　周建新

中国传媒大学出版社

·北京·

图书在版编目（CIP）数据

数字时代的新闻学：涂凌波自选集 / 涂凌波著 . -- 北京：中国传媒大学出版社，2024.8.

（中传学者文库 / 柴剑平主编）.

ISBN 978-7-5657-3698-8

Ⅰ．G210-53

中国国家版本馆 CIP 数据核字第 2024GT5140 号

数字时代的新闻学：涂凌波自选集
SHUZI SHIDAI DE XINWENXUE: TU LINGBO ZIXUANJI

著　　者	涂凌波
责任编辑	于水莲
特约编辑	张斯琪
封面设计	锋尚设计
责任印制	李志鹏
出版发行	中国传媒大学出版社
社　　址	北京市朝阳区定福庄东街 1 号　　邮　编　100024
电　　话	86-10-65450528　65450532　　传　真　65779405
网　　址	http://cucp.cuc.edu.cn
经　　销	全国新华书店
印　　刷	北京中科印刷有限公司
开　　本	710mm×1000mm　1/16
印　　张	20
字　　数	298 千字
版　　次	2024 年 8 月第 1 版
印　　次	2024 年 8 月第 1 次印刷
书　　号	ISBN 978-7-5657-3698-8/G・3698　　定　价　99.00 元

本社法律顾问：北京嘉润律师事务所　郭建平

总　序

媒介是人类社会交流和传播的基本工具。从口语时代到印刷时代，再经电子时代至今天的数智时代，媒介形态加速演变、融合程度深入发展，媒介已然成为现代社会运行的基础设施和操作系统。今天，人类已经迈入媒介社会，万物皆媒、人人皆媒，无媒介不社会、无传播不治理。今天，无论我们怎么用力于信息传播的研究、怎么重视信息传播人才的培养都不为过。

中国传媒大学（其前身为北京广播学院）作为新中国第一所信息传播类院校，自1954年创建伊始，即与媒介形态演变合律同拍、与国家发展同频共振，努力探索中国特色信息传播人才培养模式、构建中国信息传播类学科自主知识体系，执信息传播人才培养之牛耳、发信息传播研究之先声，被誉为"中国广播电视及传媒人才摇篮""信息传播领域知名学府"。

追溯中传肇始发轫之起源、瞩望中传砥砺跨越之未来，可谓创业维艰而其命维新。昔日中传因广播而起，因电视而兴，因网络而盛，今天和未来必乘风破浪、蓄势而上，因人工智能而强。在这期间，每一种媒介兴起，中传均吸引一批志于学、问于道、勤于术的

学者汇聚于此，切磋学术、传道授业，立时代之潮头，回应社会需求，成为学界翘楚、行业中坚，遂有今日中传学术研究之森然气象，已历七秩而弦歌不断，将传百世亦风华正茂。

自新时代以来，中传坚守为党育人、为国育才初心，励精图治、勠力前行，秉承"系统治理、创新图强、交叉融合、特色发展"的办学理念，牢牢把握高等教育发展大势、传媒业态发展趋势，瞄准"智能传媒"和"国际一流"两大主攻方向，以世界为坐标、以未来为向度，完成了全面布局和系统升级，正在蹄疾步稳、高质量推动学校从传统高等教育向未来高等教育跨越、从传统传媒教育向智能传媒教育跨越、从国内一流向世界一流跨越，全力建设中国特色、世界一流传媒大学。

中国特色、世界一流，在于有大先生扎根中国大地，汇聚古今、融通中外；在于有大先生执教黉门，学高为师、身正为范；在于有大先生躬耕杏坛，敦品积学、启智润心。习近平总书记更强调，高校教师要立志成为大先生，在教书育人和科研创新上不断创造新业绩。中传广大教师素来以做大先生为毕生职志，努力成为新时代"经师"与"人师"的统一者，做真学问、立高品行，践履"立德树人"使命。

2024 岁在甲辰，欣逢中传建校 70 华诞，学校特邀约部分学者钩玄勒要、增删批阅，遴选已公开刊发的论文汇编成集，出版"中传学者文库"，意在呈现学校在学科建设、科学研究、服务行业实践等方面的最新成果，赓续中传文脉，谱写时代新声。

文库汇聚老中青三代学者，资深学者渊渟岳峙、阐幽抉微；中年学者沉潜蓄势、厚积薄发；青年学者踌躇满志、未来可期。文库与五十周年校庆所出版的"北广学者文库"相承接，大致可勾勒中传知识生产薪火相传、三代辉映之概貌，反映中传在构建中国特色新闻传播类、传媒艺术类、传媒技术类学科体系、学术体系和话语体系方面的耕耘与收获，窥见中国特色信息传播类学科知识体系构建的发展脉络与轨迹。

这一构建过程，虽筚路蓝缕，却步履铿锵；虽垦荒拓野，亦四方辐辏。一批肇始于中传，交叉融合、具有中国特色的学科，如播音主持艺术学、广播电视艺术学、传媒艺术学、数字媒体艺术学、政治传播学等，从涓涓细流汇入滔滔江河，从中传走向全国，展现了中传学者构建中国自主知识体系的学术想象力和创新力。文库展示的虽然是历史，实则是呈现今天；看似是总结过去，实则是召唤未来。与其说这套文库的出版，是对既有学术成果的展示，毋宁说是对未来学术创新的邀约。

回首过往，七秩芳华。我们深知，唯有将马克思主义基本原理与中华优秀传统文化相结合，才能推动中华学术创造性转化和创新性发展，推动中国自主知识体系的构建。我们深知，唯有准确把握媒介形态演变的脉动、深刻认知媒介形态变革所产生的影响，才能推动中国信息传播类学科自主知识体系的构建与时俱进。

展望未来，星辰大海。我们深知，以人工智能为代表的产业和科技革命正迅疾而来，媒介生态正在加速重构，教育形态正在全面重塑，大学之使命与价值正在被重新定义；我们深知，唯有"胸怀国之大者"、面向世界科技前沿、面向经济主战场、面向国家重大需求，才能确保中传始终屹立于中国乃至世界传媒教育发展之潮头。

如何应对人工智能带来的深刻变革，对中传而言是一场要么"冲顶"、要么"灭顶"的"兴亡之战"。我们坚信，不管前方是雄关漫道，还是荆棘满途，唯有勇敢直面"教育强国，中传何为？"这一核心命题，奋力书写"智能传媒教育，中传师生有为！"的精彩答卷，才能化危为机，奋力开创人工智能时代中传智能传媒教育新纪元。

功不唐捐，芳华七秩；风帆正举，赓续创新。

是为序。

第十四届全国政协委员，中国传媒大学党委书记、教授、博士生导师

目 录

第一章 范式与方法：新闻学研究的时空坐标
  引　言　新闻理论范式的危机与创新 ·· 001
  第一节　范式转换的逻辑起点与一般过程 ·· 002
  第二节　新范式生成的知识来源与依据 ·· 007
  第三节　中国的媒介实践与历史经验及其对象价值 ························ 010
  第四节　"以中国为方法"的方法论思索 ·· 013

第二章 自主知识体系建构：何以可能与何以可为？
  引　言　建构自主知识体系的时代使命 ·· 020
  第一节　建构新闻传播学自主知识体系的思想根基 ························ 022
  第二节　早期中国新闻学知识体系建构的探索 ································ 029
  第三节　中国特色新闻学理论内核的成形 ·· 032
  第四节　中国新闻学知识的重建与体系的初步探索 ························ 036
  第五节　中国特色新闻学知识主体框架的生成 ································ 040
  第六节　建构新闻传播学自主知识体系的基本姿态 ························ 046

第三章 技术如何重塑新闻：算法与大数据
  引　言　媒介技术的划时代革新 ·· 050
  第一节　推荐算法的机制及其在新闻领域的运用 ···························· 051
  第二节　新闻推荐算法的社会影响及其争议 ···································· 057

第三节　大数据作为智能时代的基础资源 ································ 064

第四节　传播政治经济学视角下的大数据及其批判 ···················· 071

第五节　区块链新闻的概念与技术运用 ···································· 077

第六节　区块链新闻的浪漫想象与局限 ···································· 081

第四章　媒体融合的制度逻辑：路径与经验

引　言　媒体融合十年 ·· 087

第一节　战略视角：媒体融合的顶层设计 ································ 089

第二节　媒介制度：媒体融合的结构性力量 ···························· 095

第三节　关系调整：媒体融合的理念变迁 ································ 102

第四节　行动主体：媒体融合的人才队伍建设 ························· 107

第五节　超越路径依赖：推进媒体深度融合 ···························· 110

第五章　媒介实践与中国式现代化：构建理论框架

引　言　现代化进程中媒介与国家、社会之关系 ······················ 114

第一节　发展传播学的范式及其超越 ······································ 117

第二节　中国式现代化的发展路径与独特的媒介实践 ··············· 121

第三节　中国式现代化语境下的媒介与发展传播 ······················ 125

第四节　国家能力的内涵与构成：理论回溯 ···························· 133

第五节　"媒介—国家能力"的来源机制 ································· 138

第六节　"媒介—国家能力"的理论分析框架 ·························· 143

第六章　新闻时间：新闻业运作的理论阐释

引　言　"时间"作为新闻研究的基础问题 ····························· 153

第一节　新闻时间的基本概念及其多重面向 ···························· 156

第二节　现代新闻业运作的时间逻辑与制度性结构 ··················· 165

第三节　新闻时间生态的界定与基本构成 ································ 173

第四节　"加速"新闻业：数字时代的新闻时间及其批判 ·········· 178

第五节　数字新闻业背景下新闻时间生态系统的变化 ………………… 184

　　第六节　"卷而有度"：追寻良性的新闻时间生态 …………………… 188

第七章　新闻生产：什么在决定新闻

　　引　言　作为新闻选择标准的新闻价值 ……………………………… 193

　　第一节　传统新闻价值要素的稳定性 ………………………………… 194

　　第二节　新闻价值的变量组合与分析框架 …………………………… 204

　　第三节　数字语境下新闻价值要素变化趋势 ………………………… 214

　　第四节　新闻报道中的"调查研究"实践 …………………………… 217

　　第五节　调查研究：中国新闻生产的一种实践模式 ………………… 224

第八章　新闻泛化：数字时代的传播伦理与内容治理

　　引　言　平台化的影响与新闻泛化现象 ……………………………… 234

　　第一节　数字传播伦理主体的变化 …………………………………… 237

　　第二节　"标题党"现象的原因、影响及其治理 …………………… 241

　　第三节　网络视频传播的媒介伦理问题 ……………………………… 248

　　第四节　从个人到平台的传播伦理主体规范重构 …………………… 254

　　第五节　短视频平台虚假信息的分类、特征与治理逻辑 …………… 258

第九章　数字交往：节点与圈层

　　引　言　媒介革命与数字交往 ………………………………………… 276

　　第一节　交往节点：网络意见领袖及其认识 ………………………… 277

　　第二节　网络意见领袖的变迁 ………………………………………… 280

　　第三节　数字交往与数字鸿沟 ………………………………………… 290

　　第四节　圈层化与"去圈层化"交往 ………………………………… 300

　　第五节　数字时代的世界交往观 ……………………………………… 303

后记 ……………………………………………………………………… 306

第一章 范式与方法：新闻学研究的时空坐标[*]

引　言　新闻理论范式的危机与创新

作为哲学社会科学体系中的重要分支，新闻传播学是对人类的新闻活动、传播活动以及更广义上的人类交往活动进行阐释的系统性知识，在国家建设与社会发展进程中发挥重要作用，在数字媒介技术变革带来的网络社会背景下其价值和意义更加凸显。与政治学、经济学、社会学、法学等学科相似的是，新闻传播学的发展与社会变革紧密相关，与社会实践尤其是媒介实践的变化更是不可分离。在数字革命背景下，认识论意义上的新闻学研究由于研究对象和研究视域的变化，那些过去为新闻学研究提供基础性概念、理论假设和话语陈述的知识，正在发生结构性的改变，甚至遭遇了相当的冲击和挑战。"当代中国正经历着我国历史上最为广泛而深刻的社会变革，也正在进行着人类历史上最为宏大而独特的实践创新。这种前无古人的伟大实践，必将给理论创造、学术繁荣提供强大动力和广阔空间。"[①] 近年来，关于新闻学理论范式（paradigm）转换的讨论日渐热烈，大有"山雨欲来风满楼"之势。有

---

[*] 本章内容原载于：涂凌波."以中国为方法"：新闻学理论范式转换的逻辑、知识与方法论［J］.新闻与写作，2021（11）：38-47. 收入本书时，略有删改。

① 习近平.在哲学社会科学工作座谈会上的讲话［M］//习近平.论党的宣传思想工作.北京：中央文献出版社，2020：219.

学者认为，需要超越新闻业传统的概念和实践，从而对构成新闻业的众多实践进行更广泛的定义和理解①。还有学者谈到，新闻研究不是范式的小修小补，而是一种革命性的转换②。

社会科学理论的创新归根结底来源于实践。实践的变化既是理论范式转换的逻辑起点，也是衡量理论范式转换之路径、方向、方法的基本"尺度"。新的实践呼唤理论创新，传统的新闻传播学理论范式亟待转换升级。新闻活动本体状态的革命性变化，必然呼唤新闻认识论的更新③。本章围绕新闻理论范式转换这一重大问题，主要讨论新闻理论范式转换的基本逻辑、知识来源与方法论思考，进而尝试回答新闻传播学研究如何"再出发"，怎样传承经典传统、植根中国大地、回应时代变革和融通中外知识，如何加快建设具有中国特色、中国风格、中国气派的新闻传播学等重要问题。一方面，本章希望通过反思传统新闻理论的"二元结构"和本质主义色彩，在五种新闻理论范式（规范范式、经验主义范式、社会学范式、全球比较范式、数字新闻学范式）④的基础上，探讨一种新的新闻理论范式生成的可能性；另一方面，本章基于对社会科学研究所需要的地方性知识和讲求条件性等特征，讨论中国的新闻学研究之于全球新闻学理论范式创新的知识贡献，尝试提出"以中国为方法"的方法取向，作为当代中国新闻学研究的一种思考和探索。

第一节 范式转换的逻辑起点与一般过程

简单地说，社会科学理论是对现实世界的抽象解释系统。其与科学理论

---

① DEUZE M. What is journalism？professional identity and ideology of journalists reconsidered [J]. Journalism, 2009, 6（4）: 442-464.
② VOS T, MOORE J. Building the journalistic paradigm: beyond paradigm repair [J]. Journalism, 2020, 21（1）: 17-33.
③ 杨保军. 论新闻理论研究的宏观走向 [J]. 国际新闻界, 2021（8）: 6-21.
④ 注：有学者研究认为，数字新闻学（digital journalism）作为一种新的理论体系，可以对规范范式、经验主义范式、社会学范式和全球比较范式四种传统新闻学的理论范式实现突破。此处延续这一新闻理论范式分类，将数字新闻学作为"第五种"新闻理论范式。参见常江. 数字新闻学：一种理论体系的想象与建构 [J]. 新闻记者, 2020（2）: 12-20.

的相似之处在于理论解释所追求的普遍性和可证伪性，而根本差异则在于理论解释的条件限定性以及理论与现实之间的双重影响关系。罗伯特·K. 默顿（Robert K. Merton）很早就指出社会科学在知识积累上居于自然科学和人文科学之间[①]。杰弗里·C. 亚历山大（Jeffrey C. Alexander）更是一针见血地指出理论和事实间的双重关系：理论既可以产生于对"真实世界"进行科学研究之前的非事实或非经验性思考过程，也可以产生于这个"真实世界"的结构。[②]

社会科学研究首先是对象化的过程。按照埃米尔·涂尔干（Emile Durkheim）的说法，社会科学的研究对象（物）是外在于行动者之外的社会事实，并且可以通过经验研究加以把握。"一切行为方式，不论它是固定的还是不固定的，凡是能从外部给予个人约束的""普遍存在于该社会各处并具有其固有存在的"即社会事实[③]。新闻学作为一门具有鲜明实践特征和人文色彩的社会科学，其研究对象即人类的新闻活动这一社会事实。将新闻活动对象化，新闻学研究主体在寻求对人类新闻活动的系统性解释过程中，逐步建立起关于新闻的理论体系，这就是新闻理论范式的生成逻辑[④]。

回到托马斯·库恩（Thomas S. Kuhn）在《科学革命的结构》中的经典论述，他从以下几个层面讨论了"范式"这个重要却含混的概念：其一，范式是科学共同体成员所共有的东西，"一个范式支配的首先是一群研究者而不是一个学科领域"；其二，范式"代表着一个特定共同体的成员所共有的信念、价值、技术等构成的整体"；其三，范式是"共有的范例"，可以作为常规科学中谜题解答的基础。[⑤] 当我们用库恩划分的范式革命阶段尝试分析新闻理论的知

---

① 默顿. 社会理论和社会结构[M]. 唐少杰, 齐心, 译. 南京：译林出版社, 2006：45.
② 亚历山大. 社会学二十讲：二战以来的理论发展[M]. 贾春增, 董天民, 译. 北京：华夏出版社, 2000：5.
③ 迪尔凯姆. 社会学方法的准则[M]. 狄玉明, 译. 北京：商务印书馆, 1995：33-34.
④ 注：需要指出，有学者借鉴社会学研究的区分方法，指出了"新闻理论"（theory about the press）和"新闻学理论"（theory of the journalism）的差异，后者更具有鲜明的学科建制色彩以及理论构造（theoretical construction）特征。参见朱至刚. "我们"为何以"新闻"为起点：试析《我们对于新闻学的基本观点》的理论构造[J]. 四川大学学报（哲学社会科学版），2020（2）：106-113.
⑤ 库恩. 科学革命的结构[M]. 金吾伦, 胡新和, 译. 北京：北京大学出版社, 2012：146-160.

识生产和理论演进历程时可以发现其大致经历了四个阶段（见表1.1）。

表1.1　新闻理论范式转换的基本历程

阶段	第一阶段	第二阶段	第三阶段	第四阶段
托马斯·库恩的范式革命阶段	常规科学时期	反常规科学时期	非常规科学时期	（新）常规科学时期
新闻理论范式转换阶段	传统新闻理论范式时期（规范范式、经验主义范式、社会学范式和全球比较范式等）	反传统理论时期（新闻理论出现了的"生态"转向、"文化"转向、"情感"转向、"实践"转向、STS转向等）	数字新闻学/互联网新闻学时期	（新）新闻理论范式时期

在第二阶段，新闻学研究对象发生了显著变化，既有的理论系统遭遇了库恩所言的"范式危机"。这里所指的变化包括但不限于如下方面：新闻活动已经从以职业新闻为主导走向更为广阔的社会性活动；新闻主体从以人为主体迈向"人机共生"；新闻交往方式从信息交往、精神交往发展为全域形态的交往方式；新闻传播媒介亦如约翰·D.彼得斯（John D. Peters）所言，本质上可以作为一种具有基础作用的"后勤型媒介"[①]（logistical media）加以理解等。更进一步讲，人与新闻之关系、新闻与技术之关系、新闻与社会之关系、新闻与文明之关系都已发生并仍在发生着巨大的变化。因此，建立在大众化、工业化、职业化等现代性特征基础上的传统新闻理论范式，在面对数字时代的研究对象时陷入解释乏力的窘境。

对于研究者而言，他们普遍感觉到传统的新闻学知识体系与现实世界、经验世界之间出现了"紧张"。从理论研究的基本规律来看，社会科学理论有时会滞后于现实，具有一定的滞后性，理论与现实必定有所距离。但是对于新闻学研究和新闻理论而言，问题的关键还不在于滞后性，而在于解释力困境。如果一套理论装置中的核心概念、理论假设、知识陈述难以有效解释互联网发展对于人类社会造成的结构性变化，尤其是对新闻活动领域的阐释乏力，那么理论和现实之间的紧张就意味着"范式危机"已经发生。

---

① 彼得斯．奇云：媒介即存有［M］．邓建国，译．上海：复旦大学出版社，2020：42-44．

概括地讲，当代新闻理论出现了两种意义上的"范式危机"：第一种是互联网发展作为一种社会和历史"情境"，给新闻理论所要解释的研究对象带来了根本性的改变，因而造成了理论本身的"危机"；第二种是以西方新闻（媒介、传播）理论为主导的解释系统在解释非西方的现实世界时出现的悖论，其根源在于西方理论本身的"二元结构"和本质主义特征。

前一种危机突出表现为传统新闻理论的概念工具（如真实、价值、客观、公正、道德等）因局限于狭义的职业新闻活动，而难以有效地解释已经社会化的新闻实践活动。在社会的数字化进程下，新闻作为嵌入人们日常生活世界、连接人与世界的"液态"系统，需要一种崭新的理论解释。[①] 在这一意义上，彼得斯说"媒介即存有"，我们或许可以想象"新闻即存有"，新闻是人与世界诸种关系中具有基础意味却又难以被察觉的一种关系维度[②]。

后一种危机则主要表现为理论的反思与自觉。比如，有学者指出新闻传播理论的"结构性贫困"，尤其是对（中国）新闻实践中的重大问题鲜有正面、有力的回应[③]；有学者借鉴实践转向的理论资源，反思传统新闻学研究中的二元对立思维，探讨走出表象主义、本质主义、规范主导的新闻学范式[④]。这些观点的共同之处在于，都认识到传统的新闻理论受到"二元结构"的深远影响，其在解释中国实践时均遇到"水土不服"的问题，尤其是忽略了社会科学理论的在地化、语境化特征，而出现"理论空转"现象。

更为重要的是，不仅新闻学的研究对象发生了根本性的变化，研究的视域、研究主体与研究对象之间的关系同样发生了巨大的变化。近年来，新闻学研究出现了诸种转向，如生态转向（ecological turn）、文化转向（cultural

---

① 注：关于这一问题，目前已有一些研究尝试作出解释。例如，周睿鸣，徐煜，李先知. 液态的连接：理解职业共同体——对百余位中国新闻从业者的深度访谈[J]. 新闻与传播研究，2018（7）：27-48；李泓江. 生活世界与新闻的关系研究[D]. 北京：中国人民大学，2021.
② 注：斯蒂芬斯（Mitchell Stephens）将新闻比作社会知觉，为人们提供社会意识和安全感。斯蒂芬斯. 新闻的历史[M]. 陈继静，译. 北京：北京大学出版社，2014：8-11.
③ 张涛甫. 新闻传播理论的结构性贫困[J]. 新闻记者，2014（9）：48-53.
④ 姜红，印心悦. 走出二元：当代新闻学的"实践转向"——问题、视野与进路[J]. 安徽大学学报（哲学社会科学版），2021（3）：126-131.

turn)、情感转向（emotional turn）、实践转向（practice turn）、科学技术研究转向（STS turn）等，实际上就是对传统理论解释系统出现"范式危机"的种种回应。形形色色的"转向"反映的根本问题是传统理论与现实世界之间的紧张及其所导致的认识论层面的危机，进而产生了理论解释系统的不确定性。

当一种理论范式出现危机时，往往意味着新的范式正在生成或者具有生成的可能性。库恩就谈到，"范式一改变，这世界本身也随之改变了，科学家由一个新范式指引，去采用新工具，注意新领域"。① 从认识论和世界观的角度来看，因为学术共同体运用了不一样的研究视域去观察、分析、认识研究对象，所以看到的是一个"不同的世界"，尽管这主要是认知世界的变化而非现实世界本身的根本变化。

近年来，国内外一些新闻研究者认为数字新闻学（digital journalism）具备作为一种全新的新闻理论范式的潜力，其生态性思路是理论突破的关键。② 从范式转换的阶段性审视，如果说各种理论"转向"仍然是反传统理论时期对于范式危机做出的回应，那么数字新闻学的理论体系建设则的确带有全新"范式"的意味。但从目前来看，数字新闻学或者互联网新闻学可以被看作"非常规科学"，还尚未形成学术共同体所共有的信念、价值、技术以及范例。新的新闻理论范式仍在不断探索和创新的过程中。

当我们使用库恩的"范式革命"展开分析时，要特别注意社会科学研究和自然科学研究的根本差异。在自然科学研究中，新范式取代旧范式的过程是"学科基质"（disciplinary matrix）发生某种历史性变化，新旧范式之间具有不可通约性（incommensurability），是一种革命性的变化，因此库恩所谈的范式转换也就是范式革命，而在社会科学研究中，我们则不能简单套用这一范式革命的判断。社会学家乔治·瑞泽尔（George Ritzer）就谈到社会学是一门多重范式的学科，"范式是科学领域内获得最广泛共识的单位，我们可以用

---

① 库恩. 科学革命的结构 [M]. 金吾伦，胡新和，译. 北京：北京大学出版社，2012：94.
② 参见常江，安德森，舒德森，等. 新闻学的未来：数字生态与全球语境——中英美三国新闻学学者的对谈 [J]. 新闻界，2020（10）：4-10；常江，安德森，舒德森，等. 新闻学的未来：数字生态与全球语境——中英美三国新闻学学者的对谈 [J]. 新闻界，2020（11）：14-20.

其来区分不同的科学家共同体（或亚共同体）"①。对于新闻学而言同样如此，不同的新闻理论范式之间可能不是完全取代的关系，新范式与旧范式之间既有断裂也有连续性。如果说"范式转换"的本质是认识论和世界观的转变，那么社会科学研究中的世界观当然不是单一的。

第二节　新范式生成的知识来源与依据

按照传统的学科知识分类，新闻学的研究对象主要是人类的新闻传播活动。人与新闻的关系问题是理论新闻学的总问题，事实与新闻的关系则是理论新闻学的基本问题②。进入大众新闻业时代以来③，人们对于新闻活动、人与新闻关系、事实与新闻关系等问题的认识，逐步形成了三种知识类型：第一种是新闻实践（journalistic practice）的知识，主要被认为是一种默会知识、实践型知识，有时也表现为布尔迪厄（Pierre Bourdieu）所称的"惯习"，一般通过行业内部人与人之间相互交流而习得、传递、传承；第二种是新闻研究（journalism studies）的知识，是一种较为抽象、致力于系统解释新闻活动的本体论、认识论、价值论和方法论层面的知识，主要在新闻学术共同体内部成员之间进行交流与分享；第三种是新闻教育（journalism education）的知识，在现代大学教育系统中随着新闻专业教育和学科分支发展起来，是介于前两种之间的知识类型，目标是通过学科化的知识教育，使新闻活动的再生产得以理性化和建制化。

上述三种类型组成了传统新闻学的知识地图，这是构成新闻理论范式的知识基础。然而，在一场史无前例的数字化、智能化革命下，新闻学的知识地图正在发生着结构性的变化。首先变化的是新闻实践知识。身处新闻实践

---

① 瑞泽尔.古典社会学理论［M］.王建民，译.北京：世界图书出版公司，2014：470-471.
② 杨保军.论理论新闻学的问题体系［J］.编辑之友，2020（2）：5-10.
③ 注：有学者认为，在人类的大众新闻业时代前，就有关于新闻的知识积累，可以称之为新闻学研究的"史前"阶段，带有规范化理论的色彩。参见乔根森，哈尼奇.当代新闻学核心［M］.张小娅，译.北京：清华大学出版社，2014：5.

一线的职业和非职业实践者，在面对数字化、智能化的新闻传播环境时，传统的默会知识尽管仍然发挥一定的惯性作用，但是对于行动的参照意义已经比较有限。对于非职业的传播者而言，数字内容生产、融合传播、视听语言、内容包装与运营、可视化传播等知识，需要在互联网实践中加以习得，也可以通过连接的力量，由第三方团队提供"外包"的知识服务；而对于职业的传播者而言，即便是典型的传统新闻媒体，在媒体融合过程中也不得不根据数字环境调整传统的新闻实践模式。比如，有学者通过对人民日报微信公众号运作的田野研究发现，新闻生产节奏加快形成了"新常规"，促使人们思考如"什么是好新闻"这样的新闻学研究基础问题[1]。

新的新闻实践知识源于新闻业的变化，并为新闻理论的新范式提供了知识更新的基础，这一点容易被忽视。新闻传播活动正在从"一种中心性的、等级化的工业生产模式向一种高度灵活、形式多样的社会实践转变"[2]；互联网革命导致新闻学研究逻辑起点和研究对象发生根本性的转变，这促使传统职业范式向社会范式的范式转换[3]，如"液态"新闻业、新闻策展、边界工作等一些新的研究视角，则是从理论层面分析新闻实践变化的尝试。不过需要指出，从新闻实践知识出发，通过扎根理论寻找"敏感概念"，并进一步建构理论解释体系这一研究路径，在当前新闻理论研究中还未得到足够的重视，需要学术共同体的关注和共同努力。实际上，这一点恰恰与国外学者的发现有所不同，有研究指出，自2000年以来新闻研究发生了广泛的范式变化，从经验主义转向自觉的理论意识，但（隐式）扎根理论仍然是最主要的方法[4]。从经验上升到理论、再回到经验中检验理论，这是社会科学研究及理论生成的一般路径。

---

[1] 陈阳.每日推送10次意味着什么？关于微信公众号生产过程中的新闻节奏的田野观察与思考[J].新闻记者，2019（9）：23-31.

[2] DEUZEM, WITSCHGE T. Beyond journalism: theorizing the transformation of journalism [J]. Journalism, 2018, 19（2）: 165-181.

[3] 杨保军，李泓江.新闻学的范式转换：从职业性到社会性[J].新闻与传播研究，2020（8）：5-25.

[4] STEENSEN S, AHVA L. Theories of journalism in a digital age[J]. Digital Journalism, 2015, 3(1): 1-18.

新闻理论范式的诸种"转向"，通过吸收其他学科的知识资源，正在为新闻理论新范式的生成提供新知识。以克里斯·安德森（Chris Anderson）为代表的学者引入生态性理论[①]的视角，提出新闻生态理论（news ecosystem theory），引起新闻学研究者的广泛关注[②]。近年来，风行欧陆的媒介化理论（mediatization theory），因注重分析媒介在文化与社会变迁中的长期影响以及媒介逻辑的二元性特征，对于传播和数字媒介研究产生了较大的影响[③]，而布鲁诺·拉图尔（Bruno Latour）倡导的行动者网络理论（Actor-Network Theory，ANT）对于新闻传播学研究的影响也愈发凸显，其超越"行动—结构"二分法的理论取向，为分析数字技术如何形塑社会提供了新的视角[④]。数字技术加剧了媒介的情感使用以及情感的动员、利用和资本化问题，新闻研究的情感转向（emotional turn）使研究者更加关注新闻与情感的关系[⑤]。同样值得注意的是，从马克思的实践哲学到布尔迪厄、吉登斯的实践理论，再到媒介研究中尼克·库尔德利（Nick Couldry）等倡导的"实践范式"[⑥]，实践转向为新闻理论范式创新提供了新的启发[⑦]。

[①] 注：从思想史的角度分析，安德森受到马修·富勒（matthew Fuller）提出的媒介生态学（media ecologies）以及吉尔·德勒兹（Gilles Delevze）等人的数字媒介思想的影响，并将块茎思维等哲学概念运用到新闻生态的分析中。参见：富勒. 媒介生态学：艺术与技术文化中的物质能量［M］. 麦颠，译. 上海：上海社会科学院出版社，2019；德勒兹，加塔利. 资本主义与精神分裂（卷二）：千高原［M］. 姜宇辉，译. 上海：上海书店出版社，2010.

[②] ANDERSON C. News ecosystems［C］//WITSCHGE T，ANDERSON W，DOMINGO D. The sage handbook of digital journalism. California：Sage，2016：410-423.

[③] 夏瓦. 文化与社会的媒介化［M］. 刘君，李鑫，漆俊邑，译. 上海：复旦大学出版社，2021：20-24.

[④] 注：戴宇辰详细分析了ANT理论与媒介研究的理论史，并指出媒介化研究与ANT的"重逢"为未来的传播研究提供了微观、中观和宏观三个层面的启发。参见戴宇辰. "旧相识"和"新重逢"：行动者网络理论与媒介（化）研究的未来——一个理论史视角［J］. 国际新闻界，2019（4）：68-88。

[⑤] WAHL J K，PANTTI M. Introduction：the emotional turn in journalism［J］. Journalism，2021，22（5）：1147-1154.

[⑥] 库尔德利. 媒介、社会与世界：社会理论与数字媒介实践［M］. 何道宽，译. 上海：复旦大学出版社，2014：42-58.

[⑦] 姜红，印心悦. 走出二元：当代新闻学的"实践转向"——问题、视野与进路［J］. 安徽大学学报（哲学社会科学版），2021（3）：126-131.

简要梳理近年来新闻学研究中出现的理论范式"转向",不难发现其主要受到哲学思潮、社会理论、媒介理论发展的影响,实际上可以看作社会科学理论"转向"下新闻学研究做出的回应。其他学科的新知识和新方法,以跨学科的理论视角注入新闻学研究,为新闻理论的范式转换打开了空间。但是需要认识到的是,如果新闻学研究只是在其他学科理论发展或者转向过程中亦步亦趋,甚至简单套用一些所谓新的理论资源和研究视角,那么充其量只是对新闻理论范式"小修小补",而非真正意义上的范式转换。从范式转换的过程进行审视,当新闻学研究者已经意识到传统新闻理论遭遇范式危机,并从学科内部和外部寻找各种知识资源时,可以说新闻理论的"新范式"已经在孕育之中。

第三节　中国的媒介实践与历史经验及其对象价值

如果说新闻理论新范式的生成,是对变化了的研究对象作出差异性解释的过程和结果,那么对于中国的新闻学研究而言,中国的媒介历史经验以及在数字技术革命下全新的媒介实践,本身就具有重要的对象价值。其不但是中国新闻学理论创新的源泉,更是全球新闻学理论范式创新的"田野"。

然而长期以来,受社会科学研究的"东方主义"[①]影响,西方的话语、概念和理论构成了检验中国媒介体系以及中国新闻传播实践的标尺。一个显见的后果便是:那些可以被纳入西方世界观和知识体系的相关问题被予以优先审视,而基于中华文明以及中国本土特色的媒介实践、新闻传播现象则被置放于边缘的位置,甚至被完全忽略和遮蔽。从逻辑上讲,这些无法被有效纳入现有知识框架和理论体系的媒介实践与新闻现象,也构成了一种托马斯·库恩所说的"反常",这是范式转换与理论突破的关键性要素。

在中国的新闻传播历史中,难以被西方理论解释和评判的媒介实践与新

---

① 周宁.东方主义:理论与论争[J].厦门大学学报(哲学社会科学版),2003(1):15-21.

闻传播现象俯拾皆是。比如，第一，中国独有的沟通制度与沟通观念。在中国的文化语境中，"沟通"有着独特的价值内涵，"其尊重彼此、协商、获取最大共识的内涵，符合东方和谐秩序的文化传统，也为中国社会进步发挥了重要作用"[1]。中国的沟通观念反映了近现代以来中国社会不同群体之间相互理解、交换立场、观点通达的独有方式，也是基于中国文化和社会语境而产生的一种新闻实践。第二，中国共产党的新闻工作观念与制度实践。在中国，新闻业承担着与西方新闻业不一样的角色，新闻工作实际上也是政党和政府工作体系中的重要组成部分。百余年来，中国共产党逐步建立起一套具有鲜明中国经验、中国特色、中国风格的"新闻工作"观念、制度和实践模式[2]。新闻的工作机制与党和政府的工作机制之间存在着深层次的结构性关系，其背后体现着局部与整体、当下现实与普遍理想、政府与社会民众之间的丰富张力，而这些张力超越了西方新闻传播理论所能解释的范围。第三，中国的媒介实践与马克思主义、中华文明之间的关系。近现代以来，中国的新闻传播实践并不是脱离于中国具体的历史现实语境而生成的，相反，中国的媒介实践深受马克思主义、中华文明以及流溢在中国人精神领域的文化观念影响，其中所呈现的复杂褶皱、丰富面向，显然超出了深受西方新闻传播理论影响的"研究大纲"。

当然，中国历史上独有的媒介实践与新闻传播现象绝不仅限于此，而这些丰富的媒介实践与新闻传播现象中蕴含着超越西方新闻学理论的潜力与可能，也为新范式的探索提供了充分的对象价值。如何以新眼光重新审视所谓的"反常性"的旧经验和旧实践，并在"旧"中发现新问题、提出新方法、探索新理论[3]，是开展新范式探索的应有之义。

---

[1] 王润泽，谭泽明.沟通：百年中国新闻实践的核心理念[N].中国社会科学报，2018-10-12（4）.

[2] 涂凌波.中国共产党新闻工作观念的产生、制度化与历史实践[J].人民论坛·学术前沿，2021（10）：86-96.

[3] 沙垚.以古为新：一种面向未来的新闻传播史研究视角[J].南京社会科学，2021（8）：110-117.

当前数字技术语境下，中国的新闻传播实践构成了一种独特的中国对象、中国经验与中国问题。这大大超出了基于"盎格鲁—撒克逊"传统而衍生出来的欧美新闻传播理论的解释范围，其中所体现的独特性亦为新范式的开创提供了参照。数字技术革命为中国学术领域带来的最为重大的变革，或许在于其以外在条件变革的方式强行将中国与西方放在了同样一种理论地平之上，不论是中国还是西方，所面临的都是全新问题、全新经验和全新事实①。某种程度上讲，中国社会现实所能提供的问题、经验与事实相较于西方具有更为丰富且独特的面向，"中国社会转型正好遇到以新互联网、移动通信为代表的新传播革命。这双重变革叠加在一起，释放出天量级的能量"②。

从现实经验层面来看，中国媒介经验与新闻传播活动能为新闻理论范式创新提供独特的，甚至在全球范围和历史层面都颇具"转向"意义的价值。首先，中国的文化、社会、人口等因素与技术革命交织后形成了独特的媒介生态。中国有着世界上庞大的人口规模，也有着别具一格的文化特征。与此同时，中国是世界上最大的社会主义国家和发展中国家。互联网革命与中国这些独有的因素交织在一起，发生了独特的"化学反应"，形成了与西方存在着诸多不同的媒介景观、媒介生态，这是开展新范式探索的重要研究对象。其次，中国的新闻业面临着与西方新闻业有所差异的实践命题。与西方相一致的地方在于，在元技术所导致的传播革命语境下，中国的新闻业像西方一样被结构进更大的社会网络结构中，成了网络中一个个节点③。与西方存在差异的地方则表现在，相较于西方新闻业的新媒体转型，中国的新闻媒体开展了"自上而下"的媒体融合实践，以一种组织化、制度化、系统化的思路回应着数字技术变革。包括新型主流媒体建设、县级融媒体建设等在内的中国媒介实践，构成了中国不同于其他国家的媒介实践样态。最后，中国的乡村媒介实践也是一个特色鲜明的现象。中国独特的乡土文化、地域文化、民俗与技术变革的相互碰撞，形成了中国独特的乡村媒介实践，由此带来的电子

---

① 杨保军，李泓江.新闻理论研究的当代中国特征［J］.新闻界，2018（2）：23-39.
② 张涛甫.新闻传播理论的结构性贫困［J］.新闻记者，2014（9）：48-53.
③ 黄旦.重造新闻学：网络化关系的视角［J］.国际新闻界，2015（1）：75-88.

媒介与乡村生活世界的关系问题、乡土社会的媒介治理问题、媒介背后的资本力量给乡村社会带来的影响问题、乡村文化的媒介呈现等问题。当然，中国媒介实践的独特性不仅局限于此。在中国与其他国家的比较中，这些由于新技术革命与中国现实社会碰撞而导致的全新问题、全新经验和全新事实，已蕴含着一种世界观层面的"革命"。

第四节 "以中国为方法"的方法论思索

新闻理论范式转换的实质在于研究主体运用新的理论视角、新的概念和理论工具、新的知识去解释变化了的研究对象，并在此过程中形成一种新的世界观。对于中国的新闻学研究而言，是否有一种为中国的新闻学研究共同体所共享的新闻理论范式创新的世界观和方法论参照？

需要说明两点：第一，关于建构新闻理论新范式的宏观走向、具体路径、具体方法等问题，当然是见仁见智、百家争鸣。杨保军先生总结了新闻理论范式转换的三种走向（"保守派""改革派"和"革命派"），并指出新的研究范式可能不是单一的而是多元的[①]。本章前文也从社会科学理论范式转换的特征出发，论证了多元化的范式转换不仅是可能的，而且是必然的。第二，我们需要意识到新闻学研究的主体性问题，即新闻学的研究主体、研究对象以及两者之间的关系都受到时间、空间、文化、语言乃至价值观等方面的限定。对于当代中国的新闻学研究共同体而言，首先要面对和处理的对象是中国的问题、中国的实践、中国的经验、中国的历史，与中国的新闻研究对象建立关系；其次才是将研究对象和问题一般化、普遍化的过程，并从在地化的经验分析和理论探索出发，与全球的新闻学研究展开对话与交流[②]。

---

① 杨保军.论新闻理论研究的宏观走向［J］.国际新闻界，2021（8）：6-21.
② 注：这里谈的先后关系是从社会科学研究的基本逻辑出发进行的分析，并非指时间上的先后顺序。换言之，研究者当然可以在汲取古今中外的知识后再展开研究，但是一旦展开具体的研究，那么从逻辑上讲首先要处理的对象和问题必定是在一定时空范围内的。

社会科学理论往往是讲究条件、历史、语境的，带有显著的地方性实践、地方性知识特征，因而社会科学的理论范式自然要考虑时空条件如何影响研究者观察、分析对象的方式和路径。李金铨先生曾精辟地指出，社会科学旨在揭开人与社会的多元性、复杂性和矛盾性，讲求各种"条件性"（conditionality），故必须捕捉时间（历史）与空间（全球）如何影响事物的"常与变"及其变化的"同与异"①。基于这一认识论，中国的新闻学研究扎根中国（现实）不但具有学术意义的正当性，而且是中国的新闻学研究者必须面对的现实情境，具有条件性。因此，我们可以尝试提出"以中国为方法"作为新闻学理论范式转换的方法论，抛砖引玉，为中国的新闻学研究共同体提供一种可能达成共识的参照。

提及"以中国为方法"，自然会让人想到日本历史学者沟口雄三提出的"作为方法的中国"。沟口雄三反思的是以往以世界为标准（归根结底是欧洲）来衡量中国的研究，"以中国为方法的世界，就是把中国作为构成要素之一，把欧洲也作为构成要素之一的多元的世界"②。作为日本学者，他提出这个研究视角实际上是转换了研究对象，通过中国来认识"更高层次的世界图景"③，因而中国是方法，世界才是目的。本章提出的"以中国为方法"既受这一视角的启发，但也有相当的不同。

首先，"以中国为方法"指的是在新闻理论范式转换过程中，中国的新闻学研究共同体所持有的世界观。世界观的革命是范式转换的实质，中国的新闻学研究共同体"立足中国来认识中国"并"通过中国来认识世界"，而非以往用中国实践来检验世界（主要是欧美）的新闻理论或者"通过世界来认识中国"。黄宗智先生回顾五十多年的经验研究时谈到，一个关键的转折点是认识到（从西方主要理论来看待）中国实际的"悖论性"，亦即其"悖论实

---

① 李金铨.传播研究的时空脉络［J］.开放时代，2017（3）：209-223.
② 沟口雄三.作为方法的中国［M］.孙军悦，译.北京：生活·读书·新知三联书店，2011：130-131.
③ 沟口雄三.作为方法的中国［M］.孙军悦，译.北京：生活·读书·新知三联书店，2011：132.

际"①。理论（预期）和现实的悖论或者紧张，正是本章论述的范式转换的逻辑起点。因此，黄宗智才谈到要反思西方理论思维的局限性，即偏重二元建构的单一方，而真实世界往往是二元合一的②。社会学者谢立中也谈到过类似的观点，他认为应该超越单一视角，采用更为综合的视角作为分析当代中国社会变迁的新取向③。无独有偶，西方学者同样意识到西方新闻学研究中存在的单一世界观问题。约翰·C.尼罗（John C. Nerone）就指出，过去一个世纪占据霸权的西方新闻学模式主导了规范性的讨论（normative discussions），但这一模式其实是19世纪末西方新闻实践的产物，而且并未描述过非西方的新闻环境④。可见，传统新闻理论作为历史和社会实践的产物，需要在新的历史条件和社会时空环境下，从新的世界观出发展开理论范式的转换和创新。对于中国的新闻学研究者而言，不妨"以中国为方法"作为开端，探索理论范式的转换路径。

其次，"以中国为方法"指的是在新闻理论新范式的构建过程中，主张扎根中国经验，寻求中国新闻理论研究的主体性，致力于从中国社会、文化与历史中寻找具有解释力的概念和理论阐释。在这方面，其他学科的探索值得参考与借鉴。比如，被称为华中乡土派的社会学者就明确提出建立中国社会科学主体性的提纲，认为"当前中国社会科学最重要的任务是真正理解中国经验与实践，为中国经验与实践提供理论指导"，中国经验是理论与方法的出发点和归宿，而中国主体性的社会科学是以理解中国为目标，经过经验—理论—经验的大循环，逐步建立起中国社会科学体系⑤。政治学者杨光斌提出"以中国为方法的政治学"，认为不但以本土化的中国为中心，而且以中国为中心研究所产生的认识论、方法论知识还将成为一种"尺度"或者说

---

① 黄宗智.探寻扎根于（中国）实际的社会科学[J].开放时代，2018（6）：159-177.
② 黄宗智.探寻扎根于（中国）实际的社会科学[J].开放时代，2018（6）：159-177.
③ 谢立中.社会理论：反思与重构[M].北京：北京大学出版社，2006：331-334.
④ NERONE J. The historical roots of the normative model of journalism[J]. Journalism, 2013, 14(4): 446-458.
⑤ 贺雪峰.在野之学[M].北京：北京大学出版社，2020：67-106.

"标准"①。

关于中国社会科学主体性的相关论述，我们需要注意两个方面的问题：一是中国经验与社会科学理论的关系问题，中国经验不是理论的"试验场"，而是理论的"出发点"和"归宿地"，这就从根本上超越了西方理论的二元论思维，将中国问题置于研究的中心；二是从中国经验中产生的理论对于世界的理论贡献问题，既然社会科学理论具有时空限定性，那么是否意味着中国理论是"例外论"？这就需要明确，"以中国为方法"并非是将中国与世界割裂开来，而是在寻求解释中国经验的过程中逐渐上升理论的层次，最终在文明互鉴的维度上产生社会科学理论的新范式，拓展我们对于文明、历史和现实的认知。中国是世界的中国，中国的新闻活动是世界新闻图景的重要组成部分，如果新闻理论新范式能够有效阐释我们这个超过14亿人口数量的大国的媒介实践历史与现实，那就是为世界意义的新闻学理论发展作出了知识和理论贡献。特殊性和普遍性本来就不是二元对立的②，社会科学的理论既是有条件性的，也是有层次性的，在经验—理论—经验的不断循环中，概念和理论得以不断抽象、上升，构成了从微观到中观再到宏观的理论谱系。

中国的新闻学研究者在构建具有中国主体性的新闻理论方面已有诸多讨论，如有学者认为应从知识、价值和规范三个层面提炼出内生于中国新闻理论语境的话语语法③；也有学者认为新闻学要从社会主要矛盾变化出发重构理论，从具体的人出发，从人的角度建构新的新闻学④。近年来，关于中国特色新闻学学科体系、学术体系、话语体系建设的探讨十分热烈，学者们系统回顾和总结百年来中国新闻事业的经验与成就，围绕中国特色新闻学的时代价值、概念体系、理论属性、核心内容、理论目标等方面展开了深入的研究。

---

① 杨光斌.以中国为方法的政治学［J］.中国社会科学，2019（10）：77-97.
② 注：关于新闻学研究中特殊性与普遍性的关系问题，笔者在这篇文章中有详细论述：涂凌波.作为元概念的马克思主义新闻观：论中国新闻学元问题的一种基本阐释［J］.南京社会科学，2022（10）：93-104.
③ 张涛甫.新闻学理论创新：问题与突破［J］.新闻记者，2015（12）：14-19.
④ 吴飞，任溦溦."否思"新闻学［J］.新闻与写作，2018（1）：16-23.

总的来看：第一，研究对象主要是中国的新闻活动，体现了中国意识和中国关怀，历史研究较多，而从现实经验出发进行理论阐释的研究相对较少，如从历史角度研究"党性原则"等新闻观念与制度，指出党性原则作为党的新闻舆论工作的根本原则起源于中国无产阶级革命实践中的"办报建党"思想[1]；中华人民共和国成立后以"党管媒体"原则为核心特征的新闻事业管理体制得以逐步确立[2]。第二，宏观层面的理论体系基本搭建，而且具有鲜明的中国主体性。当代中国新闻学的理论性质是马克思主义、主导观念是马克思主义新闻观、核心内容是党媒理论[3]；经过70年的探索，中国特色社会主义新闻学建立起以马克思主义新闻观为核心内涵的马克思主义新闻理论体系[4]。第三，在理论范式上寻求突破西方新闻理论的单一世界观，试图将在地化的新闻理论与全球性新闻学知识进行对接，如认为中国特色新闻学具有鲜明的国别特色和知识体系，可以为人类新闻活动提供有别于西方新闻学的"另一种解释"[5]；还有学者呼吁理论建设的总体目标是探索并形成一套兼有中国特色与普遍意义的社会主义新闻理论体系，为现代新闻学提供一种替代性的中国方案[6]。

最后，"以中国为方法"是中国新闻学研究者的一种信念和价值追求。如果能够达成一些基本的共识或者"共同的关怀"，那么有助于新闻学研究共同体内部、新闻学与传播学以及新闻学与其他学科共同体之间的对话。从范式转换的角度分析，库恩说"一个范式支配的首先是一群研究者而不是一个学科领域"，范式是学术共同体所共同认可的：符号概括；共同承诺的信念；共

---

[1] 邓绍根. 百年寻根：中国共产党新闻舆论工作党性原则的确立 [J]. 中国出版, 2021 (9): 5-12.
[2] 王润泽，王婉. 党管媒体：新中国新闻事业管理原则的历史考察 [J]. 现代传播（中国传媒大学学报），2021（4）: 40-46.
[3] 杨保军. 理论视野中当代中国新闻学的重大问题 [J]. 国际新闻界, 2020 (10): 18-30.
[4] 季为民. 中国特色社会主义新闻学"三大体系"的建构 [J]. 新闻与传播研究, 2019 (9): 16-25.
[5] 胡钰. 构建中国特色新闻学的时代背景、理论起点与概念内涵 [J]. 新闻与写作, 2021 (7): 5-14.
[6] 李海波，张垒，官京成. 格局与路径：新时代中国特色新闻学理论创新刍议 [J]. 新闻与传播研究, 2019 (7): 5-16.

有的价值；共有的范例。其实在理论范式转换过程中，相比于符号概括，共同承诺的信念、价值、范例是更为重要的部分。如果说新闻学研究的对象、问题、概念和理论工具等问题，在学术共同体内部经常存在争论，甚至常常会形成不同的"流派"，那么在面对由互联网技术和数字革命所造成的全新新闻生态和文化语境时，中国的新闻学研究的最终归宿在哪里、理论目标如何、终极关怀是什么，这些问题是有可能达成共识的，也是应该达成共识的。费孝通先生讲人类学要为文化的"各美其美，美人之美，美美与共，天下大同"作出贡献，他在晚年多次提及"文化自觉"问题，即生活在一定文化中的人对其文化有"自知之明"，对其发展历程和未来有充分的认识[1]。对于中国的新闻学研究学术共同体而言，"以中国为方法"同样意味着文化和理论的自觉意识，即通过理论研究来理解、阐释并推动中国的新闻实践，为中国人的美好生活、为实现社会主义现代化强国目标、为实现中华民族伟大复兴作出新闻学的理论贡献。

基于"以中国为方法"审视新闻理论范式的各种转向，会发现"实践"范式转向具有较大的理论潜力：一是该范式对二元结构和本质主义的超越；二是其行动导向与描述性理论的特征。展望未来，中国的新闻学研究之于全球新闻学理论范式转换的知识贡献，既要基于"实践"范式又要超越"实践"范式。如何超越"实践"范式？可以从两个层面展开进一步思考：一是从历史的维度讨论"文明"范式，可能是比文化范式、生态范式更具根本性的解释维度；二是从中国社会及中国新闻活动的"真实世界"出发，主张新闻学应该回到真实世界展开研究，可能发现"实用道德"范式（比规范理论更具有解释力）是持续至今而又影响较大的解释系统。当然，这些议题还需要专门的研究和讨论。

"这是一个需要理论而且一定能够产生理论的时代，这是一个需要思想而

---

[1] 费孝通. 美好社会与美美与共：费孝通对现时代的思考[M]. 北京：生活书店出版有限公司，2019：358-359.

且一定能够产生思想的时代。"① 笔者希冀通过研究中国悠久的历史和文明，研究当代中国伟大的社会变革，研究当代中国的新闻传播实践活动，与新闻传播学研究者们共同努力、共同打造具有新时代特征、具有中国本土特色与全球视野、具有中国理论贡献的"中国新闻学理论"。

---

① 习近平.在哲学社会科学工作座谈会上的讲话［M］// 习近平.论党的宣传思想工作.北京：中央文献出版社，2020：219.

第二章 自主知识体系建构：何以可能与何以可为？*

引　言　建构自主知识体系的时代使命

习近平总书记在中国人民大学考察时指出，加快构建中国特色哲学社会科学，归根结底是建构中国自主的知识体系。① 就人类知识所处的时代方位来看，由于信息技术革命、社会形态变革与文明秩序重塑，自然科学、哲学社会科学的知识形态正在经历着百年来最深刻的变化，孕育着一场新的知识革命。党的二十大报告明确提出，"从现在起，中国共产党的中心任务就是团结带领全国各族人民全面建成社会主义现代化强国、实现第二个百年奋斗目标，以中国式现代化全面推进中华民族伟大复兴"。② 建构自主知识体系，是我们党和

---

* 本章主要内容分别原载于：涂凌波. 基于中国式现代化实践建构新闻传播学自主知识体系［J］. 中国编辑，2022（11）：28-32，37；涂凌波，李泓江. 现代化自觉与中国新闻学构建：基于20世纪中国新闻学经典文本的学术史考察［J］. 现代出版，2023（4）：85-95. 收入本书时，略有删改。

① 习近平在中国人民大学考察时强调：坚持党的领导传承红色基因扎根中国大地 走出一条建设中国特色世界一流大学新路［EB/OL］.（2022-04-25）[2022-10-20]. https://www.gov.cn/xinwen/2022-04/25/content_5687105.htm.

② 习近平. 高举中国特色社会主义伟大旗帜 为全面建设社会主义现代化国家而团结奋斗：在中国共产党第二十次全国代表大会上的报告［N］. 人民日报，2022-10-26（1）.

国家在中国式现代化道路的新征程上，面对人类社会形态的新变化和我国社会发展的新阶段、新任务，从历史视野、文明视野、全球视野等宏观维度出发，提出的一项重大的理论和实践命题。建构新闻传播学自主知识体系的前提是要把握好自主知识体系建构的时代方位，明确建构自主知识体系的思想方法。

坚持以马克思主义为指导，是中国哲学社会科学区别于其他哲学社会科学的根本标志。建构新闻传播学自主知识体系，要始终坚持马克思主义的指导地位，以习近平新时代中国特色社会主义思想为引领，以习近平文化思想为遵循，将马克思主义中国化时代化的理论成果贯穿于新闻传播学自主知识体系建设的全过程。当代中国新闻传播学以马克思主义新闻观为内核，具有鲜明中国特色、中国风格、中国气派，马克思主义的立场、观点和方法决定了新闻传播学自主知识体系的底色。

以中国为观照、以时代为观照，立足中国实际、解决中国问题，这是新闻传播学自主知识体系建设的基本姿态。新闻传播学是一门以实践为导向的具有人文色彩的社会科学，其知识源于实践，又在很大程度上作用于实践，新闻传播学的理论通过社会实践，可以推动国家建设和社会发展。要建构新闻传播学自主知识体系，应在对中国实践经验深刻总结和提炼的基础上，将知识运用于实践中，在解决新闻传播实践的重大现实问题上拿出真本事。

不断推动中华优秀传统文化创造性转化、创新性发展，是新闻传播学自主知识体系建设的应有之义。源远流长的中华文明和灿烂的中国文化，为建构中国自主的知识体系提供了强大的文明基因。在中华文明历史长河中积累了宝贵的文化资源、传播符号和传播工具，在中国共产党领导下又创造出丰富的社会主义先进文化形态和辉煌成果。从新闻传播学的视野来看，如何"解码中华文明""解码社会主义先进文化"，运用各种传播手段传承与弘扬中华优秀传统文化、革命文化、社会主义先进文化，是建构自主知识体系、实现理论创新的重要问题。

让世界更好读懂中国，为推动构建人类命运共同体作出积极贡献，是建构新闻传播学自主知识体系的时代使命。中国的新闻传播学知识体系既应具有自主性、中国性又应具有世界性，能够为全球范围内的重大问题提供中国的知识和原创理论贡献。吸收借鉴国外哲学社会科学的有益成果，打造融通中外的新闻传播学知识体系，让世界知道"学术中国""理论中国"，传播中国声音、中国理论、中国思想。

当代中国伟大的社会变革和实践，是中国哲学社会科学的核心研究对象，也是建构自主知识体系的起点。自主性体现为对中国实际问题的深切观照，需要扎根中国大地、回应中国问题、阐释中国道路，在中国实践中创造中国理论。从当代中国的历史进程来看，一百多年来党团结带领中国人民走出了一条具有中国特色和世界意义的中国式现代化道路，创造了人类文明的新形态。以中国式现代化道路推进中华民族伟大复兴，是当代中国的重大理论和实践创新。

建构新闻传播学自主知识体系，需要以中国式现代化道路为基本观照。近代以来，西方新闻学、传播学知识体系的形成与发展，与欧美现代新闻业的发展同步，主要是基于西方现代性、现代化实践的产物。20世纪初中国新闻学的兴起，一开始受到西方新闻学的影响，然而在后来中国的具体历史实践中，尤其是在中国共产党领导下的党媒新闻实践中，逐渐形成了具有中国特色、中国风格的新闻传播学。中国的新闻事业是中国式现代化道路的重要组成部分，中国的新闻传播学走出了一条与西方式知识体系不同的新路，这是实践的必然、历史的必然。

第一节　建构新闻传播学自主知识体系的思想根基

知识体系是学科体系、学术体系和话语体系的支撑和内核。建构中国自主的新闻传播学知识体系，需要把握好知识传统和知识创新的关系，打造"具有中国特色、中国风格、中国气派的知识体系，服务党和国家事业发展大局"[①]。

---

① 谢伏瞻.建构中国自主的知识体系［N］.人民日报，2022-05-17（9）.

第二章　自主知识体系建构：何以可能与何以可为？

一、以中国化时代化的马克思主义为指导

坚持以马克思主义、以中国化时代化的马克思主义为指导，是当代中国哲学社会科学区别于其他哲学社会科学的根本标志，是建构新闻传播学自主知识体系的基本遵循，也是与西方新闻学、传播学知识体系的根本区别所在。习近平总书记关于新闻舆论工作的重要论述是习近平新时代中国特色社会主义思想的重要组成部分，继承了马克思主义经典作家关于新闻舆论工作的思想精髓，总结了我们党在革命、建设、改革各个历史时期运用新闻舆论武器传播真理、动员群众、夺取胜利的宝贵经验，立足时代发展大势，顺应世界前进潮流，把握媒体变革趋势，作出了新判断、新概括、新阐述，极大丰富和发展了马克思主义新闻观。[①] 建构新闻传播学自主知识体系，要系统掌握贯穿其中的立场、观点、方法，坚持运用辩证唯物主义和历史唯物主义，回答新闻传播领域的重大实践和理论问题。

知识体系是在历史发展中形成的，而建构自主的、具有中国特征的新闻传播学知识体系，其根本在于对于当代中国的历史发展大势及历史主动的把握。推进马克思主义中国化时代化，在新闻传播实践基础上不断进行理论创新，是建构新闻传播学自主知识体系的内在要求。党的二十大报告明确提出，把马克思主义基本原理同中国具体实际相结合、同中华优秀传统文化相结合，坚持运用辩证唯物主义和历史唯物主义，才能正确回答时代和实践提出的重大问题，才能始终保持马克思主义的蓬勃生机和旺盛活力。[②] 马克思主义中国化时代化的思想理论成果，决定了中国新闻传播学自主知识体系的基本属性。马克思主义新闻观是当代中国新闻学的灵魂，也是贯通当代中国新闻学知识体系的红线。[③]

[①] 新华通讯社课题组.学习习近平关于新闻舆论的重要论述［M］.北京：新华出版社，2022：1–2.
[②] 习近平.高举中国特色社会主义伟大旗帜 为全面建设社会主义现代化国家而团结奋斗：在中国共产党第二十次全国代表大会上的报告［N］.人民日报，2022-10-26（1）.
[③] 杨保军.全面认识当代中国新闻学的性质［J］.国际新闻界，2022，44（7）：6-27.

从学术史来看，新闻学研究最早发端于西方，在 20 世纪初"西学东渐"的过程中被引入中国，20 世纪 20-30 年代中国新闻学者在新闻史、新闻理论、新闻实务等领域作出了一定探索；在延安时期，中国共产党人总结新闻宣传的实践经验，将马列主义基本原理同中国具体实际相结合，开创了马克思主义新闻学的理论范式；中华人民共和国成立以来，在社会主义现代化事业的实践中，当代中国新闻学"继承和发扬中国共产党成立以来党报思想、党报理论为核心内容的新闻学，依托当代中国政治、经济、文化、社会、技术特别是当代中国新闻领域变化发展"[①]。1978 年以来，西方传播学理论和知识大规模引入中国，一方面中国的传播学研究不断变得学术化专业化、学科地位被确立、专业建设得以发展[②]；另一方面，新闻学研究在学术概念、理论框架、研究方法等方面开始了知识创新，新闻学与传播学的结合塑造了中国语境下的新闻传播学的学科面貌、学术领域和"知识版图"。

二、凸显文化自觉与中华文明的历史传统

我国的新闻传播学知识体系长期以来受西方新闻学和传播学的概念、范畴、模式等影响较深，尤其是在学术体系和话语体系建设上自主性不够，基于中国实践的学术阐释和理论创新不足，实事求是地讲，中国本土的知识贡献还较为薄弱。譬如，在解释中国式现代化道路及其新闻传播实践经验上，除了短暂引用过西方发展传播学的知识资源外，尚未生成超越西方中心论、基于中国式现代化的新发展传播学，而在社会学领域，学者们已经提出要构建基于中国式现代化经验的新发展社会学，尊重实践的发展，而不应当受到理论上某种类型的束缚。[③]

中国式现代化的深入推进，对"西方中心主义"现代化理论、模式、概

---

① 杨保军.全面认识当代中国新闻学的性质[J].国际新闻界，2022，44（7）：6-27.
② 王怡红，胡翼青.中国传播学 30 年[M].北京：中国大百科全书出版社，2010：292-302.
③ 李培林.中国式现代化和新发展社会学[J].中国社会科学，2021（12）：4-21，199.

念、范畴、标准（包括指标体系等）构成颠覆性的挑战和创新。① 中国式现代化道路及其历史进程与西方的现代化相比有着巨大的差异，具有中国独特的发展路径和制度优势，创造了人类文明的新形态。新闻传播学的自主知识体系，在基本特征上应反映这一新的文明形态，在中华文明和中华优秀传统文化、社会主义先进文化中汲取知识养分、发掘知识资源，为全球的新闻传播学研究提供不同于西方现代性理论范式的全球现代性知识。

文化自觉、文化自信是建构新闻传播学自主知识体系的学术立场。费孝通先生晚年多次提到"文化自觉"问题，指的是生活在一定文化中的人对其文化有"自知之明"，明白它的来历、形成过程、所具有的特色和它的发展趋向。② 中国的新闻传播实践既是在现代化进程中展开的，也是在中华文化的脉络中尤其是中国人的传播观、文化观、交往观等文化传统中发展起来的，文化传统与中国式现代化道路之间相互结合。党的二十大报告中就明确指出，中国人民在长期生产生活中积累的宇宙观、天下观、社会观、道德观，同科学社会主义价值观主张具有高度契合性。③

在中华优秀传统文化的创造性转化与创新性发展中，发掘新闻传播研究的历史知识资源，才能更好地推动新闻传播学自主知识体系建设。在对中国文化传统中的传播活动和传播观念进行发掘、整理、研究和扬弃的基础上，传承弘扬革命文化，发展社会主义先进文化，可以为建构中国的新闻传播学知识体系提供传播机制和理论学说参考。譬如，有学者指出"中国传播思想史形成了有关言说与天人秩序、政权与民众关系、人际与社会交往以及言说与个体存在诸领域的丰厚观念遗产"④。

---

① 方军. 发展无愧于新时代的中国理论［J］. 中国社会科学，2022（1）：4-12.
② 费孝通. 美好社会与美美与共：费孝通对现时代的思考［M］. 北京：生活书店出版有限公司，2019：344.
③ 习近平. 高举中国特色社会主义伟大旗帜 为全面建设社会主义现代化国家而团结奋斗：在中国共产党第二十次全国代表大会上的报告［N］. 人民日报，2022-10-26（1）.
④ 胡百精. 重返基源问题：中国传播思想史的知识建构［J］. 中国人民大学学报，2021，35（4）：118-130.

三、阐释并推动中国式现代化的实践进程

历史地看，当代中国的新闻传播学是在中国式现代化实践基础上发展起来的，中国的新闻传播实践是中国式现代化的重要组成部分，是当代中国新闻传播学研究的主要对象和知识体系生成的基本参照。一百多年来，我国新闻传播领域不断探索实践创新，建立了适合中国国情的媒介体系，发展了惠及全体中国人的媒介基础设施，中国从一个信息比较封闭、交流缓慢、知识落后的传统社会进入以互联网为基础架构的信息社会，拥有全球最大规模的通信网络和网民群体正在朝向网络强国迈进。媒介实践大大推动了国家现代化建设，极大地改变了中国人的生活方式和中国社会的传播结构、信息环境乃至整体面貌。

人的社会实践决定了知识形态及其演变过程，这也是建构新闻传播学自主知识体系的基本来源。约翰·C. 尼罗（John C. Nerone）就批评过西方新闻学在过去一个世纪占据霸权地位，认为其不过是19世纪末西方新闻实践的产物，而且并未描述过非西方的新闻环境。[①] 在第二次世界大战后美国传播学科的发展中，以施拉姆为代表的传播学科创始人在划定知识地图时，受到美国对外意识形态扩张的影响，而行为科学一体化运动和现代化理论运动则塑造了传播学学科。[②] 反思并超越西方现代性、建立自主的新闻传播学知识体系的可能性、必要性，主要在于简单套用西方的理论并不能解释中国的实践，而不管是从历史还是从现实来看，中国积累了丰富的新闻传播实践经验和创新成果，亟待作出强有力的、系统性的原创理论阐释。

从知识形态的演变来看，我们既要谦虚地承认西方现代知识对人类社会发展作出的贡献，也要看到知识随着实践的形态演变以及中国的实践能够为

---

① NERONE J. The historical roots of the normative model of journalism[J]. Journalism, 2016, 14(4): 446–458.
② 胡翼青. 传播学科的奠定：1922–1949[M]. 北京：中国大百科全书出版社，2012：234–237.

知识生产、知识创新提供原动力的可能性。正如有学者提到，人类知识形态经历了从经验形态到分科的原理形态知识，再从原理形态发展到在信息技术平台上形成的差异化或交叠形态的知识。①新闻传播学的主要研究对象是人的传播实践和交往关系，而媒介和信息技术本身也是重要的研究命题，这为新闻传播学知识生产的变革提供了契机。相比于自然科学知识，新闻传播学的知识形态更具有在地性、实践性的特征，这就更离不开对中国独特新闻传播实践的考察与分析。中国独特的新闻传播实践是在中国从传统迈向现代的过程中生发出来的，其处处体现着中国经济、政治、文化、社会的烙印，与中国社会的现代化进程紧密相关。总的来说，中国式现代化实践是自主知识体系建构的基本参照、主要来源，此即"以中国为观照、以时代为观照，立足中国实际，解决中国问题"的题中之义。

正如社会学研究者所指出，"增强实践自觉，要求中国社会学者直面中国社会的实践巨变，科学分析和总结中国式现代化经验，创造兼具中国特色和普遍意义的知识体系"②，建构具有中国性、自主性特征的新闻传播学知识体系同样需要具有"实践自觉"和"实践取向"。深入中国式现代化道路中的新闻传播实践经验，从中国的新闻传播实践与政治、经济、社会、文化、技术等关系出发展开研究，并运用理论研究成果推动新闻实践的创新发展。

其一，新闻传播实践与政治经济系统。当代中国新闻传播制度是在中国共产党的领导下创立并不断完善和发展的制度范式，与中国的政治经济系统是同构的、一体的。中国的新闻事业与党和国家的总体目标是一致的，新闻工作的基本性质、功能、原则、任务等各方面都保持了相当程度的稳定性。从革命、建设、改革到中国特色社会主义进入新时代，中国的新闻传播实践在保持延续性的同时呈现了鲜明的时代特征。建构新闻传播学自主知识体系，

---

① 韩震.知识形态演进的历史逻辑［J］.中国社会科学，2021（6）：168-185，207-208.
② 洪大用.实践自觉与中国式现代化的社会学研究［J］.中国社会科学，2021（12）：22-36，199.

应重点分析中国式现代化发展进程及其在新闻传播领域的实践创新、制度创新，学理化地研究、阐发其中的实践逻辑和理论逻辑。

其二，新闻传播实践与社会结构。当代中国社会经历了巨大的结构变迁，从一个贫穷落后的农业国转变为作为全球第二大经济体的现代国家，并向社会主义现代化强国迈进——在人口结构、社会分层、职业分工、社会流动等基本社会结构方面具有鲜明的中国特征。同时，当前人类社会正在进入媒介化社会、数字化社会新阶段，中国已进入高质量发展阶段，正大力推动共同富裕、促进人的全面发展和社会全面进步。中国新闻业在社会结构演变进程中发挥了怎样的功能与作用，新闻传播实践与中国社会发展之间是怎样的关系，中国社会的结构特征塑造了怎样的新闻传播面貌等，都是建构新闻传播学知识体系的重要研究内容。

其三，新闻传播实践与文化生活。新闻传播实践是以人为主体的社会实践的一部分，职业新闻传播活动之外，还包括人们日常生活中的新闻实践等活动，这就涉及新闻与文化生活的密切关联问题。几千年的中国文明和文化传统塑造了中国人独有的生活方式、文化习惯、信息传播方式、人际交往行为等，中国的新闻传播学研究既可以从中国人的文化生活中发掘材料、提炼概念、总结经验，推动理论和知识创新；还应重点关注数字生活中的新现象、新问题，通过对中国人的生活世界展开研究，拓展理论范式的维度，扩宽新闻传播学的知识边界。

其四，新闻传播实践与媒介技术体系。当代中国的新闻实践与媒介技术演进相互交织，从报纸、广播、电视等传统大众媒介到数字媒介，中国的媒介技术体系既由新闻传播实践所塑造，又是新闻传播实践发展的动因。当前，数字技术的发展正在塑造一种新的媒介技术体系，这为新闻传播实践带来了新的语境，无论是传播媒介、传播方式、传播形态的变化，还是新闻业形态的数字化和社会化，都是知识体系中的重要研究内容。建构新闻传播学自主知识体系，需要发掘既有中国本土实践特征又有全球普遍意义的事实，然后研究其特征和规律，以更好地回应和解释媒介技术体系的运作和新闻传播实践的变化。

第二节　早期中国新闻学知识体系建构的探索

中国新闻学知识的体系化建构，可以追溯到20世纪20年代前后。在中国现代高等教育制度的建立、中国现代新闻业起步以及西方社会科学传入等因素影响下，以徐宝璜、戈公振、邵飘萍、任白涛、黄天鹏等为代表的新闻学者纷纷著书立说，尝试对早期中国新闻活动、新闻实践中的经验进行知识层面的总结。这些新闻学研究成果集中性涌现，是对中国新闻学知识体系建构的早期探索。以今日之眼光来看，这种新闻学知识体系的早期建构历程的显著特征在于知识内容上的"自发"与知识目的上的"自觉"相结合。

就具体知识内容来看，早期新闻学在某种程度上呈现了混沌性、自发性的特征。一般而言，新闻学界往往将徐宝璜、戈公振、邵飘萍分别视为中国在理论新闻学、历史新闻学和应用新闻学的开创性人物。然而，如果纯粹从知识层面来看的话，这种对于代表性学术人物的划分乃至标签化并不十分准确。因为在早期中国新闻学研究中，历史新闻学自成体例之外，理论新闻学与应用新闻学处在交融、混杂的状态，并未形成自觉的、清晰的知识边界。这种混沌、交融的特性，在徐宝璜那里有着鲜明的体现，其公认的传世之作《新闻学》共包括十四章内容，第一章"新闻学之性质与重要"、第二章"新闻纸之职务"、第三章"新闻之定义"和第五章"新闻之价值"探讨新闻理论之外，剩余十章讨论的皆是新闻的采集、编辑、标题拟写、社论撰写、广告、设备、组织管理、销售等业务性内容，这些知识后来都被划分到应用新闻学的范畴。

邵飘萍的论述也存在相似情况。尽管邵氏的经典作品《实际应用新闻学》几乎完全围绕着新闻业务而展开，系统详尽地讨论了记者的地位、资格准备、采访的注意事项、工具与技艺、具体采访方法、采访心得等议题，但邵飘萍的研究并未局限于此。其另外一本在新闻学历史上具有重要地位的《新闻学总论》，颇具理论色彩，不仅包括报社的组织与记者的地位等偏向实际业务的内容，而且包括新闻事业的特征、新闻之内涵意义与结构要素、新闻事业相关的法律问题、报纸的历史进化、新闻事业的现状及未来等理论性问题。这些理论性思考，视野开阔、极富见地，既关注新闻业系统内部的理论问题，又在新闻与舆论、新闻与政治、新闻与社会之间的关系上提出诸多理论见解。比如，书中详细论证了"新闻业乃社会公共机关和国民舆论代表""新闻之于生活而言是最普遍的教育""新闻者，最近时间内所发生认识一切关系于社会人生的兴味，实益之事物现象也"等理论命题，其理论色彩并不亚于徐宝璜的《新闻学》。当然，此处之意不在于重估早期中国新闻学代表人物的历史地位，而是指出他们所阐发的新闻学知识至少在内容构成、知识边界、体例形式等方面，是一种自发性的探索，尽管有些混杂（知识的体系性不够），但绝对不是对某种知识框架所进行的简单"移植"。

实际上，早期中国新闻学在知识生成的目的上就具有明显的学术自觉。晚清以降，西学东渐风潮愈发浓厚，科学知识和理念传入中国，中国知识界在积极传播西方社会科学理论和方法的同时，努力推动中国传统学术思想的近代转型[1]。近代中国知识分子这种对于科学的自觉追求，对于新闻学知识性质本身的科学化的推动，是早期中国新闻学知识形成过程中的典型特征。新文化运动时期，科学思潮逐渐高涨，是否具有科学属性愈发成为一门学问能否屹立于知识之林的重要条件，以及衡量知识与学问之合法性的重要依据。就新闻学而言，对于科学性的追求同样构成了一种学术自觉，当时较为主流的看法是新闻学有相当的知识积累，已经是一门科学，只是这一科学尚处于"羽翼未丰"之状态[2]。这样一种认识的背后，既包含着时人对于新闻学自身处

---

[1] 姚宏志.西学东渐与近代中国社会科学的发生[J].学术界，2021，278（7）：95-105.
[2] 注：徐宝璜认为，"（新闻学）研究结果，颇多所得，已足构成一种科学，不过尚在青年发育时期"，参见徐宝璜.新闻学[M].北京：中国传媒大学出版社，2016：1.邵飘萍认为，"新闻与社会及政治关系之重要，已为世界各国之所公认，然以之列为一种学科而加以研究者，犹属近代之事，其尚未完全脱离幼稚之境域"，参见邵飘萍.邵飘萍新闻学论集[M].北京：北京大学出版社，2008：213.曹用先认为，"新闻学者，实为一种范围辽阔，内容复杂之特殊科学也"，参见曹用先.新闻学[M].上海：商务印书馆，1934：1.

境的清醒认知，也折射出他们对于新闻学知识发展方向的学术自觉愿景。

与此同时，早期新闻学知识体系建构中包含着知识界对国家社会的自觉关怀。晚清民国之际，中国的现代化历程出现了一种被动式或植入式的现代化转向，或者更准确地说，"是在世界现代化浪潮不断冲击与挑战之下，不断选择与变换发展模式的过程"①。某种程度上讲，西方的新闻学说及新闻实践，构成了早期中国新闻学知识体系建构的外在参照。尽管受西方影响较深，但新闻学研究者仍然具有追求知识自主性与中国性的自觉意识。一方面，尽管西方新闻学研究早于中国，但当时新闻学研究者已认识到西方新闻学的局限性，并且已有超越西方新闻学局限之自觉，徐宝璜之语便是明证，"然西籍中亦无完善之书……至今令人读之而窥全豹者，尚未一见也""对于新闻学之重要问题……自信所言，颇多为西方学者所未言及者"②。另一方面，早期新闻学研究者向外部学习、建构新闻学知识体系的根本目的，是改变中国落后的局面，推动国家和社会整体实现现代化。中国的现代化是在半殖民地半封建的历史背景下开启的，这种社会背景和历史前提"共同预制了我们作为现代'民族—国家'的独立自主与现代发展之双重使命"③。这种对于国家和民族命运改变的自觉意识，在早期新闻学研究者那里有着十分充分的体现。报纸并非仅仅是传播消息的工具，也是"社会公共机关""国民舆论代表"④，其关系到国家前途和民族未来，因此，研究新闻和报纸的目的在于解决国家和社会问题。对于家国命运的关怀在戈公振那里同样有着极为鲜明的体现，"军事扰攘，岁无宁日，吾人欲挽此危局，非先造成强有力之舆论不可……念光复之艰难，懔栋折榱崩之惧，操笔前驱，吾报界实责无旁贷"⑤。不仅如此，徐宝璜直言其撰写《新闻学》，前提与目的在于"吾国"报纸之"徘徊歧路""导其向正当之方向而行，为新闻界开一新生面"⑥。正因这样的现代化自觉意识，早期中国新闻学的建立，从本源上便与

---

① 罗荣渠.现代化新论：中国的现代化之路[M].上海：华东师范大学出版社，2013：269.
② 徐宝璜.新闻学[M].北京：中国传媒大学出版社，2016：序1.
③ 万俊人.现代性的多元镜鉴[J].中国社会科学，2022，319（7）：4-20，204.
④ 邵飘萍.邵飘萍新闻学论集[M].北京：北京大学出版社，2008：107.
⑤ 戈公振.中国报学史[M].北京：生活·读书·新知三联书店，2011：1.
⑥ 徐宝璜.新闻学[M].北京：中国传媒大学出版社，2016：序.

中国的现代化进程有着深刻的牵连，新闻学研究者念兹在兹、意图建立的，"不仅是'在中国'的'新闻学'，而是'为中国'的，是以中国为立场的'中国新闻学'"①。

第三节　中国特色新闻学理论内核的成形

一种知识体系的形成与发展，无法脱离人类社会的实践活动和对自身的认识过程，也总是同特定历史背景、社会形势、思想语境密切相关②。社会环境的改变，尤其是政治形势及与之相应的意识形态的变化，在很大程度上能够推动知识（范式）的更新，从而使得知识与政治、社会之间的关系更加自洽。中国共产党在革命和建设过程中，形成了一套完整的改造旧社会、推动中国从传统走向现代的思想体系，同时形成了具有中国特色的新闻宣传理论体系，即党报理论（后来一般统称为马克思主义新闻思想或马克思主义新闻观）。党报理论及其发展构成了中国特色新闻学自主知识体系的理论和价值内核。

如果说早期中国新闻学知识体系是在新文化运动以及民主、科学、自由等思潮打破传统文化的历史语境下开始探索的，那么，党报理论的出现则与"新启蒙运动"、马克思主义在中国的发展密不可分③。早在1936年，张友渔在《新闻之理论与现象》一书中，便运用了马克思主义观点展开关于新闻传播活动的研究。在这部学术著作中，张友渔详细讨论了新闻与阶级斗争、政治与报纸、新闻与自由的关系以及机关报的理论问题④，是运用马克思主义理

---

① 朱至刚.取向与取舍："学科"角度下的早期中国新闻学[J].新闻与传播研究,2015,22(9):66-79,127.
② 韩喜平.中国哲学社会科学自主知识体系建构的历史必然与路径探索[J].马克思主义研究,2022,267(9):23-32,155.
③ 陈力丹.新启蒙与陆定一的《我们对于新闻学的基本观点》[J].现代传播,2004(1):17-21.
④ 张友渔.新闻之理论与现象[M].北京：中国传媒大学出版社,2018.

论讨论新闻现象的重要尝试。及至 1942 年，延安《解放日报》改版，中国共产党开始结合中央苏区和抗日根据地的具体情况调整新闻政策与新闻体制，创造中国新闻史上"一种独特的报刊类型和操作模式"，以及"以党的一元化领导为体制，以四性一统（党性、群众性、战斗性、指导性，统一在党性之下）为理论框架的延安范式"，至此，党报实现了从"不完全党报"到"完全党报"的转变①。1943 年 9 月 1 日，陆定一在《解放日报》上发表文章《我们对于新闻学的基本观点》，对党的新闻理念作出了全面、系统的阐释，这篇文章基本反映了中共中央和毛泽东同志的党报主张，为中国特色新闻学理论的发展奠定了基础。此后，胡乔木、范长江等党的新闻事业的重要人物也不断发展新闻学理论。以今天的眼光来看，张友渔、陆定一、胡乔木、范长江等人的新闻思想，对于新闻学知识体系的发展尤其是此后中国新闻学自主知识体系的构建，具有十分重要的意义和价值。

首先，党报理论的形成是以界定新闻学的元问题为开端的，对中国新闻学元问题作出了辩证唯物主义的阐释②，使得新闻学成为以马克思主义的立场、观点和方法为指导的理论形态。按照一般的理解，一门学科的元问题是对该学科最为基本的概念、范畴与问题的发问，而新闻学的元问题便是如何解释新闻是什么③。在早期中国新闻学的知识探索中，其逻辑起点多以"报纸"为中心，关于"新闻"的理解反而在逻辑位次上处于"报纸"之后。例如，徐宝璜对新闻学的定义便是，"新闻学者，研究新闻纸各问题而求得一正当解决之学也"④，由此可见，在徐宝璜所建构的新闻学理论中，新闻纸而非新闻才是理论的中心。这一点也可从早期新闻史研究以报学史为名得以

---

① 黄旦. 从"不完全党报"到"完全党报"：延安《解放日报》改版再审视 [M] // 李金铨. 文人论政：知识分子与报刊. 桂林：广西师范大学出版社，2008：279.
② 涂凌波. 作为元概念的马克思主义新闻观：论中国新闻学元问题的一种基本阐释 [J]. 南京社会科学，2022（10）：93-104.
③ 涂凌波. 作为元概念的马克思主义新闻观：论中国新闻学元问题的一种基本阐释 [J]. 南京社会科学，2022（10）：93-104；李泓江. 新闻学元问题的依据、方位及回应方式 [J]. 编辑之友，2020（8）：57-62.
④ 徐宝璜. 新闻学 [M]. 北京：中国传媒大学出版社，2016：1.

印证。

与早期新闻学知识的生成与建构不同,党报理论首先是从"新闻是什么"加以讨论的。陆定一《我们对于新闻学的基本观点》全文的起点,便是重新诠释"新闻"。需要特别注意的是,与此前新闻学中关于"新闻"经验主义的诠释不同,陆定一采用的是演绎的逻辑,即运用辩证唯物主义的一般原理来理解和界定新闻与新闻活动,"唯物论者认为,新闻的本源乃是物质的东西,乃是事实,就是人类在与自然斗争中和在社会斗争中所发生的事实。因此,新闻的定义,就是新近发生的事实的报道"①。显然,从新闻的定义到唯物主义和唯心主义新闻观的区分,都是根植于科学的马克思主义理论、从马克思主义的角度来阐释新闻,在此基础上,《我们对于新闻学的基本观点》"给出的是相当完备的马克思主义新闻学理论框架"②。与此前的马克思主义新闻学研究者(如张友渔)不同,陆定一并不仅仅是基于马克思主义阶级学说来理解新闻,而是运用中国化的马克思主义以及马克思主义的哲学理论阐释新闻并基于此而构造新闻学,这是中国新闻学理论建构中具有"典范"意义的探索。

其次,承认并正视意识形态对于新闻活动的影响,并且将新闻事业放置在党和国家的整体事业中加以定位,强调新闻的目的是为更大的政治与社会目标服务,新闻学知识也应该观照国家与社会发展。新闻学本身是一门具有浓厚实践色彩的学科,不论是何种流派的新闻学,在根本上均强调对现实的干预。如前文所说,早期中国新闻学一方面受到西方影响,强调新闻的中立、客观、不偏不倚,另一方面又由于时局困境而主张通过新闻变革改造社会,推动国家与社会的现代转型。按照卡尔·曼海姆(Karl Mannheim)的观点,任何认识性活动都不可避免要受到特定意识形态的影响③。承认意识形态的影响,并且主张以无产阶级的意识形态来开展新闻活动、推动新闻事业的

---

① 陆定一.我们对于新闻学的基本观点[N].解放日报,1943-09-01(4).
② 朱至刚."我们"为何以"新闻"为起点:试析《我们对于新闻学的基本观点》的理论构造[J].四川大学学报(哲学社会科学版),2020(2):106-113.
③ 曼海姆.意识形态与乌托邦[M].李步楼,尚伟,祁阿红,等译.北京:商务印书馆,2014:117.

发展，是马克思主义新闻学的重要特征。张友渔将新闻定义为"伟大的阶级的武器"，是无产者批判旧社会的武器[①]。在革命的语境下，这种对于新闻阶级性和政治性的坦陈，与资产阶级的"去政治化"假相有着本质区分。胡乔木在《人人要学会写新闻》中有这样一段话，"资产阶级的新闻记者从来不说我以为如何如何，我以为应该如何如何……他们的狡猾，就是当他们偏袒一方面，攻击另一方面的时候，他们的面貌却是又'公正'又'冷静'。我们不要装假，因为我们所要宣传的只是真实的事实，但是既然如此，我们就更加没有在叙述中画蛇添足的必要了"[②]。这一说法体现了党报理论在构造上同资产阶级新闻理论的根本区别所在。在党报理论中，新闻是从事实派生出来的，对事实的追求、对实质公正的追求是新闻的根本目的；而在资产阶级新闻理论中，新闻报道所注重的则更多是形式上的客观而非实质上的公正。

  对于阶级性、政治性及意识形态属性的承认，根植于中国共产党所追求的革命和建设事业本身的正当性，根植于党对于民族国家命运所作出的努力。党报理论继承了列宁新闻理论的思想传统，认为报纸是"党的喉舌"，是"集体宣传员"和"集体组织者"，"报纸必须与整个党的方针政策、党的动向密切相关""不仅要在自己一切篇幅上，在每篇论文，每条通讯，每个消息……中都能贯彻党的观点，党的见解"[③]。党的新闻事业不是脱离于整体事业的，而是革命和建设事业的重要组成部分[④]，其传达党的政策主张，与党追求的整体目标和党从事的事业保持完全一致，这一思想构成了党报理论的核心主张。与此同时，在党报理论知识中，党的新闻活动要完全体现党的意志，因为党同人民的血脉是紧密联系着的，"只有共产党的党报，才能建设这样的报纸（作者注：同人民密切联系的报纸，因为它有共产党的领导，而共产党乃是人

[①] 张友渔.新闻之理论与现象[M].北京：中国传媒大学出版社，2018：7.
[②] 胡乔木.人人要学会写新闻[M]//中国社科院新闻研究所.中国共产党新闻工作文件汇编（下册）.北京：新华出版社，1980：224-227.
[③] 致读者[N].解放日报，1942-04-01（1）.
[④] 涂凌波.中国共产党新闻工作观念的产生、制度化与历史实践[J].人民论坛·学术前沿，2021（19）：86-96.

民的先锋队)"①。与之相应，由于党要代表人民群众，反映群众心声，自然也要面向群众，坚持"群众办报"，这种群众办报思想从范长江对新闻的界定中即可看出。范长江认为，新闻是广大群众欲知、应知而未知的重要的事实②，陆定一认为，"只有为人民服务的报纸，与人民有密切联系的报纸，才能得到真实的新闻"③。不论是党报必须完全反映党的意志，还是坚持群众办报、人民至上，都说明了一个重要的问题，即新闻工作要为更大的政治实践服务，为中国的现代化进程（包括国家的现代化和人的现代化）服务。对于这一问题的回答，是党报理论以辩证唯物的方法，经过演绎论证而成，这为此后中国特色新闻学理论的发展奠定了理论基础，也为今天建构自主的新闻学知识体系提供了知识参照。

第四节　中国新闻学知识的重建与体系的初步探索

党的十一届三中全会召开后，党和国家的工作中心转移到经济建设，中国的现代化事业开启新的阶段，新闻事业重新步入正轨。对于知识界而言，如何在历史的反思中吸取经验教训，坚持实事求是、解放思想，冲破束缚学术研究的桎梏，重建中国的哲学社会科学，是摆在所有学人面前的重大时代命题。对于新闻学界尤其是新闻学基础理论研究而言，其面对的局面是"新闻学的绝大部分概念、范畴、原理，既没有明确和稳定的质的规定性，又缺乏必要的严密的科学论证，新闻学作为一门独立科学，却没有自己的学科体系，连学科知识都少得可怜"④。正是在这样一种背景下，以甘惜分和王中为代表的一代新闻学者，开启了中国新闻学知识体系的重建之路。

---

① 陆定一. 我们对于新闻学的基本观点 [N]. 解放日报，1943-09-01（4）.
② 范长江. 记者工作随想 [M] // 范长江. 通讯与论文. 北京：新华出版社，1981：314-321.
③ 陆定一. 我们对于新闻学的基本观点 [N]. 解放日报，1943-09-01（4）.
④ 童兵，林涵. 20世纪中国新闻学与传播学（理论新闻学卷）[M]. 上海：复旦大学出版社，2001：385.

回望学科史和学术史，我们之所以称之为"重建"，一方面是指我国新闻学理论以及新闻学知识体系对传统思想资源的"接续"，在20世纪80年代初则鲜明体现为"向前"的意识，即恢复1957年前的马克思主义传统，拨乱反正；另一方面则体现为"向外"的意识，从西方的新闻学、传播学乃至其他社会科学中引入概念和知识资源，进而改变新闻学理论的基础结构。知识"重建"的过程，是一个新与旧、中与西不断交织起伏的过程，其中也表现着争论、徘徊甚至矛盾的一面。

甘惜分先生于1980年完成、1982年正式出版的《新闻理论基础》一书，全书17万字，是中国新闻学理论体系重建的标志性作品。从结构上看，全书上篇讨论新闻、舆论、新闻事业的性质和作用，下篇则从新闻事业和现实生活、群众、党三者的关系展开讨论。这本具有教材性质的新闻学著作，尽管在甘惜分看来"仍属大纲性质""思想还不成熟"，但是从新闻学的根本问题展开论述并搭建内在逻辑联系的写法，"是研究马克思主义新闻理论的一次试探"[①]。这本教材不仅对当时和后来的新闻学研究、新闻教育影响很大，而且其中关于新闻的一些基本判断和认识影响了后来的新闻学知识建构路径，如"新闻是报道或评述最新的重要事实以影响舆论的特殊手段""事实—新闻报道者—新闻接受者的关系"的"小三角"关系，"新闻事业同群众、现实生活和控制者"的"大三角"关系，"新闻事业的根本性质是阶级舆论工具""新闻事业的作用是统一舆论"等[②]。原著出版后引发了较大的争论，一些观点认为书中关于新闻与政治关系的认识偏激进，还有的则认为其学术性和体系性较为欠缺。1985年，甘惜分在答读者问中说，他建构理论体系的起点是马列主义新闻论著中着重解决的两个问题——一个是报纸通讯社的性质问题，另一个是党性问题。[③]

[①] 甘惜分. 新闻理论基础 [M] // 甘惜分. 甘惜分文集. 北京：人民日报出版社，2012：前言.

[②] 甘惜分. 新闻理论基础 [M] // 甘惜分. 甘惜分文集：第1卷. 北京：人民日报出版社，2012：40, 31, 102–105, 60, 64.

[③] 甘惜分. 新闻论争三十年 [M]. 北京：新华出版社，1988：213–216.

显然，甘惜分的理论建构遵循的仍然是辩证唯物主义的演绎逻辑。1986年，甘惜分又完成《新闻学原理纲要》一书，甘认为这是在之前的新闻理论体系上的"重写"，尽管书的全部结构大变样，但是"思想脉络并没有根本的变化"。在章节结构上，全书分为十二章，前六章分别讨论事实、信息、新闻、舆论和新闻事业，后六章则讨论资产阶级新闻事业、无产阶级新闻事业、新闻事业与人民、新闻事业中的控制与自由、新闻事业的风格、新闻工作者。比较前后两本新闻学理论著作，不难发现，除了知识结构上的变化，还有诸如信息、新闻媒介、新闻控制、受众等新概念被引入新闻理论体系。"新闻学研究的对象是新闻事业，是新闻事业的发展规律"，新闻学研究首先要解剖新闻事业的根本结构，新闻和舆论就是新闻事业的细胞。① 总的来看，甘惜分所搭建的新闻理论知识结构的内核是马克思主义的立场、观点和方法论（辩证唯物主义），理论的起点是新闻事实，贯穿理论体系的"红线"是新闻事业，而在价值论上则是新闻的"倾向论"。

王中先生在1957年就写出了《新闻学原理大纲》的目录和一些内容，改革开放后，尽管王中没有系统的新闻学理论著作出版，但其发表的诸多演讲和文章（《论新闻》《论传播工具》《论宣传》《论新闻事业的阶级性》等），反映了其尝试建构的新闻理论知识的基本结构，对此后的新闻学研究同样影响深远。《新闻学原理大纲》对社会主义新闻事业和资产阶级新闻事业都有介绍，认为新闻事业主要是社会的产物，其沿革有着客观规定性，还讨论了报纸的性质与职能等问题。② 据统计，《新闻学原理大纲》中有关新闻商品性、工具性的论述有15,795字，占比26.50%，反驳"新闻事业是阶级斗争而产生"的论述有10,685字，占比18.89%。③ 在20世纪80年代，王中关于报纸商品性、读者需求论、社会需求论等问题的阐发，对新闻理论研究影响很大，在一定程度上打破了新闻理论研究沉闷的局面，为后来关于新闻事业

---

① 甘惜分.新闻学原理纲要［M］//甘惜分.甘惜分文集.北京：人民日报出版社，2012：162，166.
② 王中.新闻学原理大纲［M］//赵凯.王中文集.上海：复旦大学出版社，2004：19-35.
③ 柴菊.当代中国新闻学范式研究［D］.南京：南京大学，2013.

双重属性、报业市场化等观点提供了学术启发。应该指出的是，在考察新闻产生的物质基础、新闻的基本概念、新闻与意识形态的关系等问题时，王中同样采用了辩证唯物主义和历史唯物主义的方法，如"只有从社会的客观存在中去寻找答案""历史唯物主义是关于一般规律的理论"等表述。[①]

作为改革开放后"一北一南"两位新闻学研究的"旗手"，他们在建构新闻学理论知识体系上，面对的其实是相似的情况：一是新闻学在学科、学术和话语上的贫瘠，使他们在研究新闻学理论知识时几乎只能是"白手起家"，因而理论的逻辑架构和体系化都显得较为薄弱；二是知识资源和理论方法较为单一，使他们主要是在传承马列主义的思想传统基础上展开创新，而在中国社会刚刚迎来思想解放的改革开放早期，如何处理好重大的理论和现实问题则是一大难题，这也使其论述的逻辑性不太严密；三是中国的新闻业改革发展得十分迅速，各种新的新闻实践和现象层出不穷，研究对象正在发生快速的变化，加之两位学者的人生经历和年龄等因素，自然在建构理论体系上显得十分艰辛。有学者考察甘、王二人的分歧认为，他们尝试建构的新闻理论体系都是基于社会主义新中国的实践，他们都在马克思主义的框架中致力于中国新闻学的学术范式研究，都是基于毕生信仰和理想而说的"真话"[②]——这样的评价是公允而且符合历史语境的，是"同情之理解"。

[①] 王中. 论新闻, 论传播工具 [M] // 赵凯. 王中文集. 上海：复旦大学出版社, 2004：223, 226, 236.

[②] 向芬. 新闻学研究的"政治"主场、退隐与回归：对"新闻论争三十年"的历史考察与反思 [J]. 清华大学学报（哲学社会科学版）, 2018, 33（1）：183-192, 197.

第五节　中国特色新闻学知识主体框架的生成

或许如某些学者所言，20世纪80年代新闻理论研究的思维方式与话语形态"不足以建立起新闻学屹立于人文社会科学之林的支点"①，但正是在甘、王等一代学者的辛勤探索下，中国的新闻理论研究和新闻学知识面貌才迎来了一个新的局面。经过1983—1984年全国范围内有关"新闻学是否是一门科学"的大讨论，改变了学界对新闻学的看法②。此后一直到20世纪的最后20年，一批新闻学者迅速成长起来，他们著书立说、守正创新，在新闻学理论研究上各展其长，基本形成中国特色新闻学知识体系的主体框架，而在这20年间，中国在政治、经济、社会、文化等各个领域均发生了大变革——中国特色社会主义市场经济制度确立，中国加入世贸组织，中国经济高速增长和社会结构发生变迁，以及西方思想和哲学社会科学知识被大量引入等，都深刻影响着中国特色新闻学知识的生成过程。通过分析这一时期具有影响力的新闻学著作，我们可以总结新闻学知识主体框架生成中的四种自觉意识，限于篇幅，下文仅以其中代表作加以分析阐述。

历史自觉的意识。改革开放后，一代学者自觉承担起学术重任，既要总结和吸取历史的经验教训，更要为中国的学术和理论作出开拓性的贡献。甘惜分谈到《新闻理论基础》是思想解放的结果，其体系是独创的，可以说是具有中国特色的新闻理论，不同于外国同类的书，也不同于中国以往的新闻理论。③在后来的多次访谈中，他一直坦陈这本书在理论体系上不够完整，思想还不够解放，个别论点不一定正确或不完全正确。甘惜分后来创办舆论调

---

① 纪忠慧.新闻理论体系建构的三个十年［J］.国际新闻界，2008（12）：18–23.
② 徐培汀，裘正义.中国新闻传播学说史（1949–2005）［M］.重庆：重庆出版社，2006：67.
③ 甘惜分.一个新闻学者的自白［M］//甘惜分.甘惜分文集.北京：人民日报出版社，2012：355，387–388.

查研究所,创办《新闻学论集》,提"多声一向论",谈传播的权力与权利,以实事求是的精神和学术姿态,推动中国的新闻学理论研究。甘惜分把他的思想发展过程总结为三个时期,但以马克思主义作为指导思想,建设中国自己的新闻学,这个思想一直都没有变化。①2006 年,在接受采访时,甘老用十个字总结自己的新闻学研究历程——"立足中国土,回到马克思"②。有学者分析,王中和甘惜分在理论上探索新闻(活动、业、学)所特有的规律性,在实践中尊重新闻的特性,在体系上建立属于中国自己的完备的新闻学,是时代的要求、学术发展的要求。③中国的新闻学者契合国家、民族、社会以及时代的需要,尽管面临着重重困难,还是坚守初心、孜孜矻矻,用扎实的研究推动中国新闻理论的发展与进步。

实践自觉的意识。20 世纪 80—90 年代,学界开始在新闻学理论和知识体系探索的过程中强调理论和实践的结合,尤其是拥有丰富的新闻工作经验并仍活跃在新闻实践一线的新闻工作者、管理者,开始参与理论研究工作,如安岗、郭超人、穆青、艾丰、杨伟光、梁衡等人。1982 年,安岗就提出新闻研究要赶快抢救新闻史料等六个方面的问题,"要把目前从事新闻实践的同志都吸引到研究工作上来,把他们长期积累的工作经验上升为理论"④。20 世纪 80 年代,安岗创办了《市场报》,后来任《经济日报》总编辑,提出报纸与市场、新闻经济学、报刊经营管理等观点,后来还倡导发展中国的公共关系事业。有学者评价,安岗所关注的有关报纸走向市场的三个问题(读者意识、个性意识、服务意识),其意义已突破党报理论的范围,向新闻事业的普遍规律靠近了。⑤1983 年,为贯彻中央指示精神,穆青提出要把新华社建设为具

---

① 甘惜分.一个新闻学者的自白[M]//甘惜分.甘惜分文集.北京:人民日报出版社,2012:387-388.
② 陈力丹."立足中国土 回到马克思":采访《新闻学论集》第一任主编甘惜分[M]//甘惜分.甘惜分文集.北京:人民日报出版社,2012:584.
③ 刘鹏.为何是王甘:王中、甘惜分新闻思想及"甘王之争"的产生原因与时代背景[J].国际新闻界,2019,41(4):21-48.
④ 陈崇山,陈日浓.安岗新闻论集[M].北京:中国社会科学出版社,2015:15-24.
⑤ 单波.20 世纪中国新闻学与传播学(应用新闻学卷)[M].上海:复旦大学出版社,2001:209.

有中国特色的世界性通讯社，还就世界性通讯社的标准、中国的特征等问题作出了理论上的阐述，这对推动新闻改革有着重要的影响。① 此外，穆青对新闻学研究的内容、理论与实践如何结合、资产阶级的新闻学等问题作出过论述。被誉为"学者型"记者的艾丰，他基于自己在实际工作中的观察和思考，运用哲学的知识探寻新闻规律，从记者的认识与新闻事实的基本矛盾出发，形成了关于新闻采访的学理性观点。② 梁衡在多年的新闻实践和思考中，提出报纸的四个属性（信息属性、政治属性、文化属性和商品属性）、报纸市场的三个阶段、新闻与文学的本质区别等学术观点。③ 总的来说，在现代化建设的背景下，新闻一线的实践为学者带来了丰富的素材，而这些实践经验为这一时期新闻学理论和知识体系的建设提供了现实的依据和支撑。

科学自觉的意识。重建中国的新闻学理论，回归新闻研究的学理性、学术性，提倡"新闻学是一门科学"成为20世纪80—90年代学界的共识。王中认为，"新闻学只有从生产关系的总和中加以研究才能发现它的客观规律，才能成为一门科学"④。甘惜分也谈到，"新闻学就是探索新闻事业规律的科学，它缺乏完整体系的现状，正好鞭策我们去从事这种探索，并建立起真正的科学"⑤。回到历史语境，此时的"科学"一方面受到当时"科学技术是第一生产力"的思想氛围的影响，另一方面则是将学理性的规律等同于科学，因而与自然科学的"科学"相比，新闻学的"科学"实际上更强调对客观规律的把握，这当然也是一种重要的思维方式和学术范式的转向。徐培汀的总结是，王中偏重新闻事业普遍规律的研究，甘惜分则偏重社会主义新闻事业特殊规律的研究，两个学派是不同的，甘惜分不反对探索新闻事业的普遍规律，但

---

① 穆青.新闻散论［M］.北京：新华出版社，1996：237-255.
② 单波.20世纪中国新闻学与传播学（应用新闻学卷）［M］.上海：复旦大学出版社，2001：229-237.
③ 梁衡.署长笔记：新闻原理的思考［M］.北京：中国人民大学出版社，2018.
④ 王中.谈谈新闻学的科学研究［M］//赵凯.王中文集.上海：复旦大学出版社，2004：308-309.
⑤ 甘惜分.新闻理论基础［M］//甘惜分.甘惜分文集.北京：人民日报出版社，2012：11.

他强调划分界限。① 有一些研究认为甘惜分晚年的思想有所转向，实际上他对新闻规律的追求和基本判断（科学的自觉意识上），是没有发生根本变化的。说到底，对科学（规律）的追求并不与价值关怀产生必然的矛盾。这种"二元对立"的思维方式是需要警惕的。此外，科学的精神还意味着兼容并包、吸收新知识、采用新方法。在改革开放后的20余年间，西方传播学知识的引入，以及对社会科学研究方法和其他学科概念、知识的采用，都影响了新闻学理论体系的建构。有研究分析比较20世纪90年代的两本代表性教材《新闻传播学原理》（童兵、展江、郭青春著）和《新闻学导论》（李良荣著）发现，两本书在关键词上都引用了传播学的新概念，引文上政治性内容降低、中西新闻理论的比重较高。② 童兵、林涵总结道，经过20年来的理论研究和实践，学界在如何对待西方新闻传播学说上建立了共识，即采取具体分析的态度，既不全盘照抄，也不一概排斥，实事求是地吸收其中有益的内容为我所用。③

体系自觉的意识。一门学科以及该学科的基础理论，如果其核心的概念、陈述、判断不成体系，甚至前后逻辑不自洽，没有形成学科所独有的理论体系，那么我们很难说该学科建立了知识体系。实际上，这也是很多人对中国新闻学发展初期的批评和质疑。我们需要看到的是，新闻学者们很早就意识到体系性不够的问题，具有建构新闻理论体系的自觉意识。20世纪90年代，刘建明陆续出版《宏观新闻学》（1991年）和《现代新闻理论》（1998年），尝试构建一种比较成体系的新闻学理论结构。《宏观新闻学》中有1000余个概念，"不是对报道规律进行单一的探讨，而是对整个新闻活动进行全方位的整体研究"，将系统论、控制论的知识与唯物论、辩证法结合起来，进而搭建了宏观新闻学的基本框架：研究的起点是"事实传播"，考察新闻活动的各部分、各层次、各环节之间的联系以及部分与层次之间的因果关系。④ 该著作

---

① 徐培汀，裘正义. 中国新闻传播学说史（1949-2005）[M]. 重庆：重庆出版社，2006：130.
② 柴菊. 当代中国新闻学范式研究 [D]. 南京：南京大学，2013.
③ 童兵，林涵. 20世纪中国新闻学与传播学（理论新闻学卷）[M]. 上海：复旦大学出版社，2001：408.
④ 刘建明. 宏观新闻学 [M]. 北京：中国人民大学出版社，1991：11-16.

一共十二章，第二至七章从新闻与社会、新闻的特征、报道方式系列、新闻宣传与宣传机制、新闻传播与传播效果、传播与宣传工具系统分别展开论述。从学术史来看，尽管刘参考和使用了系统论的知识，但其理论本身的体系性还有待发展。在《现代新闻理论》一书中，作者在体系上作出了新的调整，对新闻理论在逻辑上的问题有着更深入的反思和讨论，其称新闻学及一切科学都贯穿逻辑学原理，特别要以"充足理由"陈述自己的观点，而且新闻理论"从概念到原理，从知识要素到理论范畴的论证，都需要建立现代的科学抽象体系"。① 即使从今天的眼光来看，这本著作从结构和内容上所体现的系统思维和体系自觉，仍然有可借鉴之处，如对新闻本源的分析、对新闻形态构成的分类、对新闻报道规律的提炼、对新闻媒介与社会结构演进的相互关系的探讨等。最后，还要提及 1993 年吴高福所著的《新闻学基本原理》，这是较早采用传播的过程论述和分析新闻现象的一本著作，全书第一至六章以及第十章分别讲述新闻本体、新闻传者、新闻受众、新闻媒介、新闻传播和新闻源流，构成了完整的传播过程和体系。从知识体系建构来看，显然受到翻译引进的麦奎尔和温德尔的《大众传播模式论》的影响。作者在书中谈到，"如果我们把新闻传播看成是一个大的系统的话，那么，在这个大的系统中，各组成部分既有自身规律，又有着相关性""新闻发展的根源在于社会实践，新闻是随着社会实践的发展而发展的"。②

现代化是一个持续的过程，也是中国社会变革过程所致力于实现的目标。社会各个子系统（包括政治、经济、教育、科学、思想、文化等）以及人的现代转型构成了新闻学知识生成的宏大背景，也是新闻学知识生成的内在动力，从不同侧面推动着新闻学知识的生成与体系化的建构。不同时期、不同主体关于"现代"的想象和理解有所不同，这种区别是不同历史阶段新闻学知识面貌呈现差异的重要原因：早期中国新闻学研究者往往自发地将西方当成中国现代化、现代性的参照标准，这也使得他们的新闻学著述受到西方较

---

① 刘建明.现代新闻理论［M］.北京：民族出版社，1998：6-13.
② 吴高福.新闻学基本原理［M］.武汉：武汉大学出版社，1993：147，317.

为深刻的影响，但依然具有中国的学术自觉和国家社会发展的自觉意识；中国共产党对于现代社会的理解，既受到马克思主义的影响，又包含着中国的文化元素和道德理想，从中国革命与建设的现实出发引领中国式现代化道路，正是这种独特的现代化实践催生了不同于西方新闻学的党报理论，形成了中国特色新闻学的思想与理论内核；改革开放之后，中国重新与世界接轨，确立实事求是的思想路线，中国的现代化道路充满了新的可能，现代化被赋予新的内涵和想象，中国新闻学在马克思主义理论、本土知识资源与西方理论的能动关联结构和知识生成张力中被重新定位，以甘惜分、王中、童兵、李良荣、刘建明等为代表的新闻学研究者带着历史自觉、实践自觉、科学自觉与体系自觉的自主意识，矢志创新，不断探索，推动了中国特色新闻学知识主体框架的生成与发展。

"一个国家在一定历史阶段新闻理论的内容和呈现这些内容的框架的形成，总是同该历史阶段所置身的经济政治环境紧密相关的"[①]，当今世界面临百年未有之大变局，中国式现代化进程迈入新的历史阶段，建构中国新闻传播学自主知识体系成为一个重大的时代性问题。我们需要以问题为导向，从学科史、学术史中汲取经验和教训，坚持实事求是、守正创新，才能不断推动中国新闻学研究的创新与发展，形成独立且具有世界意义的中国新闻学自主知识体系。回望学术史，20世纪中国新闻学研究随着中国社会历史进程的转变发生了几次重大转向，每次转向带来的都是新闻学知识的发展与知识面貌的更新，这些探索为今天中国新闻学自主知识体系的建构提供了历史的镜鉴，也提出了一些我们今天必须重新思考的关键问题。

其一，传承与创新的问题，如何面对此前中国新闻学在知识体系建构上的历史遗产，并结合新的时代条件进行卓有成效的创新发展，是摆在中国新闻学者面前的重要问题。其二，理论与实践的问题，历史经验告诉我们，新闻学知识与实践有着紧密的关系，在当前理论与实践脱节愈发严重的情况下，如何使中国新闻学知识体系更好地与实践对接，使其更好地推动中国式现代

---

① 童兵.中国当代新闻理论框架结构解读[J].新闻爱好者，2016（3）：12-18.

化的历史进程以及党和国家的新闻传播工作，同样至关重要。其三，普遍与特殊的问题，中国新闻学理论应当成为特殊的具有本土自洽性的知识，还是具有普遍性意义的世界性知识①，不仅关乎中国新闻学知识的基本性质，而且关系到新闻学知识的理想样态。其四，体系的定位问题，新闻学在哲学社会科学研究中处于或应当处于怎样的位置，是中国新闻学自主知识体系建构过程中必须回答的问题，如何建立起新闻学知识与更为基础的哲学理论（尤其是马克思主义哲学理论）以及其他相关学科（如政治学、社会学等）的有机关联，使新闻学与中国哲学社会科学其他学科之间具有内在逻辑性（尤其是概念、方法、观点的共通性），解决以往的研究较少涉入或者没有很好地解决的问题，也是建构自主的新闻学知识体系应该关注的问题。

第六节 建构新闻传播学自主知识体系的基本姿态

在百年未有之大变局的大背景下，如何建构具有自主性、系统性、原创性、时代性的中国新闻传播学知识体系，推进新闻传播学的知识创新、理论创新、方法创新，更好地为全面建成社会主义现代化强国作出贡献，是我国新闻传播学领域面临的重大的系统性、长期性工程任务。作为我国哲学社会科学体系中具有支撑作用的学科之一，新闻传播学自主知识体系建构是学科体系、学术体系和话语体系建设的基础工作，也是"三大体系"建设的重要支撑。

党的二十大报告指出，坚持人民至上、自信自立、守正创新、问题导向、系统观念、胸怀天下，是开辟马克思主义中国化时代化的立场观点与方法。②在建构新闻传播学自主知识体系的过程中，要牢牢把握和遵循这六个方面的总体性要求。在此基础上，关于如何建构中国新闻传播学知识体系还有四个方面的思考。

---

① 高晓虹，涂凌波.当代中国新闻传播学研究的范式创新与理论追求［J］.新闻记者，2022（5）：7-11.

② 习近平.高举中国特色社会主义伟大旗帜 为全面建设社会主义现代化国家而团结奋斗：在中国共产党第二十次全国代表大会上的报告［N］.人民日报，2022-10-26（1）.

一、自主性：立足中国实际、以中国为观照

在哲学社会科学领域建构中国自主的知识体系，就是要自主建设中国特有的哲学社会科学认识和经验的系统。①自主建设的关键在于立足中国实际，以中国为观照，以时代为观照，回应和解决中国实践中的重大理论和现实问题，在学科建设、学术研究、教材建设、人才培养等方面要建立符合中国实际的一套体系和评价标准。有学者指出，自主性的基本特征在于：中国道路的自主性；世界观、方法论的自主性；主体自由选择的自主性；关键知识供给的自主性；体现民族性的自主性。②

中国的实际始终应当是新闻传播学自主知识体系建设的出发点和落脚点，一种知识体系不是空中楼阁，而是要从中国国情与实际需要出发，针对中国问题，提出本土化的理论框架和知识图谱。贺雪峰教授谈到建立中国社会科学的主体性的"大循环"方法，并在深入实践、理解实践的过程中形成各有侧重、相互竞争的理论概括，形成具有逻辑自洽性和具有实践解释力的概念体系。③这种自主性的方法和理论追求，可供新闻传播学有关学者研究参考。

二、原创性：打造标识性的中国概念与理论体系

学理性表达、学科化建设、学术化构建，是建构新闻传播学自主知识体系的重要路径。其中，原创性的理论研究成果是知识体系的内核。应基于已有的学术史、思想史、知识传统，在继承中创新，在创新中发展，在中国的现代化实践（尤其是中国的新闻传播实践）中研究真问题、挖掘新材料、发现新问题、提炼中国概念、总结中国经验，进而形成一套真正反映中国新闻

---

① 谢伏瞻.建构中国自主的知识体系［N］.人民日报，2022-05-17（9）.
② 杨开峰.全面理解、深入领会，加快构建中国自主的哲学社会科学知识体系［J］.公共管理与政策评论，2022，11（4）：11-14.
③ 贺雪峰.在野之学［M］.北京：北京大学出版社，2020：67-69.

实践、中国新闻特征、中国新闻历史、中国新闻现实，对未来中国新闻业发展具有直接参考意义的理论知识框架。

当然，框架的建成并不是一蹴而就的，而是需要学术共同体一起努力，久久为功。譬如，在基本概念（元概念）和基本问题（元问题）的研究上面，笔者认为中国新闻学的元问题，指的是作为主体的中国人以新闻为中介与社会建立关系的问题，包括新闻与事实、新闻与人、新闻与社会三种基本关系，元概念则意味着一种新闻学范式在具体的历史社会语境下对元问题的回应。①

三、系统性：历史逻辑、理论逻辑和实践逻辑的统一

"中国自主的知识体系是中国特色哲学社会科学各种知识、观念、方法、命题、理论的集成"②，自主知识体系建设还需要着力于系统性建构。从历史逻辑、理论逻辑和实践逻辑出发，新闻传播学知识体系至少包含三个维度：一是知识体系本身的维度；二是知识体系的历史生成与发展的维度；三是知识体系应用的维度。这三个维度将中国新闻传播学研究的学术体系、学科体系、话语体系有机结合，将学术史、学科史、实践史上的各种概念、理论、话语等资源整合起来。比如，我们需要系统、全面地梳理当代中国新闻学理论的主要命题，并深入研究关于这些命题的代表性思想观点。例如，党管媒体、党性原则、党性与人民性相统一、政治家办报、全党办报与群众办报、舆论导向、正面宣传、媒体融合、国际传播等。此外，还可以分析中国式现代化实践语境中生成的新闻起源、新闻本源、新闻本体、新闻主体、新闻价值、新闻真实、新闻规律、新闻观念、新闻关系、新闻文化、新闻素养等理论问题。在新闻理论的基础问题上，杨保军先生用20余年推出"新闻十论"，深入系统展开研究，为自主知识体系建设作出了重要贡献。

---

① 涂凌波.作为元概念的马克思主义新闻观：论中国新闻学元问题的一种基本阐释［J］.南京社会科学，2022（10）：93-104.
② 刘伟.积极建构中国自主的知识体系［N］.人民日报，2022-07-19（11）.

四、融通性：吸收借鉴国外哲学社会科学的有益成果

当代中国新闻传播学知识体系既是自主的、中国的、民族的，也是开放的、世界的、人类的。我们倡导打通传统的知识分类、消除中西方知识的隔阂，将新闻学研究与传播学研究更好地结合起来，将中西方的理论、知识和实践更好地融合起来，构建融通中外的中国新闻传播学"三大体系"。[①] 建构中国新闻传播学知识体系，同样应致力于融通中西方新闻学、传播学研究的理论成果，推动不同知识体系和理论范式的对话。譬如，有学者指出欧美数字新闻学理论发展的学术策略具有体系意识和对话意识，我们对此就可以有所借鉴。[②]

中国的新闻传播研究，主要研究对象是中国式现代化进程中的新闻传播实践，但也应关注新闻与人类社会整体发展的关系。当代中国新闻传播学知识体系的基本图景，既立足中国实际，又胸怀天下，融通中外，超越普遍与特殊的"二元对立"关系，为推动构建人类命运共同体作出贡献。

---

① 高晓虹，涂凌波．当代中国新闻传播学研究的范式创新与理论追求［J］．新闻记者，2022（5）：7-11．
② 常江，何仁亿．欧美数字新闻学理论：现状分析与趋势研判［J］．中国编辑，2021（5）：90-96．

第三章 技术如何重塑新闻：算法与大数据[*]

引　言　媒介技术的划时代革新

基于人工智能技术驱动的自然语言处理（Natural Language Processing，NLP）应用 ChatGPT，已经掀起了一场全社会的讨论热潮。作为专门化人工智能领域的里程碑式的产品，仅在发布五天后，ChatGPT 用户数就已突破 100 万，并在发布两个月内，月活跃用户突破 1 亿，成为史上用户数增长最快的消费者应用。迄今为止，该应用已经迭代至 GPT-4 阶段，而由 GPT 技术引发的新一轮的内容生产和新闻传播变革正在成为学界、业界的关注热点。

不同于高门槛、长周期的专业生产内容（Professional Generated Content，PGC）和泛参与性的用户生产内容（User Generated Content，UGC），学界和业界将这种基于大数据、算法和人工智能等技术生成的内容称为人工智能生成内容（AI-Generated Content，AIGC）。AIGC 是在大模型基础上，基于自然语言处理技术的生成式内容，其底层逻辑是一个超级规模的大数据结构，

---

[*] 本章主要内容分别原载于：涂凌波，田欣荷. 算法新闻的推荐机制、影响及其伦理问题探究 [M] // 中国记协新媒体专业委员会. 中国新媒体研究报告 2020. 北京：人民日报出版社，2020：124-138；涂凌波，贾雨心. 区块链新闻：新闻业危机话语下媒介技术的想象与批判 [J]. 中国编辑，2021（2）：22-28；涂凌波，赵奥博. 作为基础资源的大数据：AIGC 变革下新闻传播活动的再认识 [J]. 未来传播，2023（3）：9-16，128。收入本书时，略有删改。

以此为基础的算法学习和对话式内容生成，其核心在于为超级规模的数据所驱动，并通过对抗学习生成模型不断迭代。

可以说，在 AIGC 带来的新闻传播活动变革下，研究和讨论本已经十分重要的"大数据"问题具有理论和实践的双重意义。如果从更宏观的背景来看，大模型技术和 AIGC 的发展正是大数据技术已经深度嵌入社会系统的表现。从经济社会活动来看，近年来，我国实施大数据战略取得显著成效，从日常生活中的个人移动支付到征信记录查询等数据使用，大数据塑造着人们的交往行为与观念，更成为社会组织、协调、动员的重要资源。然而，在现实运作中也出现了唯数据、制造数据、"只看数据不看人"等问题，这些都给社会治理带来了新的挑战。作为一种重要的生产要素和治理手段，大数据同样是需要被治理的对象。

在传统新闻格局被打破、新闻边界逐渐模糊的背景下，本章系统探究算法、大数据、区块链等技术对新闻活动带来的影响与挑战，反思和讨论人与技术的关系。

第一节　推荐算法的机制及其在新闻领域的运用

机器人写作、新闻推荐系统、自动化事实核查、智能广告等智能化媒体议题成为近年来学术界的研究热点，其改变了传统新闻媒体的生产和传播方式，也在原有的新闻和算法议题基础之上带来了新的问题。

一、推荐算法的基本形式及其运用

在信息超载时代，推荐算法得到广泛应用，主要包括三种"推荐"形式。

一是根据用户品位，进行个性化精准推荐。这一推荐形式和多种算法相关联，市面上主要包括：协同过滤推荐算法、基于内容的推荐算法、关联规则推荐算法[1]。协同过滤推荐算法需要根据用户数据进行建模，然后为用户模型推荐新闻产品；基于内容的推荐算法根据用户的历史数据将相似的产品推荐给用户；关联规则推荐算法则利用数据推导用户的偏好，然后推荐用户可能喜欢的产品。

二是根据关键词（标签）的搜索量进行排名，并实时显示搜索热度。这样一来，用户获取信息的行为被信息化，搜索行为就具有了信息生产的属性。[2]比起早期的门户网站直接由编辑决定呈现的内容，按照搜索量排序的算法进一步放大了分发效果。

三是社交型"推荐"形式。同处一个社交圈的好友们可能会有相似的爱好和品位，用户很有可能通过阅读、点赞、转发好友推送的新闻产品，获取新闻信息。这种强社交关系使得新闻推荐在小范围的朋友圈中的运用效率更高。我国的微信朋友圈以及国外的 Facebook 都发展出十分强大的社交推荐功能。

总的来说，传统的新闻门户网站一般采取新闻分类的形式，由网站编辑根据专业知识和从业经验来决定最终发布的新闻资讯；而算法推荐则根据底层算法来决定推送对象、范围和频率。以上三种算法推荐形式都根据用户的社交圈和热点话题进行推荐，强调个性化、关注度和时新性，弱化了专业新闻媒体的"把关"作用。

近年来，关于算法新闻的研究层出不穷，特别是算法伦理方面的研究也非常庞杂。然而，当前学界多从算法技术视角考察新闻算法推荐对商业组织（如新闻、音乐等内容平台的生产和分发）、对社会和个人的影响，却鲜少关注用户对新闻算法推荐的使用和态度、关注和期待[3]。

传媒生态学认为人类制造的工具反过来也在塑造人类，技术对社会的建构以及人们的社会心理、认知、行为变化都有不可忽视的意义。一些学者认

---

[1] 唐铮，塔娜.算法新闻［M］.北京：中国人民大学出版社，2019：15–16.
[2] 雷丽莉.微博"热搜榜"与互联网信息服务的规制［J］.新闻记者，2019（10）：81–87.
[3] BODÓ B, HELBERGER N, ESKENS S, et al. Interested in diversity: the role of user attitudes, algorithmic feedback loops, and policy in news personalization[J]. Digital journalism,2019,7(2): 206–229.

为算法有能力塑造用户的体验甚至是他们对世界的感知。① 可见，用户对算法的使用和态度实际上也是一个重要的研究方向。

在用户对算法的使用上，越是频繁使用新闻推荐平台的用户，越倾向于认为其所接触到的新闻是由专业新闻编辑筛选推送的。② 与此相对，有部分用户非常关注算法的规则，甚至利用算法推荐系统，通过专门研究算法的运行机制以获取利益。例如，微博大 V、短视频 UP 主通过利用算法规则快速吸引平台流量以获取经济利益，这成为他们内容生产策略之一。

在用户对算法的态度上，人们在承认算法的个性化推荐带来了极大便利的同时，非常担忧算法对隐私的侵犯，因为一旦算法掌握了个人的隐私数据，就可以进行精准的定位和引导。例如，可以根据用户的新闻品位来推测其潜在的消费倾向，并对其进行相关产品的广告推荐。

总的来说，用户认可个性化推荐带来的信息传播效率和精准化匹配，同时对算法透明度、算法对个人隐私的侵犯、信息茧房、虚假新闻、低俗新闻、抄袭侵权等问题表示担忧，且大多数人反感个性化广告推荐。③

二、推荐算法对新闻传播活动的影响

（一）推荐算法与新闻伦理

新闻伦理一直以来都是学术界研究的重要课题，而当算法新闻出现后，新的伦理问题由此产生，比较重要的伦理问题主要包括信息茧房、算法黑箱、算法歧视等。

信息茧房也被称为"过滤气泡"现象，指的是算法推荐使得公众更加容易专注于与自身有关联或者感兴趣的内容，久而久之会将自己束缚于蚕茧一

---

① DIAKOPOULOS N. Algorithmic accountability reporting: on the investigation of black boxes [R]. Computer Science，2014.
② 杨洸，佘佳玲. 新闻算法推荐的信息可见性、用户主动性与信息茧房效应：算法与用户互动的视角 [J]. 新闻大学，2020（2）：102-118，123.
③ 黄忻渊. 用户对于算法新闻的认知与态度研究：基于1075名算法推荐资讯平台使用者的实证调查 [J]. 编辑之友，2019（6）：63-68.

样的"信息茧房"中。但是有学者提出,信息茧房的问题其实一直都存在,过去的人即便是看报纸,也会选择自己更加感兴趣的板块阅读,而所谓以个人兴趣为核心的"信息茧房"本身,其实是由个人意志所决定的,算法并不是形成"信息茧房"的独特成因。①

早在1980年,美国哲学家约翰·塞尔(John Searle)就进行了著名的"中文房间"(chinese room)思想实验。该实验假设,当一个只会说英文的人身处一个房间,他/她完全可以通过一本写有中文翻译程序的书,与外界保持沟通,并让房间外的人误认为他/她会说流利的中文。"中文房间"思想实验其实正是今天计算机工作原理的隐喻,即通过一系列复杂的运算过程,信息在一个系统中得以处理,并能与外界保持顺畅沟通。"算法黑箱"的概念与此相似,算法新闻的底层技术往往是多种算法的综合叠加结果,因此,即便是编写程序的技术人员也未必能够完全了解算法的技术逻辑。此外,算法新闻的发展也使得"算法黑箱"的透明性问题更加严重,当技术成为"算法黑箱"的天然屏障之后,信息的透明度大大降低。

当算法技术加强了"黑箱"效果时,隐形的歧视可能在无形之中被植入算法中。尽管许多平台宣称它们的算法是公正客观的,但是算法都是由人制定的,只要是人制造的产物,必然会带有主观色彩,因此,算法附加的价值观携带着隐形的歧视和偏见参与新闻过程,事实上影响了人们的判断。

算法新闻的伦理问题跟传统的新闻伦理并非完全割裂,新闻的伦理问题由来已久、涵盖广泛,而当算法和新闻相结合时,在延续传统伦理问题的基础之上,又产生了各种各样的新问题。

(二)推荐算法与虚假新闻

真实性问题是新闻传播的核心问题,"真实"一直被认为是新闻的生命。但是在互联网时代,虚假新闻似乎更加泛滥。有人将假新闻定义为"具备特

---

① 喻国明,曲慧."信息茧房"的误读与算法推送的必要:兼论内容分发中社会伦理困境的解决之道[J].新疆师范大学学报(哲学社会科学版),2020,41(1):127-133.

定传播意图、被验证为不实信息，且极易对公众造成误导的'新闻'"[1]，实际上指出了在社交媒体传播中信息的真与假、可验证与不可验证之间的混杂情况，而算法新闻的出现不仅加快了虚假新闻的传播速度，也在一定程度上成为假新闻的"帮凶"。目前，大部分平台的算法都具有"冷启动"模式，助长了假新闻的滋生和传播——虽然平台希望能够通过算法尽可能地规避假新闻，但是假新闻往往能够更加吸引人的眼球，因此更加容易得到平台算法的推荐。

此外，技术的产生只能解决已经存在的问题，无法应对新产生的困难，因此，在掌握算法识别假新闻的技术原理后，可以人为设计新的假新闻并同时规避算法的识别技术，这是需要警惕的。

尽管利用算法技术可以探测出已经出现并且普遍存在的假新闻，但是目前的人工智能仍属于弱人工智能，也就是说，很多复杂的假新闻内容仍旧需要人工进行把关。例如，《洛杉矶时报》的 Quakebot 是最早使用自动化新闻的机构，但是在 2017 年 6 月于推特上错误地发布了一则圣芭芭拉发生 6.8 级地震的消息，这实为 1925 年的地震新闻。[2]

2019 年，社交媒体平台构成的"新闻生态系统"完成了虚假新闻生产—传播—打假整个过程。试图区分专业媒体和自媒体的新闻生产与新闻传播的尝试已经变得越来越困难。[3] 算法的介入与普及也使得假新闻被定位和追责越来越困难。

（三）推荐算法与自动化新闻

一般认为，自动化新闻指的是一种建立在算法、人工智能程序平台以及自然语言衍生技术基础上的新型新闻生产模式，其主要特征是新闻的编写流程完全由机器自动完成，几乎不需要人工干预。也有人称之为"智能新闻"。

---

[1] ALLCOTT H，GENTZKNOW M. Social media and fake news in the 2016 election [J]. Journal of economic perspectives，2017，31（2）：211-236.
[2] 施颖雯. 算法新闻失实成因及其规制路径[J]. 编辑学刊，2020（2）：27-31.
[3] 2019 年虚假新闻研究报告：专业媒体仍在持续生产错误信息[EB/OL].（2020-01-15）[2024-03-15]. https://www.thepaper.cn/newsDetail_forward_5524167.

2014年,《洛杉矶时报》使用计算机程序Quakebot生成了当天地震的新闻报道,不仅速度快、效率高,而且其内容和记者编写的新闻几乎没有区别。这一里程碑性的事件使自动化新闻逐渐进入各大主流新闻机构的业务运营。例如,美联社从2014年开始使用算法来生成自动收益报告。① 在我国,自动化新闻也一直受到重视。腾讯开发出电子写作机器人Dreamwriter,阿里巴巴有写作大师。2018年"两会"期间,新华社利用国内首个媒体人工智能平台"媒体大脑"进行新闻报道。②

人们通常认为,自动化新闻大大节约了新闻机构的经营成本,而且能够兼顾读者不同的需求;同时,调查显示大多数受访者,特别是年轻一代,更倾向于让算法而不是编辑来决定他们能看到什么新闻。③ 在很多用户眼中,相比起人的复杂和情感偏向,算法可以更加公正客观地生产新闻,而且会避免很多人类新闻工作者常常犯的专业错误。

但是,也有很多新闻工作者对自动化新闻持有疑虑和担忧。一方面,新闻工作者认为自动化新闻帮助其减轻了工作负担、提高了效率;另一方面,新闻工作者又担心自动化新闻终有一天会抢走他们的工作。④ 目前,自动化新闻或智能新闻尚且集中在比较简单的领域,绝大多数的新闻机构仍然相信,未来很长一段时间将是新闻工作者和新闻机器人合作生产新闻的共赢局面,短时间内人工智能还无法彻底取代新闻记者。

---

① The future of augmented journalism: a guide for newsrooms in the age of smart machines [EB/OL].(2017-02-22)[2024-03-15]. https://journalismai.com/2017/02/22/future-of-augmented-journalism-ap-2017/.

② 新华社"媒体大脑"两会上岗15秒生产首条两会视频新闻[EB/OL].(2018-03-02)[2024-03-15]. http://www.xinhuanet.com/politics/2018lh/2018-03/02/c_1122480318.html.

③ Brand and trust in a fragmented news environment [EB/OL].(2016-10-10)[2024-03-15]. https://reutersinstitute.politics.ox.ac.uk/our-research/brand-and-trust-fragmented-news-environment.

④ 常江.生成新闻:自动化新闻时代编辑群体心态考察[J].编辑之友,2018(4):76-82.

第二节 新闻推荐算法的社会影响及其争议

一、新闻推荐算法与社交媒体

随着移动互联网的发展，移动应用软件成为人们生活的必需品，而社交媒体则是保持线上社交关系的强大工具，甚至已经逐渐覆盖到线下生活。面对海量的社交媒体讯息，用户既需要筛选自身感兴趣的信息，也需要寻找与自身现实社交圈相融合的工具。因此，用户越来越依赖强大的算法推荐功能来使用社交媒体，而这一需求的增加也导致各大社交媒体平台的推荐算法变得更加复杂和多元。

社交媒体最基本的算法是关注对象生产内容的推荐，这一算法已经被推广到绝大部分的移动应用平台中，几乎成为每一个社交平台的基础功能。但在社交媒体的具体使用中，推荐算法仍然各有特色，如 Facebook 的算法会根据"共同好友""手机通讯录"等因素来进行申请好友的推荐，而微信朋友圈在 2015 年引入了国外社交平台的信息流广告模式，基于大数据、利用算法进行精准的广告投放。[①]

社交媒体算法在不断地进步，甚至一度引发了人们的担忧。2016 年 Facebook 的"偏见门"更是进一步加剧了公众的恐慌，人们担心被人设计和编写出来的算法会带来隐形的歧视和偏见，而这样的歧视甚至是不透明的，对于绝大多数不了解底层技术的用户而言，消除偏见显然更加困难。在此情况之下，Facebook 有史以来第一次发布了对于自身算法的理念说明，即"3F"

---

① 徐智，杨莉明. 微信朋友圈信息流广告用户参与效果研究[J]. 国际新闻界，2016，38（5）：119–139.

原则（Friends and Family First）：友谊家庭大过天。① 尽管 Facebook 被迫公布了其算法理念，但是对于社交平台算法公正性的担忧仍在持续，特别是近年来"社交机器人"（social bot）大量涌入国际社交媒体，甚至影响了重大的国际政治事件，使用户更加迫切地想要加强对算法的监督和管理。

二、新闻推荐算法与公共服务

公共服务的概念很早就和新闻媒体联系在一起，提供公共服务是新闻媒体发挥社会功能的重要体现，在西方一般被称为新闻的公共性，在我国则表现为新闻媒体为国家和人民负责"以人民为中心"的工作导向。新闻的公共性一般被认为体现在三个方面：一是为公民提供新闻产品，二是为公民提供新闻讨论平台，三是保障人民的民主权利。②

公共性和公共领域有着密切联系。过去的公共领域存在很大的局限性，人们只能在有限的时间和空间范围内进行有限的交流和讨论；而随着网络公共领域的诞生，各种各样的限制被大大削弱，公共领域可以更好地服务公众。算法新闻的诞生和发展，使人们一度认为公共性得到极大的增强。因为在算法社会，人人都可以参与讨论，自由地发表观点和看法，技术看似"置身事外"并且"保持中立"，这都体现了新闻的公共性。

但是，事实并非完全如此，算法新闻仍然对网络公共领域的公共性提出了挑战。例如，算法推荐阻碍了公共领域的交往理性，算法的"伪中立性"让公共领域形同虚设，"中心化"传播模式使普通公众陷入沉默。③

目前，网络领域是否真正属于公共领域尚且存在争议，而且算法在网络领域强化了"信息茧房"效应，不断加深了各种刻板印象；算法由人创造，事实上潜在地影响、控制着公众；"沉默的螺旋"效应也使得舆论越来越容易

---

① 方师师. 算法机制背后的新闻价值观：围绕"Facebook 偏见门"事件的研究［J］. 新闻记者，2016（9）：39-50.
② 彭增军. 算法与新闻公共性［J］. 新闻记者，2020（2）：48-52.
③ 张蓝姗，黄高原. 算法推荐给媒介公共领域带来的挑战［J］. 当代传播，2019（3）：31-33.

被一种声音占据主导地位，加剧网络和现实舆情的反差。

三、新闻推荐算法与政治传播

新闻和政治一直都密不可分，算法新闻越来越影响着世界各国的政治活动，在这一系列影响中，社交机器人的作用十分突出。社交机器人"指一种在线社交网络中自主运行社交账号并且有能力进行自动发送信息、发送联结请求的智能程序。"[1]2016年，美国大选活动受到社交机器人的极大影响，也使得这一概念正式进入大众视野。2019年出版的《计算宣传》(*Computational Propaganda*)一书中，牛津大学的教授通过实证研究发现，推特上存在着大量的机器人账号持续发布有关中国负面形象的言论[2]。在国内，主要的社交媒体是新浪微博和微信。《计算宣传》一书认为，中国国内的社交媒体反而存在较低的社交机器人占比，在对中国国内的各类政治事件的讨论中，也几乎看不到机器人操纵的痕迹[3]。

国际舆论对于中国的污名化、深层偏见持续存在，并随着中国国际影响力的提升而更加凸显。在算法时代，国际媒体开始有意识地使用新的宣传工具（如推荐算法）来引导舆论议题，影响网民关于国际议题的认知和态度，这对我国开展国际传播提出了重要的挑战。

四、新闻推荐算法与社会不平等

性别歧视、种族歧视等社会问题一直都困扰着国际社会，近年来算法的

---

[1] BOSHMAF Y, MVSLVKHOV I, BEZNOSOV K, et al. The socialbot network: when bots socialize for fame and money [C] //Proceedings of the 27th annual computer security applications conference. New York: ACM, 2011.

[2] WOOLLEY S C, HOWARD P N. Computational propaganda: political parties, politicians, and political manipulation on social media [M]. London: OUP USA, 2019.

[3] WOOLLEY S C, HOWARD P N. Computational propaganda: political parties, politicians, and political manipulation on social media [M]. London: OUP USA, 2019.

出现更加剧了这些问题。尽管女性在计算机学科乃至算法的诞生中发挥了重要作用，如史上第一位程序员洛夫莱斯伯爵夫人便是女性①。但是，在算法的推动下，隐性的性别歧视几乎随处可见。例如，在新闻推荐中，女性更多地被要求承担家庭责任，而社会对父亲的家庭责任要求则相对宽松。此外，在西方社会中算法在无形之中设置了种族歧视的门槛，如在求职时，算法会让白人比黑人更有可能获得面试的机会，而在法庭审判时，算法会倾向于对黑人做出更严重的判决。

算法也在一定程度上加剧了社会不平等现象，主要有两方面的原因：一是算法技术本身根据大数据无形中传播了不平等观点，比如根据性别"一刀切"的社会分工，如算法会更容易将"医生""律师""警察"和"男性"联系起来，而女性往往更容易被与"护士""清洁工""保姆"联系起来。二是更进一步的机器学习技术让算法"学会"了"歧视"。如谷歌根据简历给应试者打分，虽然标准的制定者和编写的程序员也未必在主观上希望算法具有歧视性，但是由于机器可以根据已有的简历及其得分进行自主学习，于是算法很容易就会无意识地复制和放大过去的偏见，导致不公平现象出现。因此，在谷歌简历打分中，可以非常明显地看到在同等条件下，男性的得分高于女性②，白人的得分高于黑人。

值得注意的是，和信息茧房相似，以上这些歧视问题虽然被算法加强，但大部分并不是由算法直接导致的，而是源于很多存在已久的社会深层次问题。这此问题还有待进一步研究和讨论。

五、信源评估与新闻生产

算法新闻的迅速发展客观上带来了算法诽谤、算法谣言等问题。前文

---

① 格雷克. 信息简史［M］. 高博, 译. 北京：人民邮电出版社, 2013：113.
② Amazon reportedly kiled an ai recruitment system because it couldn't stop the tool from discriminating against women［EB/OL］.（2018-10-10）［2024-03-15］. https: //fortune.com/2018/10/10/amazon–ai–recruitment–bias–women–sexist/.

已经提到，现有证据表明，算法新闻的效率与人类新闻工作者相比具有一定竞争力，因为算法新闻可以从数据中快速提取信息，生成新闻叙述、形成灵活的写作风格。① 引入算法不仅可以降低新闻机构的生产成本，也极大地提高了工作效率，对于强调时效性的新闻行业而言，无疑具有重要意义。

但是，自动化新闻，即通过算法驱动将结构化数据转换为新闻报道的新闻生产方式也为新闻机构带来了一系列危害。在潜在的危害中，首要的一个问题是：算法产生诽谤性新闻内容的可能性。对涉及算法诽谤的法律案件的审查表明，新闻机构在开发和部署新闻写作机器人时必须认真考虑法律责任。② 因为自动化新闻依靠机器学习驱动，但是这种学习一旦失去人工的监督，就可能朝向不可控的方向发展，如前文提到的 Quakebot 生成了假新闻。在此情况之下，新闻机构不能一味地依赖于机器学习来生产新闻，而是要在改进智能技术的基础之上，加强人工的管理和监督职能，更好地实现新闻生产。

尽管算法新闻机构要对算法诽谤、假新闻等负主要的责任，但是用户也可以通过理智来判断新闻的真伪。研究表明，许多用户都持着怀疑的态度来浏览社交媒体上的新闻，他们经常无法准确地理解接收到的信息是如何被过滤的，但他们也不是不加批判地接受信息。③ 此外，算法技术导致的失序问题带来了对算法问责的反思。

六、算法决策与算法问责

前文已经提到，技术的藩篱导致"算法黑箱"效应，引发了一系列的

---

① GRAEFE A，HAIM M，HAARMANN B，et al. Readers' perception of computer-generated news: credibility, expertise, and readability [J]. Journalism, 2018, 19 (5): 595-610.

② LEWIS S C, SANDERS A K, Carmody C, et al. Libel by algorithm? automated journalism and the threat of legal liability [J]. Journalism & mass communication quarterly, 2019, 96 (1): 60-81.

③ FLETCHER R, NIELSEN R K. Generalised scepticism: how people navigate news on social media, information [J]. Communication & society, 2019, 22 (12): 1751-1769.

传播和伦理问题,其中,算法透明性问题直接带来了算法决策的问责困难。为了减少算法决策造成的伤害和歧视,需要加强对大数据算法决策的问责,消弭技术、伦理、知识和政策方面的鸿沟。① 欧盟在 2019 年发布的《可信赖人工智能的伦理准则》中提及了问责制:AI 系统应该是可审计的,并由现有的企业告密者保护机制覆盖,系统的负面影响应事先得到承认和报告。②

目前,很多部门单位和企业机构都利用大数据进行分析,使用算法来帮助决策,极大地提高了工作效率。但是,许多用户也对算法决策形成的问责困境表示担忧。例如,有证据显示,在美国的金融服务领域,穷人受到的服务通常比较劣质,广告商也往往将高息贷款的服务投向穷人。③ 由于算法的不透明性,要对此类现象进行问责比较困难但又十分重要。

因此,要最大限度地弥补算法不透明的缺陷,必须完善大数据算法决策问责的措施。首先,应依据不同的主体清楚划分责任,要秉承"谁设计谁负责"和"谁主管谁负责"的原则进行问责;其次,构建科学合理的问责机制,如成立专门的大数据算法决策问责委员会、建立明确的责任标准、加强算法的审计等④;最后,制订全面救济措施,对于个人造成的伤害和侵权给予申诉,加强对应用算法决策的企业的监管,这也有助于算法决策的应用获得公众的信任⑤。总之,算法透明度是近年来的热点问题,算法决策导致算法问责困难,算法问责又需要加强算法透明性。

---

① PAUL B, LAAT D. Algorithmic decision-making based on machine learning from big data: can transparency, restore accountability?[J]. Philos. technol, 2018(31): 525-541.
② Ethical guidelines for "trustworthy AI"[EB/OL].(2019-04-08)[2024-03-18]. https://digital-strategy.ec.europa.eu/en/library/ethics-guidelines-trustworthy-ai.
③ AI 算法歧视在普惠金融中的悖论、阻碍与解决方案[EB/OL].(2018-06-21)[2024-03-15]. https://www.iyiou.com/news/2018062175121.
④ 迪莉娅.大数据算法决策的问责与对策研究[J].现代情报,2020,40(6):122-128.
⑤ 张凌寒.《电子商务法》中的算法责任及其完善[J].北京航空航天大学学报(社会科学版),2018(6):16-21.

七、算法个性化与算法公正

算法新闻的个性化推荐服务丰富了用户的新闻生活，而人们在习惯于使用算法推荐浏览新闻之后，也在无形之中"驯化"了算法。"驯化"（domestication），又名家居化，最早源自对电视媒介的讨论，被用于分析电视作为商品被购买、占有、安置、使用，在家居空间中发挥文化功能的过程。随着媒介形态变迁，该概念的观照对象不再限于"电视媒介"和狭隘的"家居"情境，而被用于研究当新媒介技术成为日常生活的有机组成部分时，其如何在被使用的过程中发挥媒体功能、形塑人们日常生活。[①]

算法新闻推荐的核心技术是获取用户行为数据，分析解读用户喜好、需求等个人信息，以此对用户进行数据画像，实现精准的个性化信息分发。[②] 这让用户似乎时时处于一种"被监视"的状态之下，有些类似于英国哲学家边沁（Jeremy Bentham）提出的"圆形监狱"问题。圆形监狱由外围环形建筑和中心瞭望塔两部分组成，这种特殊的建筑结构令处于中心瞭望塔的狱警能完全监视到犯人们的一举一动，因此，这个监狱中的犯人毫无隐私可言。[③] 从这个意义上讲，算法推送系统也类似于一座"圆形监狱"，其中算法是中心瞭望塔，用户是环形建筑中的"囚犯"。因为算法推送系统的核心算法要求用户如果想定制个性化新闻信息，就必须先泄漏（或者说授权算法推送系统获得）自己的信息，如性别、年龄、社交关系、阅读兴趣、身体健康素质、两性关系特征、位置等。这也意味着算法推送系统拥有所有可获得的用户个人信息，并与用户全面对应。[④] 与家长式平台主义相似，大量平台通过算法获得通往用

---

① 师文，陈昌凤. 驯化、人机传播与算法善用：2019年智能媒体研究[J]. 新闻界，2020（1）：19–24，45.

② 周建明，马璇. 个性化服务与圆形监狱：算法推荐的价值理念及伦理抗争[J]. 社会科学战线，2018（10）：168–173.

③ 福柯. 规训与惩罚：监狱的诞生[M]. 刘北成，杨远婴，译. 北京：生活·读书·新知三联书店，2003.

④ 郝雨，李林霞. 算法推送：信息私人定制的"个性化"圈套[J]. 新闻记者，2017（2）：35–39.

户隐私的极大权力,并且为自己赋予了道德权威。

但是,这样"泛滥"的算法权力让大量用户感到担忧,相关政府部门也并不放心交由平台算法来完成社会监督职能。2017年9月,《人民日报》连续发表三篇评论,包括《一评算法推荐:不能让算法决定内容》《二评算法推荐:别被算法困在"信息茧房"》《三评算法推荐:警惕算法走向创新的反面》,这些文章明确提出了要对算法进行合理监管和引导。当前,算法平台与政府机构乃至社会公众之间的关系问题更加凸显,无论算法平台怎样宣称自己的算法完美无瑕,在算法日益渗透日常生活的情况下,用户很难不对其公正性保持怀疑态度,追求算法公正,倡导算法向善正在成为社会共识。

第三节 大数据作为智能时代的基础资源

在AIGC所引发的新闻传播变革背景下,从新闻传播学的角度来看,大数据的角色和功能究竟是什么?大数据对新闻传播活动带来的影响有哪些?我们应当对当前大数据的发展保持怎样的反思和批判姿态,推动新闻传播活动的良性发展?本节聚焦这些问题展开分析。

一、数字语境下关于大数据的四种基本认识

正如20世纪中期以自动化和装配线为代表的福特主义的出现,改变了人们对劳动、工作和社会的理解一样,大数据的诞生也重塑了我们认知世界和理解社会的方式。大数据(big data)作为一个概念,最早由美国科学家约翰·马西(John Mashey)于1998年提出,以此描述数据量的快速增长带来的四个挑战,即难理解、难获取、难处理和难组织[①]。随着经济社会和数字技术的发展,尤其是网络社会的来临,大数据在社会中扮演的角色越发重要,

---

① 谭建荣.大数据思维与新基建发展[N].中国信息化周报,2021-10-11(7).

具体可被归纳为四种面向。

第一种面向，大数据作为一种中性的技术手段，具有提高经济社会效率（包括传播效率）、提升社会治理能力等的功能。自科学主义盛行以来，自然科学的法则被普遍应用在其他领域，而在实证主义研究范式的推动下，数字在人类社会运作过程中的作用越来越大。大数据及其技术的发展，更是提供了前所未有的广度、深度和规模收集及分析数据的能力。在国家和社会治理中，大数据被视为数字政府建设的核心要素，能够引起"管理革命"，为治理决策提供依据。数据的社会化和社会的数据化相结合，有助于政治、经济、民生、医疗等宏观领域的资源合理配置。

从个体的数据化生活来看，伴随着数据管理和应用的成熟，人们通过记事本、备忘录、健康APP等各种数字媒介工具，实现对个人数据或家庭数据的自我管理。总的来看，大数据是一种物质性、工具性的存在，其社会功能和意义显著，这是人们对于大数据的乐观认识。

第二种面向，大数据日益成为一种普遍的社会观念，是现代知识体系中的一类新型知识（知识资源）。2011年的世界经济论坛提出，数据作为21世纪的一种宝贵资源，是与资本、劳动力相当的新型原材料。此后，大数据概念风靡开来，甚至被认为是信息社会中一种重要的生产力。大数据主要指搜索、汇总和交叉引用大型数据集的能力[1]。在社会学视野中，社会事实的客观性离不开对数据收集和分析的系统性方法，数据被认为可以客观全面地呈现社会事实，并使得社会科学工作变得更加严谨可靠。大数据作为被概念化的社会事实，经过各个学科的转译，在社会运行中变得越来越不可或缺。近年来，各个学科关于大数据的研究，反映了社会思想和研究中的计算转向[2]。总的来说，大数据在经济学、管理学、社会学、新闻传播学等各个学科知识体系中的重要性，揭示了大数据本身作为一种知识资源的价值。

---

[1] BOYD D, CRAWFORD K. Critical questions for big data: provocations for a cultural, technological, and scholarly phenomenon [J]. Information, communication & society, 2012, 15（5）: 662-679.

[2] BURKHOLDER L. Philosophy and the computer [M]. London: Routledge, 2019: 183.

第三种面向，从批判的角度反思"数据中心"的社会发展逻辑，重新认知大数据的价值。现代经济社会发展和社会治理离不开大数据的支撑，然而也存在大数据的误用等问题，如过度追求数据化（流量）、将复杂的社会现实简化为数据等。就新闻传播业而言，大数据可能影响甚至干扰新闻工作者的判断，他们有的时候过分依赖数据信息，甚至产生了"无数据，别说话"（no data, no talk）[①]的新闻传播观念。这种"唯数据论"的倾向，忽视了制作有深度的、受众所关切的新闻内容所需要的时间，也放弃了新闻工作者自身对事实变动准确报道的能力。正如有研究者观察到，大数据并不具有自我解释性，更不是所谓的"客观真理"，而解释数据的方法却可能引起各种意义的争论[②]。换言之，我们有必要反思作为资源的大数据的必要性，"大"不一定意味着全面和真实，也可能是冗余和繁杂，因而有研究者呼吁重思"小数据"的价值。

此外，社会不同利益群体和价值的分化，使得大数据的管理方面也出现诸多问题。诚然，技术本无善恶，但技术作恶有一个共同特征，即"既有的社会规范无力约束新的技术行为"[③]，如未能秉承技术节制原则的"文明码"的开发和应用，就是技术治理的数字化异化和基层治理的简约化带来的"滑坡效应"[④]。

第四种面向，大数据也应当成为被治理的对象。大数据运用中的关键是"数据善用"，即针对数据本身的治理问题。从近年来全球互联网治理实践的角度来看，"治理数据"成为各国的共识。就治理的手段来说，包括个人数据保护、数据隐私等在内的立法和监管手段也在跟进，如欧盟制定的数据安全管理法规《通用数据保护条例》（GDPR）、美国《加利福尼亚州消费者隐私法案》（CCPA）等。我国也相继出台《中华人民共和国网络安全法》《中华人民共和国数据安全法》《中华人民共和国个人信息保护法》等法律和行政法规，

[①] KITCHIN R. Big Data, new epistemologies and paradigm shifts [J]. Big data & society, 2014, 1（1）: 1-12.
[②] BOLLIER D. The promise and peril of big data [M]. Washington, D.C.: Aspen Institute, 2010: 1-66.
[③] 邱泽奇. 技术化社会治理的异步困境 [J]. 社会发展研究, 2018, 5（4）: 2-26, 242.
[④] 郭春镇. 对"数据治理"的治理：从"文明码"治理现象谈起 [J]. 法律科学（西北政法大学学报）, 2021, 39（1）: 58-70.

并持续完善数据监管的标准和规范。

平台（platform）是数据收集、处理与保障数据安全的信息基础设施，也是大数据治理的关键对象。作为世界第二大经济体，我国拥有多个亿级用户的互联网平台，2020年以来我国开启迄今最大一轮的互联网反垄断治理工作。国家通过立法和监管等综合手段，推进构建大数据治理体系和公平竞争的经济和社会秩序，确保不同主体的数据收集、管理和应用的透明性，以实现"数据善用""数据向善"的核心目标。

二、数字新闻活动中的基础资源和关键要素

从新闻传播学的视角来看，人类的新闻传播活动离不开数据的支撑，信息的采集、加工、传播和反馈是新闻业运作的基本环节，而数据则构成了信息的基本单元。最早的手抄小报，其登载的内容除了文字简讯就是数据，包括商品内容、价格等信息。在数字时代，不管是算法推荐技术的广泛应用，还是融合新闻生产、智能新闻生产等新闻传播新形态的兴起，大数据越来越扮演着基础性角色，构成新闻传播活动的基础资源和关键要素。

（一）大数据作为新闻生产活动的资源

首先，在新闻采集环节，数据是信息的基本单位，一定程度上是客观事实的表征。可以说，新闻最开始就是数据，新闻从业者们通过采集丰富的数据，以保证新闻报道的准确、真实与客观。早期计算机技术引入新闻工作，成为辅助性报道内容（Computer-Assisted Reporting，CAR），而这种通过使用数据库和人工调查相结合的方式，为后来的"精准新闻"提供了方法基础。但新闻工作者们知道，数据本身并不等同于事实，记者们也需要找出"隐藏"在数据中的故事或者解释，这才构成通常意义上的新闻。当计算机技术和社会科学不断结合，诸如数据新闻（data journalism）、计算新闻（computational journalism）和机器人新闻（robot journalism）等基于大数据的新闻报道形态便不断涌现。

其次，在新闻报道或者"加工"环节，大数据被阐释为文本，用来描述

新闻事实及其变动。大数据背后的深层逻辑在于,由量化思维驱动的实证主义取向认识论,使得新闻业偏向数据导向(data-oriented)的报道趋势,而记者也正成为一种"确定性的信徒"[1]。正是在这个意义上,数据在新闻报道中的使用越来越频繁。此外,新闻媒体还构建了一套数据指标体系,将数据直接当作反映社会现实的依据。以商业新闻编辑室推出和发布的国家股市指数为例,诸如《华尔街日报》的道琼斯指数、《金融时报》的富时指数和《日本经济新闻》的日经指数等,就被认为是经济社会变动的客观依据,进而在新闻业发展过程中成为一种重要的新闻样态。

最后,在新闻的传播和反馈环节,大数据可以揭示新闻报道是否产生了价值,并将原本零散的、琐碎的新闻报道整合为完整的新闻传播图景。在注意力稀缺的时代,数据的价值就在于其可以成为一种简化的指标,便于衡量新闻报道的效果、用户的关注度乃至成为"决定什么是新闻"的价值标准。从传统的电视节目收视率到社交媒体时代的新闻阅读、点赞、转发和评论量等指标,数据似乎成为传播资源的代名词,当然数据的过度商业化不免让人警惕和担忧。

(二)大数据作为社会联结的要素

数字新闻中的数据不只是一种抽象的数字性存在,同样具有物质性的内涵。正是在这种物质性的流动中,新闻业得以参与公共世界的建设,并建构自己的存在[2]。在数字新闻生态中,数据作为一种基础要素和物质资源,构建起人与人、人与社会之间广泛的网络关系。

数据联结起各主体之间信息流通。在记者的日常工作中,最重要的任务就是从采访对象那里获取信息和数据,并建立记者和信源之间的联结。而为

---

[1] ANDERSON C W. Between certainty and uncertainty: the historical, political, and normative contexts of inferential journalism claims [J]. Journalism & communication monographs, 2019, 21(4): 358-361.

[2] ANDERSON C W, DEMAEYER J. Objects of journalism and the news [J]. Journalism, 2015, 16(1): 3-9.

了达成社会信任，无论是政府还是商业机构都会主动给新闻机构提供数据，保持与公众之间的联结——数据也意味着公开透明。数字时代，记者不仅需要借助数据完成日常性的新闻内容生产，还要基于大数据维护新闻关系、开展舆情管理。此外，为了追求新闻的透明性原则，数据的来源和生产过程也会尽量公之于众。在一些情况下，新闻机构还会使用用户生产贡献的数据素材，如新华社的"全民拍"、澎湃新闻的"湃客"等。

大数据本身还是一种交往的方式。在传统的新闻生产中，记者往往依赖于组织机构和精英群体组成的新闻消息网，而大数据则带来了摆脱这种关系束缚的可能，记者可以成为数据的"管理者"和"解释者"。通过数字基础设施和各种传播分析工具，记者得以更好地收集、组织和分析网络中不同的信息流，监测甚至预测社会事件的过程以及发展趋势。

（三）大数据作为数字新闻业中的行动者

数字时代的新闻生态呈现着一种更为混杂（hybrid）的状态：技术思维和平台逻辑深刻嵌入新闻业的运作，人类行动者和非人行动者（算法、智能技术等）的行为相互交织，给新闻传播活动带来了巨大变化。如果说在传统新闻业时代，数据只是作为一种工具性的应用存在，那么在数字新闻业时代，数据则是一个具有一定自主性的行动者（actor），在新闻生产环节中发挥十分重要的作用。这不仅是行动者网络理论（Actor-Network Theory，ANT）带来的启发，而且是在数字新闻生态下人们对大数据的新认识。

大数据及其系统能够实时、全面地对社会事实的变动进行监测和预警，进而深刻影响新闻生产。作为一种稀缺资源和动态工作安排，时间制约并塑造了新闻生产。在数字环境中，新闻时间除了受新闻工作者和媒体机构所影响外，还受制于基于大数据运作的新闻节奏[①]。在大数据构建的新闻节奏下，

---

① ANANNY M, FINN M. Anticipatory news infrastructures: seeing journalism's expectations of future publics in its sociotechnical systems [J]. New media & society, 2020, 22（9）: 1600-1618.

任何新闻机构都不能也不愿意脱离大数据带来的高效和便捷，个体新闻工作者更是无法在平台、用户和算法之外单方面改变这种数字新闻生产的节奏。

基于互联网和数字平台的传播实践，数据逻辑成功地嵌入数字新闻生产的全流程。当前，我们讨论的数字新闻学（digital journalism）并不仅仅局限于数据新闻这一狭义的范畴，从选题策划、编辑流程到呈现样态、反馈机制、传播网络等方面，新闻工作者都需要符合数字新闻业的规则、惯例、时间节奏等生态原则，要学会"与数字共生""与数据一起工作"。在这个意义上，大数据作为一个非人的行动者，为新闻工作者带来了新的角色定位、工作内容和交往关系，也塑造了数字新闻业的运作逻辑。

（四）大数据作为 AIGC 的语料库和资源池

ChatGPT 技术的发展和 AIGC（AI Generated Content，人工智能生成内容）的兴起，使得大数据的重要性愈发凸显。根据 Open AI 2020 年发布的论文，其训练使用了 4990 亿 Token① 的数据。这些训练语料中 60% 的内容来自过滤后的 common crawl②，22% 来自 WebText2③，16% 来自各类书籍，3% 来自维基百科。④ 基于大量的数据集和 CLIP（Contrastive Language-Image Pre-training，多模态模型）⑤，AIGC 得以区别于传统 UGC 和 PGC，实现跨模态融合（通过分别提取文本特征和图片特征进行相似度对比，经由特征相似度计算匹配关系）的内容生产。

---

① 注：token 是最小语义单位，意为单词的信息，即单词内部表示的数据结构形式。
② 注：common crawl 是一套数据集。其从 2018 年开始收集数据，来源包含了博客、网站、维基百科、各国网络社区、政府和大学官网等。
③ 注：WebText，即文本数据库，来源于谷歌、电子图书馆、新闻网站、代码网站等。WebText 为 GPT-2 所使用的数据库，ChatGPT 在此基础上做了扩展，成为 WebText2，但并未公布其来源。
④ BROWN T，MANN B，RYDER N，et al. Language models are few-shot learners［C］. NIPS' 20：proceedings of the 34th international conference on neural information processing systems，2020（159）：1877–1901.
⑤ RADFORD A，KIM J W，HALLACY C，et al. Learning transferable visual models from natural language supervision［C］. Computer Vision and Patten Recognition，2021（7）：8748–8763.

在 AIGC 带来的影响下，数字新闻业能够基于更大维度的数据进行新闻内容生产、分发与流通。具体而言，全自动链条的内容创作与分发过程，使媒体的生产更迅速和高效，并能够简化媒体专业人员的复杂任务[①]，而基于自动分析用户行为及其接触体验，媒体能够提供更多个性化的新闻内容[②]。最后，通过大数据集的用户行为分析，帮助内容创造者和市场营销人员能够更好地识别定位用户及其消费模式，从而改进为最佳方式。[③]

与此同时，AIGC 将从多方面对既有的新闻生产模式、分发反馈机制形成全面冲击。在数字时代尤其是 AIGC 变革下，大数据作为新闻传播活动的基础资源和关键要素，也将成为各方争夺的场域，这就需要我们从传播政治经济学的视角展开进一步分析和批判。

第四节　传播政治经济学视角下的大数据及其批判

从历史角度来看，人类社会在不同的阶段，生产力的发展带来了不同的资源配置形式。在农业社会，土地和劳动力是核心的生产要素；在工业社会，资本，石油、钢铁等工业原材料，机器则是不可替代的生产资源。当人类社会进入数字时代，在以 ChatGPT 技术为代表的新一代人工智能发展背景下，大数据日益成为社会经济活动的重要资源，影响着社会生产、分配、交换和消费的各个环节。

---

① THURZO A, STRUNGA M, URBAN R, et al. Impact of artificial intelligence on dental education: a review and guide for curriculum update [J]. Education sciences, 2023, 13（2）: 150.
② RATHORE B. Integration of artificial intelligence & its practices in apparel industry [J]. International journal of new media studies, 2023, 10（1）: 25-37.
③ PAVLIK J V. Collaborating with ChatGPT: considering the implications of generative artificial intelligence for journalism and media education [J]. Journalism & mass communication educator, 2023, 78（1）: 84-93.

一、资本的垄断：被"商品化"的大数据

就互联网企业而言，数据资源不仅是实现价值创造的核心，更是"权力跃升"的关键。但是，数据的收集、管理、存储、分析和应用的过程一直是一个黑箱。2019年，学者肖莎娜·祖波夫（Shoshana Zuboff）通过观察美国互联网商业巨头经济模式，创造性地提出监视资本主义（surveillance capitalism）的概念[①]。有学者批判，在数据经济的运作中，用户的个人数据及隐私被资本所"掌握"，活生生的人被用作公司企业的敛财工具与生产资料[②]。具体来说，通过将个体行为数据信息作为免费"原料"（raw material），互联网平台公司或出售给第三方公司直接盈利，或通过算法进行产品预测和生产，最终转化为市场中的"期货商品"，由此完成了将数据的"使用价值转化为交换价值"这一商品化过程。

传播政治经济学一般认为，使用价值在资本主义体系中变得货币化，这使得商品能够在市场上出售[③]。虽然单一数据的使用价值有限，但大数据让足量异质化的数据集产生较高的交换价值。互联网平台挖掘数据之间的关系，将再次提升数据的商业能力。为了实现资本的快速积累与增值，数据的自由流动会受到一定的限制。平台之间会设置壁垒防止用户的流动，如用户面临二选一服务，不同平台之间支付跳转和外链打开受限等。平台通过实施保护主义，实现资源的封闭和占有，控制了数据资源的商品化能力。

总的来说，在数据的商品化过程中，平台或互联网企业通过收集、分析和买卖个人数据来牟取超额的利润，将受众商品和数据商品合二为一，在一定程度上垄断了大数据资源。这就使得我们一定要注意AIGC背后的超级规

---

① ZUBOFF S. The age of surveillance capitalism: the fight for a human future at the new frontier of power [M]. New York: Public Affairs, 2019.
② 符豪. 21世纪美国左翼学者对监视资本主义的批判研究 [J]. 马克思主义与现实, 2020 (5): 135-140.
③ 莫斯可. 传播政治经济学 [M]. 胡春阳, 黄红宇, 姚建华, 译. 上海: 上海译文出版社, 2013: 168-170.

模数据集的商品垄断问题。

二、数据的非扁平化：人与大数据的深度绑定

作为一种传播资源，数据看似是无差别的、扁平的，但其背后是现实的社会阶层和社会关系。在平台与用户之间，这种关系是非扁平化的，平台拥有为用户精准画像的能力，且能进一步通过提供差异化服务固化这种社会关系，在将人们与数据深度绑定的同时，实现层级化的数据关系构造。

平台的发展过程，经历了从技术服务者到数据控制者的角色转换。在法律规定范围内，为了扩大自己的功能和效益，平台以"地推"和"让利"的形式吸引大量的用户群体注册和使用。每个用户将拥有一个认证账户，个体信息被纳入平台数据库。用户之间的互动行为和数据将被永久储存，而当用户加入平台之后，需要接受一定条件的服务条款限制，平台这一基于物质实体的空间产物，则成了一种自治属性的"领地"。诚然，用户在平台之间具有跳转和流动的机会，但过往储存的数据很难流动。平台也会使用各种手段来增强用户黏性，如通过价格战、补贴战等手段拉拢用户和商家，通过满单奖励拉拢外卖骑手等，由此形成一种临时性的结盟。这种利益共谋的身份，深度绑定了每一个平台使用者。

在此意义上，大数据的兴起与互联网空间中的层级化或者圈层化过程密切相关。基于大数据，平台通过算法等技术手段，将用户身份进行标签化、层级化处理，由此，大数据再次呈现了现实社会中的社会分层图景，具有一定的"象征权力"。同时，现实中的社会结构和社会关系决定了个体对数据的控制、占有和分配状况，这反映了不同社会阶层在数据的使用和自我保护等方面是有差异的。

三、劳动"异化"：从受众商品到数字劳工

在大数据的生成过程中，个人数据变成了一种抽象的劳动商品。不同于

传统的生产劳动，互联网的数据劳动大多是用户自发的行为，互联网用户不是被动的受众，而是数据生产的主体。在加拿大学者达拉斯·斯迈思（Dallas Smythe）看来，媒体受众在消费媒体内容时观看广告，实际上是在他们所谓的自由休闲时间，通过观看媒体、尤其是广告，为广告商服务①。简言之，受众收看广告行为是一种商品化劳动。当然，受众商品论并非仅指用户收看广告的行为，受众的注意力本身就是一种稀缺资源、一种排他性的商品。进入互联网时代，平台、广告商与用户之间的关系发生了新的变化，用户数据成为三者关系的重要纽带。

早在 2011 年，针对谷歌企业受众商品的一项研究证明，没有用户的集体劳动，搜索引擎中广告的剩余价值就不复存在，用户的每一次点击和搜索行为都会被定位，进而提升其交换价值和广告投放②。如果说传统意义上"受众商品"的交换价值取决于"人口统计学数据"，那么数字时代的"受众商品"则指的是点击、评论等交互行为所产生的数据。用户在互联网使用过程中，无论是在工作时间还是休闲时间，无论是通过平台开展工作还是进行社交活动，都在源源不断地为平台生产数据，而这些数据则进一步成为具有交换价值的劳动商品。大多数时刻，用户沉迷于互联网，并未意识到这是一种数字劳动，无形中为平台创造了巨大的经济价值。

由于数字技术的快速发展，用户现在可以享受到多种多样的信息和便捷的服务，然而数字劳动的形式以及相关的量化技术和计数指标变得更加复杂，日益打造了一套数据的"牢笼"。数据成为平台激励政策的变现手段，平台还通过隐形货币化（如打榜投票等）测量用户的数字劳动，并使数据在平台内流通和兑换。在这一过程中，互联网平台通过各种形态的数字劳动，完成了数据资本的积累和再生产，"为了数据而数据"就是另一种典型的异化劳动

---

① SMYTHE D W. On the audience commodity and its work [M] //PECORA V P.Media and cultural studies: keyworks.New Jersey: Wiley–Blackwell, 2001: 230–256.
② KANG H, MCALLISTER M P. Selling you and your clicks: examining the audience commodification of Google [J]. TripleC communication capitalism & critique, 2011, 9（2）: 141–153.

现象。

可以看到，大数据的产生和应用全方位地渗入用户的日常行为，从隐私信息、在线操作到内容生产，"数字劳工"持续不断地为数字资本的累积与增值提供数据，由此资本和平台的控制权力得以巩固。因此，我们应当对数据商品化、非扁平化和数字劳动等问题保持警惕和批判意识，通过健全法律法规、加强平台自律、提高个人数据素养等，避免大数据所带来的极端化状况。近年来，"治理数据""数据向善"等理念受到更多的关注，"人—数据—平台—社会"之间的关系亟须重构，我们需要迈向"数字交往"的新维度。

四、摒弃"数据至上"：AIGC 发展中的主体性问题

在 AI 技术的演进中，AIGC 内容共经历了三个阶段，即基于实体孪生阶段、基于学习创作阶段和基于实时自主生成阶段[1]。但是，当 GPT 介入知识生产时，其模糊了知识生产中"人类要素"与"非人类要素"的界限，形成了大量"杂合知识"，人类的生存境遇也将随着知识生产的此种变化而改变。[2]

在 AI 技术的作用下，一种全新的数字人正在产生，而"虚拟化、智能化、外脑化"便是其发展方向。这种意识复杂化的人以及被数字技术"交往化"的人，既是技术的演化，也是新人的初生。[3] 但是，正如前文所言，大数据的价值在于它提供了感知、预测和治理社会世界的新思路和新模式，其核心就在于通过数据驱动的决策替代经验性决策。然而，当越来越多的决策角色被技术和算法所取代，个体难免呈现客体化的趋势，即人的主体性的丧失，其为生活赋予意义的能动性被剥夺，可能沦为被平台和信息支配的个体[4]。这

---

[1] 李白杨，白云，詹希旎，等. 人工智能生成内容（AIGC）的技术特征与形态演进[J]. 图书情报知识，2023，40（1）：66-74.

[2] 姜华. 从辛弃疾到 GPT：人工智能对人类知识生产格局的重塑及其效应[J]. 南京社会科学，2023（4）：135-145.

[3] 杜骏飞. 何以为人？——AI 兴起与数字化人类[J]. 南京社会科学，2023（3）：76-85.

[4] 孙国东. "算法理性"的政治哲学检视[J]. 厦门大学学报（哲学社会科学版），2021（2）：23-33.

就是数据至上的观念和实践所带来的极端状况。

对大数据的追捧也让人们忽视了小数据的价值，有时还违背了数据选择、收集和使用的道德伦理原则。实际上，在新闻传播活动中，以数据为驱动的智能媒体实践已迭代多年，从最早的机器人写作、自动化新闻、智能剪辑、算法推荐到近年来爆火的 AI 主播，数据聚合和信息可视化成为新闻生产的一种重要方式。在此过程中，大数据常常被视为中立、客观的工具，却忽视了将新闻作为一种交往的追求。以 ChatGPT 为例，在"信息论（概率）"和"控制论（反馈）"的影响下，其所生产的信息内容是缺乏反思性的逻辑关系对既有知识的概率联结和组合①，而这种拼凑式内容创作也给现有"原创作者"的观念和制度带来了挑战。当新闻的选择、决策和判断被交由数据、平台和算法，而非凭借记者的主观能动性时，人在新闻传播中的主体性地位将遭受冲击。数据并不能代替新闻传播主体的理性行为，更无法揭示新闻传播活动中复杂的情绪、社会心态和社会互动。

在大数据广泛运用尤其是 AIGC 日益发展的语境下，数字新闻业越发离不开大数据的采集、整合与应用，但是更应明确的是：新闻传播主体之间的关系核心仍然是人的交往关系，新闻业不能陷入数据中心主义的泥沼，而是要坚持以人为本的传播理念与实践形态，即从单纯的信息传播到更高维度的沟通对话以及关系的维系②。

在数字生活世界，个体既是一种生命实体，也是一种符号化和抽象化的存在，不同主体间通过数字传播技术建立交往网络、进行社会互动。在被数字技术全面中介化的当下，数据成为人与人之间建立关系的重要连接，但这种连接最终是要靠人来实现的，而非数据本身。人们开发和使用大数据及其技术，根本目的是建立复杂、有序且有意义的人际联系。"数据拜物教"只是一种物质交往形态，而基于大数据展开更深层次的"数字交往"，突出精神交

---

① 邓建国. 概率与反馈：ChatGPT 的智能原理与人机内容共创［J］. 南京社会科学，2023（3）：86-94，142.
② 涂凌波，虞鑫. "新闻价值"学术对谈：数字新闻语境下的变革及其未来［J］. 青年记者，2022（9）：12-17.

往的维度,则是一个更高的境界。对于新闻传播活动而言,数字交往意味着在大数据应用中找回人的主体性,将大数据作为连接人与世界的中介。

第五节 区块链新闻的概念与技术运用

在新闻业由数字化迈向智能化的演进历程中,区块链技术(blockchain technology)作为一种基于分布式账本的存储共识技术和去中心化网络架构,其所具有的媒介技术潜力被正在转型中的新闻业所关注,"区块链+新闻业"亦成为研究的一大热点。区块链技术尽管尚未完全成熟,但已逐步从底层技术扩展到金融服务、企业应用、物联网、智慧城市、社会治理等更广泛的应用场景。尽管还有待观察,但在全球新一轮的技术和产业浪潮中,区块链技术被认为是一场重要的变革,是构成Web3.0的基础设施和推动信息产业发展的关键力量。

我们一方面应保持对区块链技术与新闻业关联性的审慎观察,另一方面则要摆脱"技术中心论"的迷思,透过媒介技术现象去思考新闻业所面临的根本问题。正如有学者指出的,无论是人工智能还是区块链都不应被盲目地吹捧为改变人类社会的决定性力量。[①] 总的来看,互联网发展加剧了新闻业的"危机—转型"叙事话语,折射着新闻业对于自身发展不确定性的忧虑以及对未来转型的想象。正因如此,基于去中心化网络、分布式记账和共识信任机制的区块链技术,与新闻业的社会功能与价值具有某种程度上的同构性,被视为应对新闻业危机、重建可持续新闻模式的可选路径。

本节致力于考察现阶段区块链技术在新闻业中的主要应用及相关研究,尝试阐释"区块链新闻"这一模糊的概念及其特征,并分析围绕区块链技术所展开的想象与忧虑,进一步审视新闻业所面临的技术挑战与机遇。

---

① 史安斌,王沛楠. 2019全球新闻传播新趋势:基于五大热点话题的全球访谈[J]. 新闻记者,2019(2):37-45.

一、从底层技术到应用场景：区块链新闻概念

区块链技术及其概念一般被认为诞生于2008年，最初的设想是一套通过密码学原理使得达成一致的双方能够直接交易，而不需要中介参与的电子支付系统，即广为人知的比特币（bitcoin）。① 实际上，比特币只是区块链的应用之一，从技术角度来看，区块链是一种将数据区块以时间顺序相连的分布式数据库，可用于发送，接收和记录交易。区块（block）是一种汇聚交易的数据结构容器，区块链则是由哈希指针（hash pointer）构成的一个链表。区块链的运行依靠网络"矿工"通过匿名竞争解决计算问题，后续交易基于节点之间的共识被添加到链上，并以密码学方式保证其不可篡改和不可伪造性。② 从社会角度来看，区块链是一种新型的社会信任机制，即通过智能合约来维护的、安全的价值转移系统，能够在没有中心节点的情况下达成信息共识。有研究者指出，区块链能够在多利益主体参与的场景下以低成本的方式构建信任基础，旨在重塑社会信用体系。③ 简言之，区块链技术从原则上说可以大幅减少构成社会信任的成本，因此，该技术在经济社会领域的运用就变得十分重要。

区块链的技术结构自下而上可被分为五层：网络层、数据层、共识层、控制层和应用层④；或是数据层、网络层、共识层、智能合约层、应用层⑤。诸如比特币、以太坊和超级账本Fabric等应用层项目，都可以回溯其底层的

---

① Bitcoin: a peer-to-peer electronic cash system [EB/OL].（2014-03-05）[2024-03-16]. https://bitcoin.org/bitcoin.pdf.
② Blockchain @ media a new game changer for the media.[EB/OL].（2017-07-12）[2024-03-16]. https://www2.deloitte.com/tr/en/pages/technology-media-and-telecommunications/articles/blockchain-at-media.html.
③ 曾诗钦，霍如，黄韬，等.区块链技术研究综述：原理、进展与应用[J].通信学报，2020，41（1）：134-151.
④ 曾诗钦，霍如，黄韬，等.区块链技术研究综述：原理、进展与应用[J].通信学报，2020，41（1）：134-151.
⑤ 张亮，刘百祥，张如意，等.区块链技术综述[J].计算机工程，2019，45（5）：1-12.

技术结构（网络层和数据层）及不同的共识机制（共识层、奖惩机制）。马克·皮尔金顿（Marc Pilkington）则将区块链的平台应用分为三个方面：可审核和可验证的数据库；基于加密货币的业务模型；访问区块链文件系统中受保护的公共数据[1]。

区块链新闻（blockchain journalism）指的是新闻业在区块链技术的应用层面上形成的一种新闻传播形态，而非指那些主要报道区块链技术和行业发展的网络媒体——这是首先需要澄清的，以免造成误解。有学者认为，区块链新闻指以分布式网络为基础、加密货币驱动的新闻内容生产媒体，也指一种新的数字新闻形态，具有去中心化、匿名性、共同维护等技术特征。[2] 根据国家网信办发布的《区块链信息服务管理规定》，区块链信息服务是指基于区块链技术或者系统，通过互联网站、应用程序等形式，向社会公众提供信息服务。[3] 可见，区块链新闻是区块链信息服务应用的一部分，是基于区块链技术的新闻信息生产、传播、使用以及新闻平台的统称。

区块链新闻的内涵在于塑造一种全新的信任机制。上文已指出，区块链技术是一种新型的社会信任机制，改变了传统中心式的社会信任机制。从新闻业来看，区块链新闻将基于共识技术，构建一种具有不可篡改性的、去中心化的信任机制，一定程度上会挑战权威机构媒体（平台）的中心式信任机制，当然也为"拯救"陷入信任危机的新闻业提供了可能性，能增加新闻业的透明性并使其担负起重塑新闻业的社会责任[4]。从根本上说，没有信任机制和共识就不会有良性的新闻传播。区块链在新闻业的应用不会改变新闻的本质和内核，但会为新闻业变革提供新的可能性。新闻业将区块链技术作为底层架构，建立基于技术的共识机制，公众通过自组织协调新闻平台的组织架

---

[1] PILKINGTON M. Blockchain technology: principles and applications [M]//OLLEROS X, ZHEGU M, ELGAR E. Research handbook on digital transformations. Cheltenham：Edward Elgar Publishing, 2016：225.
[2] 赵云泽，赵国宁.区块链新闻的概念、原理和价值[J].当代传播，2019（3）：47-50.
[3] 区块链信息服务管理规定[EB/OL].（2019-01-10）[2024-03-16］.http://www.cac.gov.cn/2019-01/10/c_1123971164.htm.
[4] 王佳航."区块链+"如何重构内容产业生态[J].新闻与写作，2020（1）：12-16.

构，探索多元化的新闻生产和传播模式。

二、区块链技术在新闻业中的具体应用

新闻业运用区块链技术的过程充满曲折。自 2016 年开始，因比特币币值上涨等因素，科技初创公司和专业新闻机构纷纷成立区块链内容社区或区块链媒体实验室。2018 年下半年后，加密货币市场疲软，区块链媒体平台面临资金问题。2018 年 8 月，Papyrus 宣布转向应用更为广泛的基础技术开发。①2019 年 11 月，区块链社交媒体 Steemit 经历重组。2020 年 6 月，备受赞誉的区块链媒体 Civil 宣布关闭。目前来看，区块链技术在新闻业中的运用主要体现在内容生产及分发、事实核查、版权保护与数字广告、去中心化的利益分配机制等四个方面。

第一，内容生产及分发。区块链技术为协作性的内容生产和去中心化的内容分发提供了可能，编辑、用户和社群共同担任"内容策展人"的角色。用户可以参与社区治理，如当用户认为出现违反社区共识的行为时，可以发起诉讼。如果多数人投赞同票，相应的内容传播行为将会得到惩罚。

第二，事实核查。新闻聚合器项目 The World News 以区块链技术和神经网络为基础，按照地区和时间流为用户提供经过核查的新闻。Civil 也将事实核查置于其整个新闻业务流程的核心②，通过发放 CVL 令牌来进行核查。用户可以直接赞助新闻编辑室，而新闻工作者也可以相互合作产出内容，专业新闻生产者与受众之间建立直接联系。

第三，版权保护与数字广告。Po.et 作为一个共享、开放、通用的创意资产账本，一直以来致力于解决数字资产的所有权、使用权限和历史追踪问题。

---

① The buzz around blockchain as antidote to digital media's ills is fading［EB/OL］.（2018-11-20）［2024-03-18］. https://digiday.com/marketing/blockchain-hype-subsides-among-advertisers-businesses-face-headwinds/.
② 谭小荷. 基于区块链的新闻业：模式、影响与制约：以 Civil 为中心的考察［J］. 当代传播，2018（4）：91-96.

Po.et 意为"存在的证据",创作者将题目、作者、时间戳等元数据上传并记录到 Po.et 区块链上,通过智能合约以保留证明及追踪流向。Po.et 在内容生产者、媒体机构和受众之间创建良性的传播生态,有助于信源问责制的建立。此外,Po.et 社区基于内容创作者的共识运行,作者可以参与贡献内容、授权和委托等活动。Truth Media 于 2016 年推出 truth data cloud 项目,旨在应用区块链技术建立一个更为透明的数字广告生态系统,建立广告投放者与消费者之间的直接联系,用户可以从分享自己的数据中获益。然而,该 ICO 项目没有筹到最低限额的资金,已于 2018 年 11 月终结。

第四,去中心化的利益分配机制。例如,在 Tron Weekly Journal(TWJ)平台上,内容创作者不仅拥有作品的完全所有权,还可以按自定价格将作品出售给用户和网站,并自主开展营销活动、引入广告等。平台每年净利润的 30% 将分配给代币持有人。Steemit 则参照了新闻社区 Reddit 的结构,与 Reddit 不同的是,Steemit 每天会在网站上发放一笔奖金,根据文章所得到的点赞数占比给予用户一定的代币奖励。

第六节　区块链新闻的浪漫想象与局限

一、想象与期待:区块链新闻有何不同?

如果说区块链技术在数据追踪、虚假信息核查、版权保护、收益分配机制重建等方面具有十分显著的优势,可以推动该技术在新闻业中具体应用场景和功能的多样化,那么,区块链新闻的基本逻辑和价值取向是什么?区块链新闻的一般特征又是什么?

首先,区块链新闻的底层技术逻辑,即去中心化、透明性和共识信任。区块链具有去中心化特征,每个用户都可以访问公共账本。这些完全分散的、可验证的工作量证明,区块链有助于形成特定的共识机制。区块链的透明性特征，即通过双向的加密活动，区块链可以实现内容和元数据的全记录，对于交易各方可以保证一定的匿名性和安全性。区块的添加需要基于节点的共识，被篡改的历史区块会被视为无效。区块链提供了一种基于数字算法的信任创造机制。不同于借助权威机构的传统交易，区块链基于数学原理解决所有权确认问题，基于技术优势解决交易过程的安全信任问题，基于智能合约解决信任执行问题①。以上是区块链新闻的媒介技术可供性。

其次，区块链新闻的商业逻辑是自我持续和公平分配。目前，区块链新闻在商业运作方面的发展集中于点对点支付、数字广告追踪和数字资产的保护。已有很多研究指出，区块链技术可以准确跟踪内容流向，保护内容版权，并能利用虚拟货币开发新的众筹商业模式。②内容发布者可以向节点用户支付小额奖励来存储内容，这将改进内容的分发模式，优化分配机制，探索建立可自我持续的商业模式。在算法时代，传统注意力经济的一大弊端是流量越来越被超级平台所"垄断"，内容产业的价值变现被"头部"账号所主导，新闻业的商业模式遭遇更大的挑战，新闻付费的成功案例凤毛麟角。区块链新闻有望形成长价值链，使得内容的收益能够流转回最初的创作者。新闻报道的数据链接到区块链上，实现内容所有权证明及流向追踪；智能合约使得无第三方支持的远距离价值转移成为可能，这显著降低了交易的成本与风险，使作者获得直接的报酬，为新闻业收益分配的公平化提供了可能。

最后，积极的社群参与反映了区块链新闻的公共逻辑。在新闻业运用区块链技术的设想中，最终，新闻业不仅能通过新的商业模式鼓励新闻工作者和网络用户生产高质量内容，还致力于建立负责任的公共新闻社群，通过区块链新闻平台、新闻工作者和网络用户共同参与来形成良性的区块链新闻社区的治理结构。比如，Like Coin 的资金来自基金会和"赞赏公民"。与一般会员购买自身权益不同，赞赏公民的月费以点赞数分配给创作者，其点赞的权重更高，还可参与社区决策和公投。Like Coin 通过该机制鼓励核心用户赞赏他人，共同维护社区价值。新闻内容数据一旦被上传至区块链，便不可被篡

---

① 唐文剑，吕雯. 区块链将如何重新定义世界［M］. 北京：机械工业出版社，2016.
② 邓建国. 新闻＝真相？区块链技术与新闻业的未来［J］. 新闻记者，2018（5）：83-90.

改,因此可以同时被许多来源验证;区块链的结构也便于新闻生产者与公众保持联系,通过众筹众包等方式推出公众真正感兴趣的报道内容。

二、区块链新闻的浪漫色彩及其局限性

时至今日,关于区块链新闻发展的各种设想中,区块链技术的潜在价值与现实应用之间仍存在着巨大的鸿沟。新旧媒介技术之间的迭代往往会伴随着研究者"技术中心主义"的乐观情绪,他们会忽视新的媒介技术所承载的乌托邦式想象,这些想象通常来源于新闻业的恒久价值观,以及研究者自身对于为当前新闻业所面临的危机寻求解决方案的热情。

(一)区块链技术并非唯一的"钥匙"

区块链技术为重构新闻的生产关系和新闻业的结构带来新的可能性,然而,当区块链技术被想象为新闻业的一种构造方式,强调其技术优势的同时伴随着技术的遮蔽,以及对既有媒介技术的割裂。一方面,制约新闻业透明性、真实性与公共性的要件不仅是技术,作为新闻传播主体的人才是至关重要的。另一方面,区块链技术所描绘的新闻业蓝图,一些已经能在现有技术条件下实现,如云账本数据库比区块链技术成本更低,更易于操作。区块链技术能否嵌入日常新闻生产,在技术上和新闻生产上形成一体,还有待观察。

不容忽视的是,区块链技术自身也有许多问题。区块链技术存在安全性、扩展性和去中心化的"三元悖论",需要围绕特定需求进行权衡取舍。[1]各方面性能兼顾的区块链新闻媒体只存在于技术想象中。例如,私有链的安全性较强,但记录权限由决策的中心监控,阅读权限是公开的或受限制的,难以实现真正的去中心化;公有链的去中心化程度更高,但IPFS(星际文件系统)在数据存储等具体问题上并不具备突出优势,且会消耗大量

---

[1] 曾诗钦,霍如,黄韬,等.区块链技术研究综述:原理、进展与应用[J].通信学报,2020,41(1):134-151.

资源，很难运用到具体的新闻传播中。从外部来看，区块链新闻媒体尚且难以提供真正的差异化体验，与成熟的平台进行竞争；从内部来看，去中心化增加了平台管理的难度，社区内部的同化与分化也成为许多平台共同面临的难题。去中心化是区块链技术发展的趋势，这增加了管理难度，也提高了容错率。

（二）警惕区块链的概念炒作与话语陷阱

当一个学术热点被广泛关注和讨论时，意味着各种力量的角力。任何以"新"为标签的学术潮流，都可能包含着权力结构自我复制和再生产的内在话语逻辑。①对于区块链这样一个新技术而言，要十分警惕以该技术为幌子的各种招摇撞骗或商业投机，因此在学术层面需要保持冷静和清醒，避免轻率地得出一些不负责任的结论。

一方面，我们需要指出，目前区块链在新闻业中的运用还是探索性的，区块链技术、区块链新闻（媒体）、代币等不是一回事，一些商业机构投资区块链媒体，其目的是代币投机从而套现。近年来"区块链+直播""区块链+媒体"等概念相继被提出，许多公司借壳上市，涌现出大量ICO项目，皆通过概念炒作来解决融资问题。这些行为都损害了区块链媒体的长期发展。

另一方面，新技术背后蕴含着利益再分配的问题，如平台通过在算法中调整不同的权重，就隐藏了不同的权力和利益分配。美国社会哲学家刘易斯·芒福德（Lewis Mumford）揭示了技术和资本主义之间的内在关系，技术的进步服务于统治阶级的利益，机器的改进却以"进步""解放"之名成为全社会的共同目的。区块链技术可能并不是朝着技术化程度越来越高的方向发展，而是朝着对某一部分人越来越有利的方向发展。正如有学者指出，信息技术的发展过程就是开放到封闭的循环。②区块链技术目前正处于新一轮的开

---

① 潘忠党，刘于思.以何为"新"？"新媒体"话语中的权力陷阱与研究者的理论自省：潘忠党教授访谈录［J］.新闻与传播评论辑刊，2017（1）：2-19.
② 吴修铭.总开关：信息帝国的兴衰变迁［M］.北京：中信出版社，2011.

放阶段，为新闻业提供了技术突破的前景和想象，但可能会随着经济及政治等因素的介入重新走向封闭。

（三）新闻业运用区块链技术的潜在风险

区块链技术的应用存在潜在风险和弊端，在现实运用中可能带来新的排他性和不公正性。区块链符合技术演进的内在逻辑，能够显著降低交易成本，促进信息的流动，但也增加了管理难度，如何治理和引导区块链发展成为当务之急。法学界一些学者已指出，要从"监管"向"治理"转变来引导区块链的健康发展，如"共票"机制就是治理区块链的一种理念和规制工具。[①]

区块链新闻的去中心化、透明性、共识信任等特性，借由技术的强制性实现。从职业新闻的角度来看，这意味着区块链新闻与新闻传播主体之间的关系正在朝向对区块链技术系统的信任关系转变，一方面使得新闻工作者的权力进一步让渡，但另一方面任何技术系统的崩溃都是有可能的，新闻传播主体在新闻业中"失控"的风险以及更深层次的意识形态安全等风险也随之而来。从社会层面来看，区块链对信息的无差别式的链式记录，也可能抹平信息的多样性，建构单一化的结算体系和意义体系，这对人们在网络社会中生活的多样性（包括信息遗忘权）等构成挑战。有学者指出，对透明性的强制追求将摧毁公共空间的生命力。[②]信息的传播和信息社会应当更加透明，但强制透明带来的并不必然是更加美好的数字生活。

当然，只分析区块链技术在新闻业中的这些面向显然是不够的，还需要反思新闻业当前所面临的行业危机，以及新闻界寄希望于新技术的革新潜力。新闻业对区块链技术的应用与想象大多植根于现实新闻业危机的迫切需要，对于该技术的应用设想不仅赋予了底层技术的可供性，而且设想了一个由市场激励和自我交易驱动的，承担社会责任、实现内容价值的新闻业态。然而，我们同样需要批判区块链新闻的浪漫色彩和局限性，对该技术在新闻业中的

[①] 杨东. "共票"：区块链治理新维度[J]. 东方法学，2019（3）：58—65.
[②] 韩炳哲. 透明社会[M]. 吴琼，译. 北京：中信出版集团，2019.

前景展望要更加谨慎。新闻业在应用区块链技术时，需要规避话语陷阱与潜在风险，推动科技—社会的复合创新。只有当新闻业的危机需要回到社会语境中寻找解决方案时，区块链新闻的发展才能够找回以以技术为用、以人为本的初心，真正有利于公共利益和良性新闻业的发展。

第四章 媒体融合的制度逻辑：路径与经验[*]

引 言 媒体融合十年

新时代以来，党中央高度重视媒体融合发展，从党和国家发展的全局出发谋划媒体融合发展战略，制定和出台了一系列推动媒体融合发展的政策举措。2013 年，习近平总书记在全国宣传思想工作会议上指出，"明者因时而变，知者随世而制"，宣传思想工作创新，重点要抓好理念创新、手段创新、基层工作创新，努力以思想认识新飞跃打开工作新局面[①]。2014 年，中央全面深化改革领导小组第四次会议审议通过了《关于推动传统媒体和新兴媒体融合发展的指导意见》，全面部署和推进媒体融合发展战略。2020 年 9 月 25 日，中共中央办公厅、国务院办公厅印发《关于加快推进媒体深度融合发展的意见》，提出打造全媒体传播体系，推动媒体融合发展进入快车道、深水区。随

---

* 本章主要内容分别原载于：涂凌波.媒介融合需超越路径依赖：基于媒介制度视角[J].当代传播，2019（5）：68-72；涂凌波，蒲俊辰，刘梦青.我国西部地区省市媒体融合发展研究：现状、路径与特征[M]//中国记协新媒体专业委员会.中国新媒体研究报告 2023.北京：人民日报出版社，2024；涂凌波，王子薇，杨泰一.媒体融合战略发展研究：机遇、演进与展望[M]//季为民.媒体融合：理论与实践比较研究.北京：经济管理出版社，2024：33-50。收入本书时，略有删改。

① 习近平在全国宣传思想工作会议上强调 胸怀大局把握大势着眼大事 努力把宣传思想工作做得更好[N].人民日报，2013-08-21（1）.

着"推进媒体深度融合,做强新型主流媒体"被纳入《中华人民共和国国民经济和社会发展第十四个五年规划和 2035 年远景目标纲要》,媒体融合战略作为国家发展战略的重要组成部分,在现代化强国建设新征程上具有重要的意义。2022 年 4 月,中宣部、财政部、国家广电总局联合下发《关于推进地市级媒体加快深度融合发展实施方案的通知》,在全国遴选 60 家市级融媒体中心建设试点单位,按照资源集约、结构合理、差异发展、协同高效的原则,完善中央媒体、省级媒体、市级媒体和县级融媒体中心四级融合发展布局。

在当前媒体深度融合的重要阶段,大数据、算法、人工智能等技术革新不仅影响了传媒行业的产业格局,不断为媒体融合发展提供新的空间和可能性,也为传统媒体的转型升级、融合发展带来了机遇和挑战。技术和市场变革带来的竞争性压力,驱动着融合的潮流,包括技术的应用、组织的调整、力量的配置以及手段的创新。系统性思维打造媒体生态系统[①],顺应媒介技术的迭代升级,是传统媒体走向媒体融合发展的必然之举。一方面,随着中央厨房、智能采集终端、写稿机器人、虚拟主播机器人等智能化转型愈演愈烈,传统媒体抓住技术发展红利,强势进军新媒体行业;另一方面,传统的二元结构在媒体融合发展中发生着变化,"政府不再将互联网简单视为技术平台,更加重视其作为一种重要舆论工具的功能,并力图通过媒体融合与建设新型媒体集团的方式将互联网等新兴媒体纳入党和政府对传媒业的管理体系"[②]。

融合媒体与社会基层治理之间的关系密不可分,新时代的社会治理也对媒体发展提出了新要求。作为社会治理的重要工具、政策信息传达的重要中介,媒体能充分作为民众与政府之间的沟通纽带,在舆论监督、构建服务平台、搭建信息传播的渠道等多层面完善基层社会治理体系。从"推动媒体融合"到"推动媒体融合纵深发展",再到"推进媒体深度融合",国家战略对媒体融合的重视程度不断加深。当前,媒体融合(media convergence)在实践

---

① 梅宁华,支庭荣.中国媒体融合发展报告 2021 [M].北京:社会科学文献出版社,2021:80-81.
② 殷琦.创新的转向:中国媒体融合演进的路径与机制 [J].新闻大学,2021 (1):103-116,121.

层面表现为朝向"深度融合"的方向发展,从中央到省市县的全媒体、融媒体建设可以说方兴未艾;在研究层面除了经验性、政策性的研究成果"井喷"之外,也有一些文章"深度反思"媒体融合过程中可能存在的问题和路径选择。如果从宏观的视角审视,以传统主流媒体作为主要行动者的媒体融合实践,深度嵌入我国的媒介制度,它既是新媒体发展背景下媒介制度变迁的产物,也反过来塑造了一套新的实践方式,并作用于媒介制度。基于这一视角,本节从我国省级媒体的媒介融合案例出发,探讨媒介制度作为一种结构性力量对媒体融合的路径选择所产生的影响,进而思考如何超越"路径依赖"、真正实现媒体融合朝向纵深发展这一重要现实问题。

第一节 战略视角：媒体融合的顶层设计

全面建设社会主义现代化国家,是党在全面建成小康社会目标之后新的奋斗计划,是我国社会主义现代化建设"三步走"总体战略的继续和深入。2020年的《中共中央关于制定国民经济和社会发展第十四个五年规划和二〇三五年远景目标的建议》将媒体融合纳入我国国家发展战略的长远规划,这是中央为实现媒体融合提质增效而提出的顶层设计,体现了我国推进媒体融合深度发展的强大决心。媒体融合发展符合时代和国家的战略需求,因势而动,顺势而为,是当前媒体融合的发展方向。

媒体融合作为国家发展战略的一部分,离不开国家需求、媒介技术发展、传播生态环境变化以及制度的嵌入与微观实践。十年来,我国媒体融合持续推进,从推广"中心厨房"到建设县级融媒体中心,以"一体化"平台建设为主要形式,主流媒体的传播阵地不断拓展,传播效能明显提升。2019年,中共中央政治局就全媒体时代和媒体融合发展举行第十二次集体学习,习近平总书记强调,推动媒体融合发展、建设全媒体成为我们面临的一项紧迫课题。

当前,人类社会已经进入信息社会,要最大限度地实现国家利益,就必须对当下的信息技术革命有全面的认识,并使之融入国家战略的整体设计。信息环境的变化已经促使世界多国构建相关的国家战略,如英国基于"数字政府即平台"理念推进了政府数字化转型战略,美国也确立了基于大数据的信息网络安全战略①。在我国当前的形势下,构建国家战略必须对国内和国外传播模式进行全面的再认识②。整体上,我国注重文化软实力建设,强化对外文化交流机制,积极建立科学完备的中国国家战略体系,加强马克思主义战略理论体系建设③。

从战略的视角来看,媒体融合上升为国家战略意味着制度层面的顶层设计,即对未来远景、长期目标和近期目标的整体规划。从媒体发展来看,它是一种制度创新,就战略实施而言,媒体融合对内是结构化的、对外是体系化的,这意味着媒体融合战略既需要内部的整合与重组,也需要外部不同要素之间的协调与配合。"媒体融合是基于意识形态安全考虑所采取的系统改革。通过媒体融合改革,疏浚被那些具有头部影响力的商业化网络平台阻塞的传播出口,推动主流媒体与网络空间的广域连接,改变主导意识形态的被动局面。"④媒体融合发展战略的重要意义在于厘清主流媒体与商业媒体之间的平衡关系,以及帮助主流媒体打破自身传播影响力弱化的现实困境,从而能够继续稳固、发展和创新主流舆论阵地和媒介制度框架,发挥主流媒体对于主流舆论的传播力、引导力、影响力、公信力。

推进国家治理体系和治理能力现代化是全面深化改革的总目标。国家治理能力现代化意味着通过改革和完善体制机制、法律法规,实现国家治理制度化、规范化、程序化,适应社会主义现代化建设需要,增强依法按照制度

---

① 张晓,鲍静.数字政府即平台:英国政府数字化转型战略研究及其启示[J].中国行政管理,2018(3):27-32.
② 沈国麟.大数据时代的数据主权和国家数据战略[J].南京社会科学,2014(6):113-119.
③ 门洪华.关键时刻:美国精英眼中的中国、美国与世界[J].中国社会科学,2012(7):182-202,207.
④ 张涛甫,赵静.媒体融合的政治逻辑:基于意识形态安全的视角[J].新闻与传播研究,2021,28(11):69-83,127.

治国理政的本领,把各方面制度优势转化为管理国家的能力与水平的优势[①]。媒体融合战略具有深刻的政治逻辑、技术逻辑和市场逻辑[②],服务于国家治理体系和治理能力的平台化转型[③],服务于推进国家治理体系和治理能力现代化的总目标。近年来,随着智能技术深度嵌入社会发展,数据驱动与智能驱动双驱并进,主流媒体通过融合创新实现流程再造,"新闻+政务商务服务"打破了传统的模式,打通了媒体融合枢纽,进而推动了网格化社会治理的深入开展,网络问政、数据治理等也助推了社会治理能力现代化。

媒体融合的本质是新媒体化,一方面在于通过新媒体占领舆论阵地,提升传播能力和服务能力;另一方面则在于通过资源整合,优化传播结构和模式,提高传播效率和效果。[④] 媒体融合战略的核心内容围绕如何建设新型主流媒体展开,最终通过整合资源与转型升级拓宽功能边界,提升主流媒体的舆论引导力和社会服务能力。具体而言,媒体融合的战略重点在于媒体融合主体之间的连接关系以及媒体融合的发展路径两个问题。前者主要解决的是媒体内部体制机制的转型升级以及不同类型媒体间的平衡与发展问题;后者主要解决的问题则是传统主流媒体如何向新型主流媒体进一步迈进以及如何构建完善、合理的全媒体传播体系,进而提升传播能力和舆论引导力。

一般认为,媒体融合的目的在于推动建设新型主流媒体,做大做强主流舆论,同时增强服务功能与服务能力,推动国家治理体系和治理能力现代化。从战略研究的视角来看,媒体融合的战略目标包括远期目标、中期目标和近期目标。按照主体划分则包括国家传播能力层面的目标、区域社会发展的目标以及传媒行业发展的目标。

[①] 郑言,李猛.推进国家治理体系与国家治理能力现代化[J].吉林大学社会科学学报,2014,54(2):5-12,171.
[②] 姬德强.媒体融合与国家治理体系的平台化转型[J].青年记者,2020(10):12-14.
[③] 林如鹏,汤景泰.政治逻辑、技术逻辑与市场逻辑:论习近平的媒体融合发展思想[J].新闻与传播研究,2016,23(11):5-15,126.
[④] 谢新洲,石林."上下夹击"与"中部突围":我国地市级融媒体发展研究——基于四市媒体融合发展的实地调研[J].现代传播(中国传媒大学学报),2019(12):1-8.

1. 远期目标

媒体融合战略的长期愿景是要构建完善的全媒体传播体系，并实现媒体生态融合，使全媒体传播体系深度嵌入国家和社会治理体系，成为推动国家发展的重要引擎以及整个社会体系的有机构成部分。与此同时，形成良好的舆论生态格局，牢牢把握舆论引导权、占据制高点。首先，打造媒体的新型融合生态，形成全方位、多时空覆盖的媒体集群。其次，打破内部各主体、生产要素、服务节点之间的关系壁垒，建立资源集约、结构合理的融合机制。最后，全媒体传播体系能够如毛细血管般融入整个社会系统，服务于我国政治、经济、文化、社会的全方位发展，推动国家和社会治理能力现代化，助力现代化强国建设目标的实现。

2. 中期目标

建设新型主流媒体是实现媒体融合的必经之路，亦是媒体融合发展战略的中期目标。当前我国构建新型主流媒体的根本点在于实现"新型"与"主流"的平衡。①"新型"意味着要具有互联网思维、平台思维以及用户思维，在传统媒体与互联网平台之间寻求合作与平衡发展；而"主流"意味着主流媒体在转型为新型主流媒体时，更应凸显主流媒体的功能、角色与社会责任，坚守主流舆论阵地。

3. 近期目标

实现媒体的深度融合和一体化发展，初步形成全媒体传播的基本结构。从"相加"走向"相融"，打造一体化的媒体生态格局至关重要。媒体深度融合发展不仅包括不同类型媒体的融合，还包括媒体内部生产要素和资源配置的融合。从媒体类型来看，实现媒体一体化发展就是要统筹处理好不同类型媒体之间的关系，包括传统媒体和新兴媒体、中央媒体和地方媒体、主流媒体和商业平台、大众化媒体和专业型媒体等，其中传统媒体和新兴媒体之间的关系是至关重要的。从媒体内部来看，实现媒体一体化发展就是要实现信息内容、媒介功能、技术应用、平台终端、管理手段、体制机制、组织结构、

---

① 陈虹，杨启飞. 平衡与连接：构建新型主流媒体的内在逻辑与行动框架［J］. 现代传播（中国传媒大学学报），2021，43（10）：1-5.

人才队伍等要素的共融互通。

媒体融合的文献汗牛充栋，总体上大多关注的主要是技术融合、内容融合、组织融合、产业融合、文化融合等几个方面。①

第一，技术融合的思路贯穿始终。从早期的尼葛洛庞帝、罗杰·费德勒、伊契尔·索勒·普尔到保罗·莱文森，他们主要围绕媒介技术来分析不同传播介质、传播形态的汇聚、整合与融合。在媒介进化理论中，技术的发展就是为了克服先前技术的局限，媒介存活的基础在于其与前技术时代交流内容和过程的接近性。②在最新关于人工智能的讨论中，一些学者提出人与机器的感知融合、行为融合和思维融合的"人机融合"趋势③。还有学者认为媒介融合正在迈向主体层面的融合——技术与人的融合，这造就了新型主体"赛博人"。④

第二，内容融合主要指内容生产模式的变革。讨论比较多的包括融合新闻报道、数据新闻、众包新闻等。比如，融合新闻强调一次性完成新闻采集，加工方式和发布渠道多元化，形成新闻产业链。⑤以美国《赫芬顿邮报》(The Huffington Post)为代表的"众包模式"，让通过认证的博主和公民记者为网站贡献内容；⑥而大数据所催生的"数据新闻"正在颠覆传统新闻生产模式，大数据被认为能够加深互联网和广播电视网的融合、新闻媒体和互联网公司的融合⑦。有人担忧融合会使新闻生产变得混乱、形式丰富但深度不

---

① 注：戈登提出媒介融合的五种形式——所有权融合、策略融合、结构融合、内容采集融合和新闻叙事融合。参见奎因，费拉克. 媒介融合：跨媒体的写作和制作 [M]. 任锦鸾，译. 北京：人民邮电出版社，2009.
② 莱文森. 人类历程回放：媒介化论 [M]. 邬建中，译. 重庆：西南师范大学出版社，2017：149-152.
③ 高慧琳，郑保章. 基于麦克卢汉媒介本体性的人机融合分析 [J]. 自然辩证法研究，2019，35 (1): 27-32.
④ 孙玮. 赛博人：后人类时代的媒介融合 [J]. 新闻记者，2018 (6): 4-11.
⑤ 彭兰. 文化隔阂：新老媒体融合中的关键障碍 [J]. 国际新闻界，2015，37 (12): 125-139.
⑥ 胡泳. "报纸已死"还是"报纸万岁"？(上)——以《赫芬顿邮报》和《纽约时报》为例 [J]. 传媒，2012 (6): 54-56.
⑦ ARSENAULT H. The datafication of media: big data and the media industries [J]. International journal of media & cultural politics, 2017, 13 (1-2): 7-24.

够、内容质量降低[1],而高质量的内容是决定谁能在媒介融合的变革中胜出的关键[2]。

第三,组织融合指的是传统媒体机构改变组织架构和运行制度以适应媒介融合。目前较普遍的做法是在媒体机构内部作出有限度的调整,如增设融媒体新闻中心、新媒体中心等部门。人民日报社于2015年新建人民日报全媒体平台(又名"中央厨房"),在采编流程上采取一体策划和采集,实现多种内容的生产和传播。[3]澎湃新闻在组织融合层面的探索比较深入。尽管其管理人员、编辑记者大多为《东方早报》的原班人马,但从一开始它的定位就不是《东方早报》的网络版,而是全新打造的"专注时政和思想的互联网平台"。[4]2016年,《东方早报》纸质版停刊,基本完成了组织层面的形态转型。

第四,产业融合关注被媒介融合重构的传统媒体的运营生态,一些学者从"平台型媒体"的角度来考察媒介融合的方向。比如,媒介融合要重点突破的是由"内容供应商"转为"平台运营商"。[5]"平台型媒体"本质是一个开发型和服务型的服务平台。[6]传统媒体应从"内容平台"转变为"关系平台",其发展思路应由"产品为王"转变为"关系为王"。[7]也有研究发现,很多传统媒体的产业创新受固有思维与行政力量影响陷入了"大而全"的误区。[8]

---

[1] HUANG E, DAVISON K, SHREVE S, et al. Facing the challenges of convergence: media professionals' concerns of working across media platforms [J]. Convergence, 2006, 12 (1): 83-98.

[2] QUINN S. Convergence's fundamental question [J]. Journalism studies, 2005, 6 (1): 29-38.

[3] 叶蓁蓁,关玉霞,戴玉,等.人民日报中央厨房:"大数据+"模式推动媒体供给侧改革 [J]. 新闻战线, 2016 (13): 10-13.

[4] 卜清,赵金眸.媒介融合语境下的编辑部改造:基于"澎湃新闻"日常实践的考察 [J]. 新闻记者, 2015 (12): 61-70.

[5] 刘鹏.传统媒体融合转型的若干趋势 [J]. 新闻记者, 2015 (4): 4-14.

[6] 喻国明,弋利佳,梁霄.破解"渠道失灵"的传媒困局:"关系法则"详解——兼论传统媒体转型的路径与关键 [J]. 现代传播(中国传媒大学学报), 2015 (11): 1-4.

[7] 宋建武,陈璐颖.建设区域性生态级媒体平台:打造新型主流媒体的路径探索 [J]. 新闻与写作, 2016 (1): 5-12.

[8] 严三九.中国传统媒体与新兴媒体融合发展的现状、问题与创新路径 [J]. 华东师范大学学报(哲学社会科学版), 2018, 50 (1): 89-101, 179.

第五，文化融合是指传统媒体在融合转型中要适应互联网的思维和文化逻辑。"融合文化"最早由著名媒介研究学者亨利·詹金斯（Henry Jenkins）提出，他认为融合代表着文化上的转变，参与性文化得到鼓励，受众更加主动地去挖掘和创造新信息，并为分散的媒介信息建立联系。① 大多数研究认为，文化融合是最深层次的、也是最难实现的，传统媒体的文化基因有着强大的惯性。比如，有学者提出传统媒体需要进行文化"转基因"来克服文化性障碍，要转向开放的、分权的"江湖式"文化。②

实际上，回顾文献不难发现，关于媒介融合（媒体融合）的研究从最早关注技术、内容、组织，到逐渐扩展到讨论产业、文化、制度等，经历了一个不断深入而且带有反思性的研究过程。正如有学者指出，要理解中国的媒介融合，必须回到中国传媒体制改革的框架之下。③

第二节　媒介制度：媒体融合的结构性力量

媒介制度（media system）④ 并非仅仅为一套具体的管理制度，而是一个系统层面的概念。著名学者丹尼尔·C.哈林（Daniel C.Hallin）认为，媒介体制实际上是一个整体，由不同媒介机构、不同媒介实践之间的相互作用构成，它还受社会其他因素、机构的影响。⑤ 从系统论来看，媒介体制是指运作于特定社会与整个系统内的所有媒体及其组织方式。有人甚至从博弈论的视

---

① JENKINS H. Convergence culture: where old and new media collide [M]. New York: New York University Press, 2006.
② 彭兰. 文化隔阂：新老媒体融合中的关键障碍 [J]. 国际新闻界, 2015, 37 (12): 125-139.
③ 赵睿, 喻国明. "互联网下半场"中传媒经济研究的问题意识与技术进路：基于2017年中国传媒经济研究的文献分析 [J]. 国际新闻界, 2018, 40 (1): 59-71.
④ 注：media system 一般被翻译为媒介制度、媒介体制，也有学者使用媒介规制、媒介系统等中译名。
⑤ 秦汉. 媒介体制：一个亟待梳理的研究领域——专访加利福尼亚大学圣地亚哥分校传播学院教授丹尼尔·哈林 [J]. 国际新闻界, 2016, 38 (2): 73-83.

角为媒介制度下了定义：媒介制度通常是制度变迁主体之间博弈的产物，博弈方之间的力量对比，决定了制度均衡。① 学者们大多采用二元结构来阐释我国的媒介制度及其变迁。我国的媒介在资产制度上属于国家所有制，政府作为国有资本的所有者去经营和管理媒介，因此其具有国家媒介和商业媒介并举的二元结构。② 在社会主义市场经济基本框架下，当前我国新闻媒介体制本质上是政治属性和意识形态属性、商业属性和新闻专业属性之间互动的结果。③ 总体上来看，国家所有、党管媒体、意识形态属性是我国媒介制度坚硬的"内核"。与此同时，我国的媒介制度也经历了变迁。传媒经历了从作为阶级斗争工具到改革开放后"事业单位，企业化经营"，再到作为一种"文化产业"的变迁。④ 从新闻观念上看，改革开放以来，新闻媒体回归理性、"以人为本"的观念影响着新闻报道。⑤ 从结构上看，媒介形态由此前的"三足鼎立"（电视、报纸、广播）逐步过渡到"四足鼎立"（报纸、广播、电视和新媒介）。⑥ 总体而言，我国新闻传媒最根本的变化可以概括为从"宣传本位"到"新闻本位"，并且正在经历一次制度性创新——传媒的体制和形态的双重转型。⑦

媒介制度及其所产生的作用，是媒体融合实践中不可忽视的结构性力量。首先，尽管普遍认为新媒介技术的迭代是媒体融合的动力并能"倒逼"传统

---

① 潘祥辉.探究中国媒介制度变迁的演化逻辑：一种博弈论的视角[J].哈尔滨工业大学学报（社会科学版），2010（3）：51-56.

② 胡正荣，李继东.我国媒介规制变迁的制度困境及其意识形态根源[J].新闻大学，2005（1）：3-8.

③ 秦汉，杨保军.我国新闻媒介体制的基本特征与可能改进方式[J].山西大学学报（哲学社会科学版），2015，38（6）：73-81.

④ 陈力丹.新中国60年：关于传媒性质的认识及新闻报道方式的变化[J].新闻与写作，2009（10）：28-30.

⑤ 丁柏铨.论改革开放以来我国新闻报道的嬗变[J].现代传播（中国传媒大学学报），2010（7）：28-32.

⑥ 杨保军，涂凌波.新时期中国新闻系统的结构变迁解析[J].兰州大学学报（社会科学版），2014（1）：77-84.

⑦ 李良荣.艰难的转身：从宣传本位到新闻本位——共和国60年新闻媒体[J].国际新闻界，2009（9）：6-12.

媒体转型，但是近年来媒体融合的"加速"具有自上而下、媒介制度驱动的特性。有学者指出，中国当前的"媒介融合"是在中国传媒改革"微观改革、增量改革和边缘改革"为主的历史路径下的自然延伸，主导和推动者为行政力量，其目标是巩固和扩展意识形态舆论阵地。[①] 本节将具体阐述行政力量如何影响媒体融合的路径选择。其次，媒体融合的实践主体是传统主流媒体而非互联网新媒体，因而传统媒体的制度设计、体制身份、管理规范、经营策略等无不产生影响。传统媒体办新兴媒体更能回应国家对媒体功能的期待，也有利于传媒领域的稳定，其融合转型目标是要成为体制内新兴媒体。[②] 不过，我国传统媒体的机制体制架构是传统的形式，很难适应融合媒体发展的需要，因此传统媒体与新兴媒体融合的关键是机制体制的改革与创新。[③] 较多的保护制度、改制不彻底、"双重管理体制"存在的弊端等都是当前媒体融合的掣肘。[④] 最后，媒介制度作为一种结构性的力量，同样在政策、经费、资源、管理等方面为媒介融合提供了比较充分的支持，"集中力量办大事"的动员型模式会在短期内带来规模效应，一定程度上推动媒体融合的发展，当然这也容易形成一种新的"路径依赖"，值得我们特别注意。

一、制度创新与市场化改制

制度创新包含外在制度和内在管理制度两类，外在制度如审批制（市场准入制度）、主管主办制、行业管理制和属地管理制等，内在管理制度则多体现为传统媒体转企改制的市场化探索。在外在制度层面，有学者分析，严格

[①] 曾培伦. 熊彼特创新理论视阈下的中国媒介融合路径危机 [J]. 新闻大学，2017（1）：110-115，144，151.
[②] 朱鸿军. 走出结构性困境：媒体融合深层次路径探寻的一种思路 [J]. 新闻记者，2019（3）：39-44.
[③] 胡正荣. 传统媒体与新兴媒体融合的关键与路径 [J]. 新闻与写作，2015（5）：22-26.
[④] 朱鸿军，农涛. 媒体融合的关键：传媒制度的现代化 [J]. 现代传播（中国传媒大学学报），2015（7）：6-11.

的审批制（市场准入制度）、主管主办制、行业管理制、属地管理制给传统媒体带来诸多收益，再加上形同虚设的退出机制，使得传统媒体缺乏与新兴媒体融合的现实逼迫性①。但如今进入智能媒体时代，越来越多的商业性、综合性平台的出现打破了媒体的地域性分布和对地方市场的强势占有，传统媒体在媒体融合中亟待体制机制创新。因此，传统媒体如何开启转企改制、加入市场竞争，成为融合发展的关键一步。

如 2017 年正式上线运行的"四川观察"于 2022 年 1 月开启公司化运营模式，通过承接四川广播电视台的节目宣推和研发运营，有效实现了传统媒体和新媒体平台的融合共生和互促发展。如今"四川观察"已探索构建完整的互联网传播商业模式，提供了包括融媒体产品与品牌传播运营、特色 MCN 账号达人池建设、微综微剧、全域整合营销在内的全链路品牌传播服务，为媒体深度融合探索了完整的商业路径，实现了多元创收。

还有创立于 2017 年的红星新闻，由《成都商报》内部改革推出。《成都商报》在"立足纸媒，移动优先"的前提下化整为零，把纸媒部分人员以部门为单位转移到新媒体项目，融资之后将这些项目进行公司化运作、与纸媒实现切割，由此分批次建立起一个系统的新媒体矩阵，以超过 1 亿用户的影响力实现模式上的转型，在商业盈利和传播影响力上均取得较好成效。

二、融媒化组织架构改革

在体制机制的创新过程中，媒体融合还需要从顶层设计层面重构部门组织架构，实现生产部门的融媒体化，搭建全媒体指挥调度中心和传播矩阵体系。

如"四川观察"所属的四川广播电视台对台内的广播、电视等相关部门

---

① 朱鸿军，农涛. 媒体融合的关键：传媒制度的现代化［J］. 现代传播（中国传媒大学学报），2015（7）：6–11.

及资源进行全面整合，成立全媒体新闻中心、运营中心和技术中心，构建一体化的全媒体组织架构，通过电视频道一体化、渠道营销中心化和融媒生态产业化三大举措加快融合改革进程。还有云南日报报业集团坚持媒体深度融合发展，着力构建全媒体传播体系。云南日报报业集团党委统筹领导，加强全媒体指挥调度中心建设，推进"报、刊、网、端、微、号、屏"协同联动，"采、编、印、发、播、管、控"一体化运行，实现"统一策划、一次采集、多元生成、差异表达、全媒传播"①。

新疆阿克苏地区将《阿克苏日报》、地区广播电视台合并为地区融媒体中心——塔里木传媒集团，成立融媒体中心党委，任命一批年轻骨干走上领导岗位。围绕行政、采编、经营三条业务主线，下设管委会、编委会、经委会、技委会4个部门，分别负责综合服务、内容生产、营销创收、技术保障。此外，该地区融媒体搭建报纸、广播、电视、网站、微信微博、移动客户端、电子阅报屏（栏）"七位一体"的全媒体传播矩阵，重构"策、采、编、审、发、评"一体化的全媒体业务流程。由此，全媒体立体传播矩阵形成、全媒体采编指挥调度灵活，地区媒体深度融合改革试点取得突出成效②。

三、新媒体内容生产流程再造

内容生产创新是媒体融合的重心。如何在海量信息中抓取亮点信息，做好优质内容的供给者，需要媒体统筹资源，确立高效集约的融媒生产流程。项目管理制、智能媒体系统、打造核心客户端生产平台等创新举措成为主流媒体再造采编播生产流程的重要创新路径，助力提升其采编分发的时效性和针对性。

---

① 【日新论坛"专家谈"】何祖坤：履行党报职责使命 推动媒体转型升级［EB/OL］.（2022-08-19）［2023-09-18］. https://m.yunnan.cn/system/2023/08/19/032720526.shtml.
② 李振峰. 阿克苏：高质量书写媒体融合发展的时代答卷［N/OL］. 中国改革报，（2023-02-06）［2023-09-18］. http://www.cfgw.net.cn/epaper/content/202302/06/Content.55529.htm.

以我们的西部地区为例。如"四川观察"以建设内容生产平台、新闻传播平台、资源聚合平台、流量变现平台为目标，按专业化分工的思路，构建起以商务、平台、技术"三大中心"为主的支撑架构。公司内部以项目为抓手，实行项目制 OKR 管理，对项目负责人充分授权，项目负责人在权限范围内可协调调动公司各类资源①。又如，红星新闻以"红星云"融媒体平台为技术依托构建分发矩阵，应用"深度融合+人工智能"一体化智能融媒体系统，确立实时采集、编辑、审核、发布全流程。封面新闻则在全场景可视化新闻的理念支撑下，着手建立以内容科技为核心的智媒演播室支撑体系，以及在全新的分工下，确立智媒编辑部采编流程②。

四、迈向"四全媒体"结构转型

"四全媒体"建设是媒体深度融合发展的重要路径。习近平总书记强调："全媒体不断发展，出现了全程媒体、全息媒体、全员媒体、全效媒体，信息无处不在、无所不及、无人不用，导致舆论生态、媒体格局、传播方式发生深刻变化，新闻舆论工作面临新的挑战"。③"四全媒体"建设是新形势下主流媒体做好宣传思想文化工作的重要任务之一，也为推动媒体融合纵向发展提出了明确的目标。具体体现如下：

第一，全程媒体。全程媒体意味着信息传播打破时空界限，打破过往的线性传播流程。全程媒体能依托信息技术的深刻变革，改变传统的新闻生产、传播与把关流程，进而引发传播模式的变化。全程媒体发展既要优化运作机制，提升新闻生产"全程"意识，还要加快采编流程再造，实现新闻采集、生产、分发全流程的合理化布局。全程媒体同样意味着信息的随时发布，要建立符合新媒体传播规律的信息发布机制，尤其是在面对重大突发事件和热

---

① 【调研札记】四川观察：从"网红账号"到"新型全链路服务平台"[EB/OL].（2023-07-10）[2023-09-18]. https://new.qq.com/rain/a/20230710A00NRS00.
② 崔燃.从全场景可视化新闻到数字文化产业[J].传媒,2021（24）：19-21.
③ 习近平.论党的宣传思想工作[M].北京：中央文献出版社,2020：354.

点事件时，能够做到及时传播信息、引导舆论、化解舆论危机。

第二，全息媒体。全息媒体的重要功能在于搭建了场景化的信息传播模式。全息媒体意味着进一步延伸了人的感官，为受众打造了更加多元化的传播体验。这也要求主流媒体顺应互联网传播趋势，实现内容产品从可读可视到沉浸式全感官体验、从静态到动态、从一维到多维的升级，满足多终端传播和多种体验需求。当然，全息媒体还需要综合考虑需求和成本之间的关系，全息度越高，显然其获取、存储和展示的成本就越高①。全息媒体的发展对于主流媒体的融合发展来说，也是新的挑战与机遇。

第三，全员媒体。全员媒体意味着融媒体生产中的全员参与、全员触达、全员互动。毛泽东同志提出"开门办报"的重要思想，"我们的报纸也要靠大家来办，靠全体人民群众来办，靠全党来办，而不能只靠少数人关起门来办"②，其中就蕴含着全员参与新闻生产的理念。由此可见，全员媒体不仅符合了融合发展的需要，更传承了我国新闻媒体的优良传统。全员媒体意味着媒体融合发展应当注重"开门办报"，在融合新闻生产中广泛吸纳人民群众的传播力量。与此同时，群众协同参与社会治理是推动社会治理能力的重要路径，全员媒体意味着搭建政府与群众之间的有效对话渠道和平台，有利于政府及时了解群众的诉求，推动政府工作的改进。

第四，全效媒体。全效媒体体现在全环节提升生产效率、全流程把握传播效果、全方位提升传播效能和全平台实现服务效用四个方面。全效媒体意味着媒体必须有效整合既有资源，实现集约式传播。于主流媒体而言，新闻宣传工作需要提高精准度和有效性，打造完善的垂直传播流程，实现精准分发、有效传播。全效媒体要求把受众分析放在更重要的位置，从受众的需要出发，满足受众需求又引导受众，降低用户使用的疲惫感，提升其转换效能。③

---

① 沈正赋."四全媒体"框架下新闻生产与传播机制的重构［J］.现代传播（中国传媒大学学报），2019，41（3）：8-14.

② 毛泽东选集［M］.北京：人民出版社，1991：1318-1319.

③ 沈阳."四全"媒体的新内涵与技术新要求［J］.青年记者，2019（7）：29-30.

第三节 关系调整：媒体融合的理念变迁

一、行政力量作为媒体融合的主要动力与制度保障

自 2014 年中央全面深化改革领导小组第四次会议审议通过了《关于推动传统媒体和新兴媒体融合发展的指导意见》以来，推动传统媒体与新兴媒体融合发展成为一项自上而下的国家战略。习近平总书记多次就推动媒体融合发展作出深刻阐述，强调融合发展关键在融为一体、合而为一，要尽快从相"加"阶段迈向相"融"阶段，着力打造一批新型主流媒体。2019 年 1 月 25 日，在十九届中央政治局第十二次集体学习时，习近平总书记发表重要讲话，要求加快构建融为一体、合而为一的全媒体传播格局，各级党委和政府要从政策、资金、人才等方面加大对媒体融合发展的支持力度。①

从中央出台决策到地方执行决策，各个省市县的报纸、广电等传统媒体纷纷启动或者加快媒体融合的进程。这一方面是贯彻中央关于媒体融合的政策要求，另一方面也是出于地方政府加强新闻舆论工作和地方社会管理的需求。以湖北省的长江云新媒体平台为例，正是在这一背景下该平台正式"上线"。2016 年 2 月，湖北省召开省委常委会经研究决定，以湖北广播电视台长江云新媒体平台为基础，加快建设覆盖全省、功能完备、互联互通、运行通畅的长江云移动政务新媒体平台。同年 4 月，湖北省委办公厅和省政府办公厅印发了《长江云平台建设方案》，建设"长江云"平台升级为省级战略。随后，湖北省委要求全省各级党委从落实意识形态主体的责任出发，高度重视

---

① 习近平.加快推动媒体融合发展 构建全媒体传播格局［J］.共产党员，2019（7）：4-5.

长江云建设,"长江云"平台的建设成为各地的"一把手工程"。①

尽管面对新媒体带来的冲击,传统媒体面临着发行量、收视率、收听率、广告份额的下降,但是在省级媒体的融合转型设计中,经济效益并非其首要的压力来源和融合目标。笔者深度访谈时发现,"长江云"起步时主要由政府财政拨款以及集团内部"输血",没有硬性的盈利任务,其发展目标更多的是将平台做大做强,建设新型主流媒体。同样,在上海《东方早报》转型为澎湃新闻的案例中,政府引入了强大的国有资本对澎湃新闻进行注资,从资本上充分保障主流媒体的转型,避免因其参与激烈的互联网市场竞争而导致转型失败。这些案例说明,由行政力量推动的媒体融合至少在当前阶段得到一定程度上的制度保障。在媒体融合的两种逻辑和路径——市场手段进行转型与行政手段完成融合之中②,后一种逻辑同样影响了其转型的路径选择。

二、政务服务功能作为在地化的融合路径选择

在我国的媒介制度中,实行的是中央、省、市、县"四级办媒体"的制度设计。1996年后开启广播电视台集团化改革后,各地广电台陆续实施制播分离、三网融合、台网融合等发展举措。近年来,省级电视台的两极分化日益明显——"一线"广电集团拉开了与其他省市广电台的资源差距。省级广播电视台作为省级党委政府的"喉舌",更应成为宣传政策方针的"排头兵",其扮演的角色亦是地方政府了解社情民意的"桥梁"。

与此同时,我国互联网经过三十年的发展,已经形成一个庞大的网络舆论场,并对省级媒体的功能产生了较深的影响。由于舆论场域的变化,如何打通官方和民间两个舆论场,成为我国从中央媒体到地方媒体的一大难题。媒体融合因而成为地方政府通过互联网了解民意、引导舆论的契机。将传统的广电台和纸媒转型为新的融合平台,继续发挥传统媒体的新闻宣传功能,

---

① 张建红.平台再造,开创区域融合新生态:以"长江云"平台的实践为例[J].新闻与写作,2016(10):11-14.
② 李良荣,方师师.网络空间导论[M].上海:复旦大学出版社,2018:71.

为地方政府的社会治理服务，成为地方推动媒体融合的主要目标。同样以长江云新媒体平台为案例，可以发现与其他的媒体融合产品不同，政务服务功能是长江云新媒体平台的一大特点。通过长江云新媒体平台，可以构建党政部门权威信息发布、老百姓"办事"和"问政"双向互动的移动平台。①

媒介融合早期，电视台对媒介融合的理解停留在内容数字化和建立网站、客户端上，所做的工作只是内容搬运。②直到今天，很多媒介融合的研究关注点还是在新闻信息的供给上。然而，调研发现，在我国省级广电台的媒介融合中，开发政务服务功能是一种在地化的路径选择，具有一定的差异化竞争色彩。一方面，通过政务功能来帮助地方政府部门提高政府信息化水平，能解决政府网站信息更新较慢、维护管理滞后、信息服务功能较弱、网页版已无法适应移动用户的需求等问题，同时能缓解地方政府在信息化建设的人力、物力、财力等方面的压力。另一方面，传统媒体在转型中面临的竞争很激烈，但是政务领域成为一个"风口"和一个需求较大的市场，这恰好是传统媒体的独家资源与优势所在。③当然，这并不是说新闻信息的传播不重要，新闻功能仍然是媒体融合中重要的一部分，因为事关意识形态和新闻舆论的阵地。调研发现，诸如"长江云"这样的媒体融合平台和其子频道会滚动发布国内外及本地的新闻宣传稿件，遇到重大突发事件和主题宣传报道活动，其融媒体新闻中心还会从集团抽调人员组成融媒体报道小组。

三、融合过程中的媒介技术、组织和用户

媒体融合表面上是处理传统媒体与新媒体之间的关系，实际上要处理的还包括媒体内部、传统媒介技术与新技术、融合平台与用户之间复杂而微妙的关系。理顺这些关系是平台型媒体建设的关键。正如有学者指出，平台不

---

① 张建红.移动优先智能驱动构建区域性主流媒体新生态[J].新闻战线，2017（17）：53-54.
② QUINN S. Convergence's fundamental question[J]. Journalism studies，2005，6（1）：29-38.
③ 顾洁，史劢翔.共享与共赢：湖北"长江云"媒体融合转型的坚守与创新——张建红副台长访谈录[J].中国新闻传播研究，2018（1）：3-12.

是各种产品的集合，而是以用户为核心、围绕用户需求建立的有机体系。① 无论是新闻、政务还是服务，媒体融合的终极目标是建立与用户的"强关系"，最终留住用户。

首先，媒体内部主要是"母体"与"子体"之间的关系。成立融媒体新闻中心，采用"总体策划，一次采集，多次生成，多元传播"等思路，就是在处理融合过程中"统"与"分"的关系，媒体内部需要在统合资源、移动优先的同时，保持个性和核心竞争力。从传统媒体这一"母体"中形成的新媒体平台"子体"，需要在资源、经费、人才、内容上"继承"新媒体，但又必须解决传统媒体中各个部门条块分割、各自为战的栏目化管理模式②，协调新媒体平台与各个频道之间的利益关系。相关研究发现，媒介融合更容易发生在新闻业内部而非外部，融合实践的关系结构不合理以及缺乏明确的商业模式都是主要的问题。③

其次，在处理与新技术之间的关系上，"借船出海"还是"自建炉灶"成为传统媒体在媒体融合时最为头疼的问题。其背后还是新媒介技术的采用和成本的问题。作为媒体融合"产物"，"两微一端"、H5等只是嫁接了新的技术手段，而非真正改变了传统媒体的技术架构。如调研发现，"长江云"新媒体平台与互联网技术公司合作，采用云服务技术，搭建了一个基于云技术的快速"复制"的融媒体平台，前期投入较大，是一种"自建炉灶"的方式。这一做法可以将后台的数据储存在专门的服务器中，而不是第三方技术平台，保证主流媒体拥有对数据的所有权和使用权，并且提高了平台的安全性能。当然，技术的持续投入、技术的更新以及怎样充分利用后台的大数据等问题依然需要探索。

---

① 彭兰.移动媒体的创新线索与发展趋向[M]//官建文，唐胜宏，许丹丹.移动互联网蓝皮书：中国移动互联网发展报告（2015）.北京：社会科学文献出版社，2015：22-40.
② 曾晶.电视新闻生产的"大编辑部"模式：运行中的问题及对策[J].新闻大学，2006（4）：54-58.
③ 王辰瑶.新闻融合的创新困境：对中外77个新闻业融合案例研究的再考察[J].南京社会科学，2018（11）：99-108.

最后，在融合平台与用户的关系上，社群关系的构建至关重要。调研发现，在受众的政务需求方面，"长江云"新媒体平台的发布的政务信息和"一键问政"具有权威性，能够抓住有政务需求的用户。在受众的信息需求方面，该平台的新闻信息覆盖面广，但还要增强精品内容资源，让受众在最短的时间内获取最有价值的信息。实际上，新媒体环境下电视拥有两大核心竞争力——视听信息的采集加工能力和媒介品牌的权威性。[1] 传统广电在媒体融合过程中，应该充分利用"母体"的视听产品资源、视听内容采集的专业优势和广电品牌的权威性优势。此外，在受众的社会心理需求层面，社交需求和参与需求是用户使用融媒体平台的基本动力，应当加强社群的设计、加深用户和用户之间的连接以及鼓励用户进行社群参与。

四、优化媒体深度融合的体制机制

首先，在融合的体制机制层面，实施顶层重构、流程再造，需要进一步破解当前制约主流媒体融合发展的体制机制障碍。有研究指出，审批制、主管主办制、属地管理制、行业管理制构成了该制度的主体，这四大制度不仅是造成传媒市场条块分割、制约传统媒体发展的痼疾，更成为媒体融合顺利开展的掣肘。[2] 在媒体融合发展顶层设计中，首先要转变观念，适应新媒体发展规则，理顺融合发展的体制机制，依托政府的支持和内容质量的优势开辟融合路径，打造好融合平台建设并实现内容生产的流程再造。传统主流媒体需要适应数字媒介逻辑所强调的开放和连接，即以开放的逻辑探索与外界资源的互补与融合。[3]

其次，在媒体管理层面，要打破内部分工隔膜，向融合管理迈进。"中央厨房"的模式在一定程度上重塑了媒体的生产模式，打破了既有的媒体分

---

[1] 周勇.电视会终结吗？——新媒体时代电视传播模式的颠覆与重构[J].国际新闻界，2011，33（2）：55-59.
[2] 朱鸿军.走出结构性困境：媒体融合深层次路径探寻的一种思路[J].新闻记者，2019（3）：39-44.
[3] 喻国明，耿晓梦."深度媒介化"：媒介业的生态格局、价值重心与核心资源[J].新闻与传播研究，2021，28（12）：76-91，127-128.

工流程。融合报道强调"一次采编、多次分发",也改变了传统的新闻生产流程和模式。媒体内部针对新型的生产采编流程重新配置资源、整合人才队伍,实现了多部门、多工种的协同合作。随着全媒体的发展,媒体业务的"分业经营"已经被打破,条块分割的"分业管理"模式在未来也会被打破,亟须迈向融合管理阶段。在具体操作层面,要实现流程再造与业务链条的变革,同时推进管理体制的变革和创新。

最后,在媒体运营层面,要推动"点式融合"向"面式融合"演进。当前,各地方主流媒体大多已建成各具特点的融媒体中心。以融媒体中心为依托带动资源整合和流程再造,打造更加适应媒体融合发展和全媒体传播的组织架构和运行机制,这是目前媒体融合发展常用的模式。但从实践效果来看,一些融媒体中心尚未有效整合全媒体业务,不同媒介形态的业务间还需要加强互联互通、协同发展。更高效的媒介资源整合以及媒体运营需要不同媒体之间真正实现融合。此外,还应该加强人才队伍建设。在媒体融合战略下,应该加强人才造血机制,努力培养全媒型、复合型的新闻传播人才。

第四节　行动主体:媒体融合的人才队伍建设

人才是第一资源。培养全媒体人才队伍是媒体融合建设中的关键环节,也是实现融合创新突破的根本抓手[①]。在媒体融合进程中,需要通过创新选拔考核体系,搭建全媒体记者队伍,联动高校做好人才梯队建设,探索激活人才队伍能力提升的路径。本节主要对我国西部地区媒体融合的经验案例展开一定的分析。

一、创新选拔考核制度

传统媒体推进媒体深度融合发展,需要打破编制壁垒,通过竞聘双选、

---

① 黄楚新,贺文文,任博文.激活与探索:我国西北五省区地市级广电媒体融合发展状况[J].传媒,2022(17):26-30.

精准考核等举措激发人才主动转型，如"四川观察"在公司化改革后，按专业化分工运行，逐步建立起较为完备的人事、薪酬、行政、财务等方面的管理和考核制度，在推动业务快速发展的同时，确保运行更加规范。

2022年1月，新疆阿克苏地区挂牌成立阿克苏地区融媒体中心，同步组建塔里木传媒集团，成为全疆第一个地市级融媒体中心和地市级传媒集团。在选拔考核机制上，阿克苏融媒体中心将生产经营、聘用人员统一纳入塔里木传媒集团管理，打破事业编制与聘用人员身份界限，所有人员进行内部双向竞聘上岗，做到以岗定薪、同工同酬、绩效管理、以效取酬。还同步出台融媒体中心绩效考核方案，根据不同岗位特点和工作难度、强度等确定岗位绩效指数，打破了"论资排辈"的选任干部模式，最大限度激发了融合创新发展潜能。①

二、全媒体人才队伍建设

媒体融合向纵深发展，最缺乏的资源就是全媒体人才。所谓全媒体人才，指的是具有互联网思维，具备全媒体创意、生产、传播、运营、管理等相关能力，胜任全媒体流程与平台建设、全媒体业态与生态发展要求的专门人才。培养全媒体人才需要根据全媒体不同类型的能力模型，确定相适应的培养模式和培养路径②，主要有引进全媒体人才、提供全媒体记者在职培训与实践、联动高等院校合作培育全媒体人才等途径。

（一）技术驱动与技能培训：组建融媒型人才团队

在全场景可视化新闻的理念下，封面新闻在转型中开启全员视频化转型，构建5G时代内容科技人才团队，包括懂视频的记者，懂拍客与爆料运营的编辑和懂三维、平面特效、VR技术的技术人才。同时，封面传媒提出衔接型人

---

① 在全疆率先实现"三个第一"，"阿克苏融媒体中心"凭什么？［EB/OL］.（2023-05-29）［2023-09-18］. https://www.sarft.net/a/214982.aspx.
② 胡正荣专栏｜媒体深度融合 全媒体人才如何培养？［EB/OL］.（2020-09-03）［2023-09-18］. https://www.thepaper.cn/newsDetail_forward_9024850.

才建设,包括解决方案专家、数字策展人等全新的岗位,在云端展览、云端发布等项目中,为统合传媒和互联网科技提供整合服务,以形成"科技+传媒+文化"的合力[1]。

新疆阿克苏融媒体中心则实施引进培养全媒人才计划,放宽优秀人才引进的学历、年龄等方面的限制条件,引进了一批提笔能写、举机能拍,能策划、会编辑的融媒型人才。其采取"请进来"和"走出去"的方式,与浙江广电集团、新疆报业集团、浙江传媒学院、郑州大学等媒体和高校合作,加大对采编人员全媒体理念培养和技能培训的力度,全面提升人才队伍的能力素质。

(二)联动高校做好人才梯队建设

在全媒体人才尤其是后备人才建设中,媒体应与高等院校开展合作,通过建设工作坊、融媒学院以及智库研究院等形式,利用高校科教与人才资源,发挥媒体自身的传播优势和组织优势,实现优势互补和资源共享。

如"四川观察"通过建立专业化的组织构架为青年媒体人提供了更好的创新空间,同时为激励、支持骨干团队培养人才,与中国人民大学合作建成国际传播工作坊,成立了新媒体运营产业学院,从而实现了人才的阶梯培养,为探索互联网打开了新视野[2]。

还有,云南日报报业集团建设云南省媒体融合重点实验室,与云南省内高校共建融媒体学院,聚焦全媒型、复合型、应用型传媒人才的实践能力培养,创新具有全媒体时代特色的新型教育模式。目前,云南日报报业集团已分别与云南大学、云南师范大学、昆明理工大学、云南民族大学挂牌成立了4家融媒学院,并先后成立了云报集团培训中心、集团技能鉴定中心,培训从业人员[3]。

---

[1] 崔燃.从全场景可视化新闻到数字文化产业[J].传媒,2021(24):19-21.
[2]【调研札记】四川观察:从"网红账号"到"新型全链路服务平台"[EB/OL].(2023-07-10)[2023-09-18].https://new.qq.com/rain/a/20230710A00NRS00.
[3] 云南省媒体融合重点实验室:加快转化运用 赋能国际传播[EB/OL].(2023-06-02)[2023-09-18].https://new.qq.com/rain/a/20230602A02OMA00.html.

在西部省份中，中共陕西省委当代陕西杂志社与西安交通大学共同建立了当代融媒体研究院。研究院充分发挥高校和媒体的优势，围绕融媒体研发及成果转化、人才培养培训、智库内容发布等方面进行创新探索，以此来推动高校新闻传媒专业建设和陕西融媒体事业产业发展。2023年4月，西安交通大学新闻与新媒体学院和陕西网签订校企合作协议并揭牌"大学生校外实习实训基地"，在专业建设、育人模式、人才培训、科研项目联合攻关等方面开展了深度合作，走出了一条产学研合作创新发展新路①。

第五节　超越路径依赖：推进媒体深度融合

当然，并非所有的传统媒体都采用完全一样的转型路径，但是从总体上看，它们仍具有一定的相似性。因此，我们要特别注意媒体融合过程中可能或已经出现的"路径依赖"问题。

"路径依赖"（path dependency）最早出现在技术演化的研究中，用以揭示新技术一旦被使用就会带来某种惯性，从而淘汰那些可能更具效率的技术。著名制度经济学家道格拉斯·C.诺斯（Douglass C.Noth）将其引入对制度变迁的讨论中，他指出制度变迁同样存在自我强化机制，会产生路径依赖，即一些微小事件的结果以及机会环境能决定一条特定的路径，尤其在市场不完全、信息反馈断断续续、交易费用十分高昂的情况下，制度建设的路径依赖是比较显著的。②我国经济学家吴敬琏认为，改革过程中出现路径依赖现象是不言而喻的，关键是决策时既要关注长远影响又要密切观察，如果发现了路径偏离，要尽快采取措施加以纠正。③

回顾历史不难发现，互联网兴起之初，一些传统媒体就开始引入互联网

---

① 新闻与新媒体学院与陕西网签订校企合作协议并揭牌"大学生校外实习实训基地"［EB/OL］.（2023-04-06）［2023-09-18］. http: //news.xjtu.edu.cn/info/1219/194027.htm.
② 诺斯.制度、制度变迁与经济绩效［M］.杭州，译.上海：格致出版社，2008：128-132.
③ 吴敬琏.路径依赖与中国改革：对诺斯教授演讲的评论［J］.改革，1995（3）：57-59.

新媒体技术创建网络社区、网站、博客等。这正是我国媒介制度变革过程中观念、机制、业务等方面的创新路径。在一定的历史时期，传统媒体创办的新闻网站、BBS 社区等实现了初始的功能，但也形成路径依赖，这些前社交媒体时代的产品有的延续至今。有研究亦指出，媒体融合中存在延续传统媒体的惯性思维、播出内容平移、系统分块切割、安于自给自足的"路径依赖"。① 针对媒体融合中存在的问题，有学者批评道，从最初的对内容生产环节和资源整合的讨论，到在媒介产业层面的讨论，都还是站在媒介组织边界内来理解的，是一种线性式的、封闭式的、以大众媒介机构为依据的讨论，视野狭窄。② 还有学者直言不讳地指出，互联网本身就是一个"融合媒体"，业界所谈的"媒体融合"，如果意指将互联网"融合"进传统媒体，实际上是一个伪命题。③

从媒介制度的视角分析，可以发现这样一种媒体融合的路径选择：自上而下的行政力量以及地方党委和政府的支持是媒体融合转型的主要动力。行政力量的支持提供了政策、资金、人才等保障措施，一定程度上缓解了传统媒体转型过程中面对的市场竞争压力；随着舆论场的重心转移到互联网，地方政府及相关部门需要通过新型的融媒体平台从互联网上了解社情民意，因而除了新闻宣传的职责与功能，政务服务、舆情监测、辅助地方社会治理等成为融合媒体平台的重要职能；在技术融合、组织融合、内容融合、用户融合等方面，传统媒体在融合过程中要协调处理多重关系，每一个决策（如媒介技术选择）都会对后来的媒体融合过程产生深远影响。

制度在产生路径依赖的同时，存在着路径创造或路径突破的可能性，如多重路径依赖理论就基于多重连接关系的制度网络结构，拓展了路径依赖理论，并使路径创造成为可能。④ 简言之，制度变迁过程中可以先通过路径依

---

① 朱剑飞，胡玮. 唯改革创新者胜：再论媒体融合的发展瓶颈与路径依赖［J］. 现代传播（中国传媒大学学报），2016，38（9）：1-9.
② 黄旦，李暄. 从业态转向社会形态：媒介融合再理解［J］. 现代传播（中国传媒大学学报），2016，38（1）：13-20.
③ 李良荣，周宽玮. 媒体融合：老套路和新探索［J］. 新闻记者，2014（8）：16-20.
④ 时晓虹，耿刚德，李怀."路径依赖"理论新解［J］. 经济学家，2014（6）：53-64.

赖进行局部调整，然后通过制度网络中其他因素的作用，超越路径依赖可能带来的负面效应，从而实现真正的路径创新。在媒体融合过程中，超越路径依赖的这一思路与丹麦著名学者克劳斯·布鲁恩·延森（Klaus Brahn Jensen）关于媒介融合的看法不谋而合。

延森指出媒介分为三个维度：第一维度是人的身体，是面对面交流活动得以实现的物质平台；第二维度是大众传播的技术性生产手段，以模拟信号、复制为特征；第三维度是数字技术，催生了一对一、一对多、多对多的网络化交流与传播活动。延森把第三维度的数字媒介当作"元技术"，整合了之前所有交流媒介的特征。[1] 按照延森的划分，报纸、广播、电视都属于第二维度的媒介，因此，媒介融合其实就是从第二维度到第三维度的媒介转换问题，要从数字媒介这一"元技术"来思考融合的介质、话语、体裁、形式以及媒介制度。这被称为社会形态意义上的"媒介融合"，媒介机构就是网络中的一个节点式渠道、一个平台，最大可能是像"水利枢纽"一样发挥自己的汇流、储存、归整、分流和转输的作用。[2]

媒体融合要超越"路径依赖"，走向真正的深度融合，需要从根本上思考和运用数字媒介这一"元技术"。在报纸、广播、电视转型为数字媒介的过程中，媒介制度作为一种结构性力量，会对转型过程产生不可忽视的作用，并进而形成一种路径依赖。在媒体融合的路径选择中，那些具有创新性的、可持续的、特色鲜明的决策当然需要延续，而那些比较落后的、体制成本[3]高的、长期收益小于短期受益的决策，会成为未来媒体融合的障碍，需要决策部门和执行机构勇于改革、大胆破除之。一方面，超越路径依赖需要利用制度网络中其他的节点因素，尤其是从"元技术"和社会维度来进行融合的路

---

[1] 延森.媒介融合：网络传播、大众传播和人际传播的三重维度[M].刘君，译.上海：复旦大学出版社，2012：67-74.

[2] 黄旦，李暄.从业态转向社会形态：媒介融合再理解[J].现代传播（中国传媒大学学报），2016，38（1）：13-20.

[3] 注：周其仁提出"体制成本"这一概念，"体制是成体系的制度安排。举凡体制确立、运行与改变所耗费的资源，即为体制成本"，他认为体制成本的降低是中国经济高速增长的重要原因。参见周其仁.产权与中国变革[M].北京：北京大学出版社，2017：261-281.

径创造。另一方面,观念的创新也至关重要,正如诺斯所言,"行为人的观念在制度中所发挥的作用,要比其在技术变迁中所发挥的作用更为重要,因为意识形态信念影响着决定选择的主观构念模型"[①]。超越媒体融合的路径依赖,从观念到技术、内容到平台、机制到人才实现全方面的、整体的创新,是媒体融合发展的未来图景。

---

① 诺斯.制度、制度变迁与经济绩效[M].杭行,译.上海:格致出版社,2008:142.

第五章　媒介实践与中国式现代化：构建理论框架*

引　言　现代化进程中媒介与国家、社会之关系

一般认为，从传统社会到现代社会的转型过程中，现代媒介体系的发展至关重要，并在推动现代化进程中发挥重要作用。20世纪初，关于欧美国家的现代化进程中大众媒介所扮演的角色与功能问题，芝加哥学派认为传播是人类关系的本质，社会就是在传递中、在沟通中才存在的，并开创了大众传播研究的先河。罗伯特·E.帕克（Robert E.Park）则把报纸看作"社会控制的一个机关"[①]。20世纪40年代，哥伦比亚学派代表人物保罗·F.拉扎斯菲尔德（Paul F.Lazarsfeld）与默顿（Robert K.Merton）指出，媒介的功能主要包括赋予社会地位、巩固社会规范和麻醉负功能，他们还批判地指出媒介不断地巩固而非改变社会经济现状和社会文化结构。[②] 纵观20世纪上半叶的大众传播

---

* 本章主要内容分别原载于：涂凌波，王子薇.中国式现代化与媒介发展：建构新闻传播学自主知识体系的实践基础［J］.新闻与写作，2023（3）：24-33；涂凌波，张天放."媒介—国家能力"与中国式现代化：一个理论分析框架［J］.新闻大学，2023（11）：26-40，119-120。收入本书时，略有删改。

① 帕克.移民报刊及其控制［M］.陈静静，展江，译.北京：中国人民大学出版社，2011：302.
② LAZARSFELD P F, MERTON R K. Mass communication, popular taste, and organized social action from the communication of ideas（1948）［M］//PETERS D, SIMONSON P. Mass communication and american social thought key texts, 1919–1968. Lanham：Rowman & Littlefield Publishers, Inc., 2004：230–241.

研究，对媒介与社会之间的关系的分析主要采用结构功能主义的视角，而缺乏关于国家问题的讨论。

20世纪50年代发展传播学兴起，学界一定程度上关注到大众传播中的国家角色问题，然而关于媒介与国家的关系讨论仍然是粗疏的。丹尼尔·勒纳（Daniel Lerner）总结了一套线性的媒介与现代化模型，即城市化（urbanization）—识字率（literacy）—媒介参与（media participation）[1]。美国"传播学之父"威尔伯·施拉姆（Wilbur Schramm）则指出加速经济发展需要社会变革的支撑，而媒介可以为社会变革所需要的人力资源提供基础[2]。

进入20世纪70年代，传统的发展传播学受到质疑。首先，现代化范式（或主导范式）强调改造人的态度和行为、塑造现代人格（modern personality），这一套西式现代性的扩散模式与发展中国家的现状以及人民的价值观念格格不入[3]。其次，现代化对于国家和社会具有系统性的影响，但是发展传播学忽视了媒介现代化的社会协同性和外部性问题。发展传播学片面地追求从"人的现代"到"社会的现代"的社会变革，而忽视了发展中国家现代化的前提——一个为社会变革提供稳定和安全环境的国家。

西方现代化的历史逻辑悬置了发展中国家现代化过程中复杂而多元的国家构建（state building）问题，无法有效解释和回应广大发展中国家遭遇的挑战，因而往往陷入理论与实践的双重困境。进一步看，媒介发展在现代化过程中究竟发挥怎样的作用，不同的现代化模式和媒介发展路径之间是怎样的关系[4]，西方的媒介与社会、国家之间的关系是否具有所谓的普遍意

---

[1] LERNER D. The passing of traditional society: modernizing the middle east [M]. New York: The Free Press, 1958: 61-63.
[2] 施拉姆.大众传播媒介与社会发展[M].金燕宁，蒋千红，朱剑红，译.北京：华夏出版社，1990：27-28.
[3] SPARKS C. Development, globalization and the mass media [M]. California: Sage, 2007: 39-40.
[4] 涂凌波，王子薇.中国式现代化与媒介发展：建构新闻传播学自主知识体系的实践基础[J].新闻与写作，2023（3）：24-33.

义，这些问题都需要重新思考和回答。台湾知名学者金耀基曾指出，虽然现代化是全球化的共性现象，但是共性未必是"同一性"，而是需要探索现代的"多元性"①。

在现代化道路上中国面临的发展问题既有西方社会现代化过程中所普遍面临的问题，也有中国面对的独特问题，如人口规模巨大、跨越式发展和发展阶段叠加、巨大的社会变迁和人口流动、传统文明的接续与"再造"、社会的改革发展与稳定、城乡差异和地区差异等。党的二十大报告提出，中国式现代化是中国共产党领导的社会主义现代化，既有各国现代化的共同特征，更有基于自己国情的中国特色，是人口规模巨大、全体人民共同富裕、物质文明和精神文明相协调、人与自然和谐共生、走和平发展道路的现代化②。中国式现代化在几十年内实现了政治、经济、社会的跨越式发展，迄今为止关于现代化的理论都难以准确解释中国式现代化实践③。显然，基于西方现代化（主要是欧美现代化经验）发展起来的西方传播理论、新闻理论或者媒介理论，都无法完整地对中国式现代化进程中的媒介与社会、国家之间的关系作出充分的解释。

从知识体系演进和发展规律来看，中国共产党领导人民成功走出中国式现代化道路，创造了人类文明新形态，对构建中国当代知识体系提出了现实要求，中国当代知识体系的构建势在必行④。将中国的媒介实践与社会发展过程置于中国式现代化发展历程中进行考察，不仅可以有效地解释中国媒介形态的历史形成，而且可以超越发展传播学片面的、单一的视野，为建构一种新的媒介与发展传播类型学、建构新闻传播学自主知识体系提供一定的参照。

---

① 金耀基. 论中国的"现代化"与"现代性"：中国现代的文明秩序的建构[J]. 北京大学学报（哲学社会科学版），1996（1）：27-34，134.
② 习近平. 高举中国特色社会主义伟大旗帜 为全面建设社会主义现代化国家而团结奋斗：在中国共产党第二十次全国代表大会上的报告[N]. 人民日报，2022-10-26（1）.
③ 李培林. 中国式现代化和新发展社会学[J]. 中国社会科学，2021（12）：4-21，199.
④ 翟锦程. 中国当代知识体系构建的基础与途径[J]. 中国社会科学，2022（11）：145-164，207.

第一节　发展传播学的范式及其超越

一、发展传播学的旧范式

历史地看，在文艺复兴、启蒙运动和工业革命等力量的推动下，欧美国家开启了从传统社会迈向现代社会的现代化（modernization）的进程。20世纪上半叶，以美国社会学芝加哥学派为代表的西方社会学者关注城市发展与媒介发展之间的关系，研究现代化转型时期的大众传播与工业化、都市化、移民等社会问题。第二次世界大战后，发展传播学兴起，聚焦传播技术对于国家和社会现代化发展的影响。丹尼尔·勒纳在针对中东地区的分析中提出，第三世界国家的现代化的困境在于未拥有先进的科学技术和与之相应的思想，反而陷入一种"民族优越感"（ethnocentric predicament）的困境。勒纳认为，现代性首先是一种思想状态——对成长倾向、准备接受自身的转变的期待，它要求去宗教化（去迷信）、城市化、工业化以及公民参与[1]。

正如其他发展传播学学者所谈到的，虽然"西方模式"在历史上是"西方的"，但在社会层面上是全球的。在这个意义上，为了更好地运作西方模式，第三世界国家必须从民族优越感的限制中解放出来，就如苏联和日本选择的社会现代化路径一样，相同的基础模式出现在全世界范围内的现代化社会中，而不论种族、肤色和宗教信仰。媒介在其中的作用就是在更广泛的范围内扩散现代化的经验，由此改变人们落后的思想，构建共同体意识。这种依附于技术的发展观念背后是来自西方的意识形态，勒纳认为"想要现代的

---

[1] LERNER D. The passing of traditional society: modernizing the middle east [M]. New York: The Free Press, 1958: 7-8.

体制，但是不要西方的意识形态……想要现代的经济，却不要现代的银行"是行不通的，并举例不论是欧洲、美国、俄罗斯还是日本，他们都有确定的在行为上和体制上的趋同的（强制）措施①。施拉姆在1964年发表的《大众传播媒介与社会发展》中也提出，当大众媒介在为国家发展服务时，就成为社会变革的代言者，大众媒介扩大了现代化社会生活经验，使其传播范围加大，帮助社会向新的风俗行为、新的社会关系过渡，其中就涉及观念、信仰、技术以及社会规范的实质性变化②。具体而言，他认为大众传媒具有告知、决策和教育三个任务③。发展中国家要最大化享受到现代化带来的益处，就需要学会并利用大众传播媒介。

二、发展传播学的新范式

20世纪70年代，随着第三世界国家的崛起、世界能源危机以及对发展中国家平等/分配问题的关注，罗杰斯（E.M.Rogers）等人开始重新思考媒介在发展中国家中扮演的角色，以及究竟何为发展的问题④。学者们分析在拉丁美洲、非洲、亚洲和其他国家对美国的传播模式进行实践经验时发现，关于创新传播的研究在发展中国家的扩散结果往往并不与美国一样。与20世纪70年代之前不同，许多发展理论家开始认为每个国家都将以自己的方式发展，而不太可能明确预估其发展的确切方向。传播学者们在实地研究中显然也注意到这套源于西方现代化模板的适用性危机，如施拉姆就指出在现代经验扩散时，"本地化"传播经验的重要性，并认为大众媒介在一些情况下起到的作

---

① LERNER D. The passing of traditional society: modernizing the middle east [M]. New York: The Free Press, 1958: 9.
② 施拉姆.大众传播媒介与社会发展 [M].金燕宁，蒋千红，朱剑红，译.北京：华夏出版社，1990：121.
③ 施拉姆.大众传播媒介与社会发展 [M].金燕宁，蒋千红，朱剑红，译.北京：华夏出版社，1990：132-133.
④ ROGERS E M. New perspectives on communication and development: overview [J]. Communication research, 1976, 3 (2): 99-106.

用仅仅是辅助性的①。罗杰斯也提出，发展传播学对于媒体在缩小社会经济优势群体和弱势群体之间的差距方面的作用讨论较少，所以发展理论和实践应该更加关注发展后果的分配，以及大众媒体运动和政府变革推动者对平等的影响②。

然而，总体上，发展传播学仍然缺乏对于第三世界国家贫困的根本结构性原因的反思，是一种"西方中心主义"的发展主义，以"西方的现代化"为普世模板，同时具有技术中心主义色彩。因此，近年来发展传播学研究开始不再对经济增长过度关注，转而批判单向的、线性的现代化，并持有具体问题具体分析的态度，强调文化与身份、本地社群的重要性，重视参与和对话，并围绕信息技术扩散结果的不平等问题展开研究。

更激烈的批判来自传播政治经济学对现代性和现代化本身的反思。传播政治经济学批判发展传播学的"现代化"范式和"技术中心主义"等理论及相关实践在第三世界失去解释力的事实③，还从帝国主义和文化霸权的角度批判"现代性"之狭窄及其背后的西方意识形态。达拉斯·斯迈思就提出，对于中国发展道路的思考和对独立自主意识的强调需要建立在为西方国家寻找"去依附之路"的现实诉求之上，在摆脱依附的过程中，需要坚持对资本主义制度在全球性扩张进行"文化甄别"④。

对于西方现代化的反思也促使学者思考现代化究竟意味着什么等重大问题。布鲁诺·拉图尔（Bruno Latour）将现代制度的特点概括为四极，即全球–地方、自然的–社会的，所有的概念资源都被他聚集到四个极端，意图揭示现代性的另一种普遍主义模型，即某一种社会（总是西方社会）能够界

---

① 施拉姆. 大众传播媒介与社会发展 [M]. 金燕宁，蒋千红，朱剑红，译. 北京：华夏出版社，1990：131.
② ROGERS E M. New perspectives on communication and development: overview [J]. Communication Research, 1976, 3（2）：99–106.
③ 史安斌，朱泓宇. 发展传播学的叙事更新与逻辑转化："传播基础设施"的概念与取向之辩 [J]. 南昌大学学报（人文社会科学版），2022（5）：77–86.
④ 赵月枝. 新时代呼唤中国传播学范式转型：兼谈斯迈思的开创性贡献 [J]. 新闻记者，2022（5）：18–23.

定自然的普遍框架，并以此框架确定他者的位置。他认为，西方人对世界的支配不仅仅是技术上的，更重要的是一直在更新的科学（观念）意义上的。时至今日，我们所拥有的科学观产生了一种绝对的支配，而这种支配原本应该是相对的，所有可能从具体情景通向普遍性的、连续的微妙路径都被上述认识论者切断，剩下的路径则与偶然性同处一侧，另一侧是必然定律。拉图尔提出，要摆脱现代悲剧就需要摒弃现代在自然和社会之间的分界，摒弃普遍性和合理性，保留"相对普遍性"和"长网络"，只有这样才能保持住地方性。他举例说明科学技术虽然整体来看是全球的，但像铁路在任何具体的地方都是地方性的。①

戴维·莫利（David Morley）在关于全球移动的研究中也提出，我们需要认识到技术并不具有内在的决定性影响，他以互联网在中国的发展为例，分析认为技术本身并没有自动和可复制的发展路线。②这一观点又与雷蒙·威廉斯（Raymond Williams）的"技术是如何被其发展的社会、法律、经济和政治环境所塑造的"这一观点类似，他们都强调要看到不同的政治、经济、文化和地理环境对技术使用的影响，进而探讨其如何形塑了媒介的发展。

总体而言，发展传播学虽然在挑战和质疑中逐渐从单向的发展主义转向关注在地性（社区）和公众参与的重要性等问题，在理论范式上有所更新③，但是仍然无法回应发展中国家在摒弃"西方模板"之后，如何构建其现代化发展路径这个开放式的命题。不可否认的是，发展传播学将媒介视为在国家现代化发展中具有基础性和工具性的角色这一观点仍具有广泛的实践意义。

---

① 拉图尔.我们从未现代过：对称性人类学论集[M].刘鹏，安涅思，译.上海：上海文艺出版社，2022：215，243，252，278.
② 王鑫.历史、语境与通路：当下媒介与传播研究的几个关键问题——对戴维·莫利教授的访谈[J].国际新闻界，2021，43（11）：130-142.
③ 注：有学者回顾20世纪70年代以来的发展传播学的学术流变，发现其关注点从传统的教育和农业转向健康、计划生育、营养、艾滋病以及环境保护上，国家作为行动主体的地位有所下降，虽然依附理论、文化帝国主义理论具有相当大的影响，但在实践中还是现代化理论和参与式理论发挥着主体作用。参见：韩鸿.发展传播学三十余年的学术流变与理论转型[J].国际新闻界，2014（7）：99-112.

然而，应当看到的是，发展路径不是单线条的，它也会受到其他力量的影响，发展传播学未能很好地回应这个问题。因此，要认识我国的媒介发展和现代化建设的关系，就需要将其放置在我国现代化实践的历史过程中加以考察，从具体情景中寻找"相对普遍性"和"长网络"，这也是我们理解中国式现代化进程中媒介与发展关系问题的理论前提。

第二节　中国式现代化的发展路径与独特的媒介实践

一、中国式现代化与"新发展社会学"

中国式现代化打破了"现代化＝西方化"的迷思，展现了现代化的另一幅图景，拓展了发展中国家走向现代化的路径选择，为人类对更好社会制度的探索提供了中国方案[①]。当前，各种关于现代化的（诞生于欧美、拉美的）理论，都很难完整概括和解释中国式现代化的历史，中国式现代化所蕴含的理论和实践价值十分深远。中国走向现代化是跨越式发展和发展阶段叠加——需要同时面对和解决农业社会、工业社会和后工业社会的发展问题，以及全球化背景和东方现代化的世界影响等问题[②]。仅从发展这一维度，即可看出中国式现代化所面对的独特问题以及在实践基础上所积累的现代化经验。

我们简要回顾中华人民共和国成立后的国家发展规划，可以加深对这一跨越式发展的认识。我国从1953年开始实行发展国民经济的第一个五年计划，考虑到当时现代工业产值在工农业产值中的比重只占43.1%，改变我国工业落后状况的任务尤为紧迫，党中央作出了优先发展重工业的决策，发挥

---

① 习近平在学习贯彻党的二十大精神研讨班开班式上发表重要讲话强调 正确理解和大力推进中国式现代化［EB/OL］.（2023-02-07）［2024-03-30］. http: //m.news.cn/2023-02/07/c_1129345744.htm.
② 李培林. 中国式现代化和新发展社会学［J］. 中国社会科学，2021（12）：4-21，199.

集中力量办大事的优越性推进国家工业化①。"一五"至"五五"计划期间，我国在汽车、机床、钢铁、油田等基础工业和国防工业建设上起步，建成了一大批骨干企业、重点项目和基础设施，整体来说是建立独立的、比较完整的工业体系的重要阶段，并明确了"工业现代化、农业现代化、国防现代化、科学技术现代化"的发展战略目标。

高质量发展是全面建设社会主义现代化国家的首要任务，也是中国式现代化的本质要求②。改革开放之初，邓小平在理论工作务虚会上就将我国现代化建设的特点总结为：第一是底子薄；第二是人口多，耕地少③。中国式现代化是从中国经济社会发展落后的实际情况出发，将发展作为解决社会转型问题的关键，作为执政兴国的第一要务。有学者指出，中国共产党的革命传统、人口众多、地域大国、乡土社会经济的底色是构成中国式现代化四个最重要的影响因素④。还有学者提出，中国式现代化是一场巨大社会变迁，突出体现为巨大人口规模的现代化，经济体制转轨（从高度集中的计划经济体制向社会主义市场经济体制的转变）和社会结构转型（农业社会、乡村社会、传统社会向工业社会、城镇社会、现代社会的转变）同时进行⑤。经过几十年来的中国式现代化建设，进入新时代后，我国加快构建新发展格局、着力推动高质量发展，"十四五"规划以推动高质量发展为战略导向，并确立了2035年远景目标是基本实现社会主义现代化，包括基本实现新型工业化、信息化、城镇化、农业现代化、建成现代化经济体系等具体目标任务。

大体上讲，中国式现代化的发展路径是在实践探索中不断形成的：一方面在工业、农业、国防、技术等领域的现代化建设吸收了西方现代化的有益经验，颇具发展主义色彩的"发展才是硬道理"这一社会共识开启了中国改

---

① 中央党史和文献研究院.中国共产党简史[M].北京：人民出版社，中共党史出版社，2021：173-175.
② 习近平.高举中国特色社会主义伟大旗帜 为全面建设社会主义现代化国家而团结奋斗：在中国共产党第二十次全国代表大会上的报告[N].人民日报，2022-10-26（1）.
③ 中共中央文献研究室.邓小平年谱：第4卷[M].北京：中央文献出版社，2020：502.
④ 应星.社会学的历史视角与中国式现代化[J].中国社会科学，2022（3）：97-111，206.
⑤ 李培林.中国式现代化和新发展社会学[J].中国社会科学，2021（12），4-21，199.

革开放大潮[①]；另一方面是形成了具有"新发展社会学"的诸多新特征的新观念，如现代化的社会转型实际是一个连续谱式的结构改进，民富国强是长期持续发展的深层动力，处理好改革、发展和稳定的关系，广泛参与基层社会治理等[②]。与"新发展社会学"的解释相类似，也有学者分析世界体系理论、新国际分工理论和调节理论等发展理论存在的西方中心论问题，指出后进国的发展模式是追赶型、反向学习的形态，形成了一种"学习型区域"[③]。

二、中国式现代化中的媒介实践

如何理解我国的媒介发展及其与中国式现代化之间的关系问题？近年来，不少学者提出从实践的视角，即用动态的关系而非静态的结构研究新闻传播活动。实践转向源自社会科学的转变，主张将科学理解为一种可见的实践过程，是各种异质性要素相互作用的结果，而非隐藏在表象之后的秩序。有学者认为还可以回溯到马克思的实践哲学，即认为全部社会生活在本质上是实践的，包括了物质实践、精神实践和交往实践的总体性实践[④]。马克思主义实践哲学所蕴含的"关系"，即互为对象是实践的本质规定，实践始终是在关系中生成而非先验的[⑤]。在媒介与传播研究中，欧洲的媒介社会学家尼克·库尔德利（Nick Couldry）借鉴社会学实践理论，提出将媒体理解为实践而非文本或生产结构的实践范式[⑥]。这里的"实践"，强调媒介作为一种"制度化"或一种社会情景的"情景化"（contextualized）路径，认为从实践视角出

---

① 赵旭东，朱天谱. 反思发展主义：基于中国城乡结构转型的分析［J］. 北方民族大学学报（哲学社会科学版），2015（1）：5-11.
② 李培林. 中国式现代化和新发展社会学［J］. 中国社会科学，2021（12）：4-21，199.
③ 王振寰. 全球化，在地化与学习型区域：理论反省与重建［M］// 贺照田. 后发展国家的现代性问题：上. 长春：吉林人民出版社，2010：98-101.
④ 王润泽. 实践转向与元问题聚焦：对新闻学知识体系创新的思考［J］. 新闻记者，2022（2）：14-19.
⑤ 叶汝贤，李惠斌. 马克思主义实践哲学的现代解读［M］. 北京：社会科学文献出版社，2006：37.
⑥ COULDRY N. Theorising media as practice［J］. Social semiotics，2004，14（2）：115-132.

发可以超越发展传播学框架中的技术决定论、西方中心主义和线性发展观等倾向。

在发展传播学的传统框架中，媒介被视为一种"工具"，媒介本身的发展也可以被分为先进和落后的大众媒介。有学者反思认为，勒纳的发展传播学属于后殖民理论，有着强烈的冷战思维，渗透着强烈的美国主流意识形态，不应成为中国传播学本土化的起点[1]。关于媒介在我国现代化发展中的角色和功能，杨保军先生指出，中国的新闻业为改革开放以及中国的现代化建设事业作出了独特贡献，突出原因是其选择了基本符合中国实际、中国诉求的新闻观念，将新闻业作为国家发展、民族振兴、人民幸福的信息、舆论和教育手段[2]。

"发展"是阐释中国式现代化进程中媒介与国家、社会、人民关系的基本落脚点，新闻观念与媒介实践的"交光互影"塑造了中国独特的又符合中国实际的媒介发展路径，形成了媒介与现代化的另一种路径——既不同于欧美国家新闻和媒介模式的"全球扩散"，也不同于斯迈思所指出的后发展国家媒介体系的"依附路径"。正如中国新闻学的实践转向是从尝试解决新闻实践史的具体问题开始的[3]，借助"实践"可以对传统新闻学研究中的一系列二元对立进行重构、逐步建构起具有时代精神和中国关怀的开放性理论体系[4]。在中国式现代化的历史实践中，不仅仅要关注媒介内容对于现代化进程的影响（这一点是以往研究尤为关注的），而且可以从工业化、城镇化、市场经济建设、信息化等现代化的基础维度出发，考察媒介发展与社会发展之间的实践关系，本章尝试初步提炼出与中国式现代化相契合的媒介发展路径。

---

[1] 胡翼青，柴菊.发展传播学批判：传播学本土化的再思考[J].当代传播，2013（1）：12-15.

[2] 杨保军.新闻观念论[M].上海：复旦大学出版社，2014：378-380.

[3] 王润泽.实践转向与元问题聚焦：对新闻学知识体系创新的思考[J].新闻记者，2022（2）：14-19.

[4] 姜红，印心悦.走出二元：当代新闻学的"实践转向"——问题、视野与进路[J].安徽大学学报（哲学社会科学版），2021（3）：126-131.

第三节　中国式现代化语境下的媒介与发展传播

一、工业化建设与"条块结合"的媒介机构形态

中华人民共和国成立初期，我国社会面临的两个急迫任务是结束总体性危机并加速工业化，集体主义模式建立起来，以迅速动员全国进行工业化建设，以达到"富国强兵"的目的[①]。同时，为了配合工业化建设，中华人民共和国成立后采用"条块结合"的方式重新结构社会系统，即依据从中央到地方和基层的党政政治系统、行政系统与依据工业化目标建立国民经济各大行业，并建立以行业为边界的各个子系统。这一总体结构模式也塑造了我国的媒介体系和机构形态，呈现着"条块结合"的特点："条"指的是从中央到地方各层级的党报党刊、广播电视台以及后来的官方新媒体平台；"块"指的是以行业为区分的媒体机构（行业报、行业电台电视台、行业网站等）。这两个方面共同构成了自上而下、条块结合、分级适配的媒介机构形态，主要功能是为推动社会主义现代化建设而实现信息的传播、社会的整合（共识）和社会的动员（宣传）。

对"条块结合"中的纵向的媒介机构形态及其实践已有诸多的研究（如党报党刊研究、"四级办电视""县级融媒体"等），在此不再赘述。此处主要分析横向的媒介机构的形成过程，以我国的工业化城市为例，攀枝花市、大庆市、克拉玛依市均诞生于中华人民共和国成立后的工业化建设当中，如大庆市作为单位模式下新建的城市，其形成的动力来源就是国家组织的工业化

---

① 孙立平，王汉生，王思斌，等. 改革以来中国社会结构的变迁[J]. 中国社会科学，1994(2)：47-62.

建设①。其城市建设也根据工业发展和农业发展需要，依据居住点和工业点进行划分。《大庆日报》的前身为创刊于 1960 年 4 月 13 日的《战报》，在大庆石油会战时期该报的功能在于宣传党的思想、树立典型、纠正工作中的问题，同时指导会战、服务生产、交流信息、反映意见，并免费把报纸发到班组②。其创刊号刊登的是毛泽东的《实践论》与《矛盾论》。后来《战报》改名为《大庆战报》，1978 年实行公费订阅，但不接受私人和外地订户。1981 年，大庆市委、石油管理局党委筹办《大庆日报》，1982 年开始在全国范围内公开发行，2000 年成立大庆日报报业集团，形成"四报一网"的发展格局，2010 年成立大庆新闻传媒集团。

从发展传播学的角度来看，《大庆日报》的成立和发展承担着如施拉姆所说的"告知—教育"的媒介角色，但与西方模式不同的是，《大庆日报》的发展和变迁与大庆城市工业化发展密不可分。这一媒介机构首先是自上而下组建的，由党组织和石油单位共同建设，在国家工业化建设中扮演着宣传、动员、组织等角色，该机构的成员亦是工业化建设前线的基层干部或工人。与工业化建设和新的社会系统相应的是其"单位制"组织方式，即国家按照统一计划、集中管理、总体动员的原则将几乎所有社会成员都组织起来的城市组织，借助单位对社会成员进行管理③。城市基层社会逐步建立了以单位制为主、以基层地区管理（街居制）为辅的管理体制④。中华人民共和国成立以后，包括报纸、杂志、电台等在内的大众媒介一方面作为党和国家宣传系统的一部分，按照"条块结合"方式进行系统管理；另一方面则是与单位制相匹配嵌入城市社会生活之中，这是由国家现代化建设的实际情况所塑造的。恰如有学者指出，"改革开放前的 30 年，我国新闻媒介更多是作为凝聚

---

① 刘天宝.中国城市的单位模式［M］.南京：东南大学出版社，2017：72.
② 大事概览［EB/OL］.（2020-04-13）［2022-02-04］.https://www.dqdaily.com/2020-04/13/content_5824723.htm.
③ 孙立平，王汉生，王思斌，等.改革以来中国社会结构的变迁［J］.中国社会科学，1994（2）：47-62.
④ 何海兵.我国城市基层社会管理体制的变迁：从单位制、街居制到社区制［J］.管理世界，2003（6）：52-62.

人心鼓舞民气的宣传工具或宣传武器,从而服从和服务于国家现代化的总目标"①。

二、城镇化建设与媒介基础设施发展

中华人民共和国成立后,户籍制度的确立带来农业人口与非农户之间的划分,加之城乡之间不同的公共政策、服务配置和其带来的社会资源、机会以及城乡二元的产权制度的规定,三者共同促成了我国城乡二元社会制度的建构②。城乡结构转化(从二元结构走向城乡融合发展)是发展中国家现代化进程中需要直面的重大命题。发展经济学强调农村劳动力的非农化流动是城乡劳动生产率趋同和二元结构转化的核心机制③。在我国早期的现代化建设过程中,城乡之间的发展差距逐渐拉大,公共资源与公共服务分配也不平衡。改革开放之后,不同地区之间的差异不但是发展程度上的,还有不同发展策略带来的异质性差异,地区间的同构性在很大程度上被打破④。随着改革的不断深入,中国式现代化建设逐渐从单向的注重城市化发展转变为城乡一体化发展,在大力推动城镇化建设的同时通过精准扶贫解决贫困问题,缩小城乡之间的发展差距,近年来不断助推乡村全面振兴,在城镇化建设和城乡经济社会一体化发展过程中,走出了一条以媒介基础设施的普及为典型的中国媒介实践路径。

最早广泛触达城市和乡村的大众媒介技术是广播。20世纪五六十年代,大喇叭成为最重要的全国性媒介实践之一,通过建设县乡"大喇叭"搭建起触达全国乡村的声音宣传网络⑤。广播媒介在农村地区的普及,适应我国现代

---

① 李彬.中国新闻社会史[M].2版.北京:清华大学出版社,2009:357.
② 赵旭东,朱天谱.反思发展主义:基于中国城乡结构转型的分析[J].北方民族大学学报(哲学社会科学版),2015(1):5-11.
③ 高帆.数字经济如何影响了城乡结构转化?[J].天津社会科学,2021(5):131-140.
④ 孙立平,王汉生,王思斌等.改革以来中国社会结构的变迁[J].中国社会科学,1994(2):47-62.
⑤ HUANG Y, YU X. Broadcasting and politics: Chinese television in the mao era, 1958-1976[J]. Historical journal of film, radio and television, 1997, 17(4): 563-574.

化发展中人口规模庞大且识字率低、文化水平较低的基本国情。与西方国家由市场为主导不同，广播电视技术在我国的创新扩散是由国家为主体自上而下推动的，而"四级办台"的广播电视制度的诞生起源于当时建立从中央到县乡的传播网络的需求与改革开放之初较为拮据的中央财政经费之间的矛盾，因此，广电体系的建立必须充分发挥基层的动力和积极性①。在 1983 年的第十一次全国广播电视工作会议中，确立了"四级办电视、四级混合覆盖"的政策。有学者认为，"四级办台"方针实质上是在"放权"，利用地方财政经费和自主创收获得的资金推动中国基层广播电视网络的发展，在短时间内大幅度提高了中国电视媒体的覆盖率②。

从 20 世纪 90 年代持续至今的"村村通"工程极大地推动了乡村地区通信技术和媒介技术的基础设施建设进程，有助于缩小城乡之间的信息鸿沟。广播电视"村村通"的工作方针为"广播电视事业建设的重点是覆盖，覆盖的重点在农村"；2009 年村村通电话工程确立的三大目标任务同样是"完善基础设施、建设信息平台、开展信息下乡"③。据工信部《2021 年通信业统计公报》显示，2021 年全行业持续推进电信普遍服务，全国所有行政村实现"村村通宽带"④。在基础设施建设和普及中，基于不同省市的具体实践还产生了多种模式，如广西模式、宁夏模式、贵州模式、江西模式等⑤。从广播、电视、电话到宽带网络的基础设施建设，不仅是促进现代化发展、实现社会组织和

---

① 周逵，黄典林.从大喇叭、四级办台到县级融媒体中心：中国基层媒体制度建构的历史分析[J].新闻记者，2020（6）：14–27.

② 周逵，黄典林.从大喇叭、四级办台到县级融媒体中心：中国基层媒体制度建构的历史分析[J].新闻记者，2020（6）：14–27.

③ 中华人民共和国工业和信息化部.2009 年村村通电话工程年度任务超额度完成[EB/OL].（2010–01–04）[2024–03–17］.https: //www.miit.gov.cn/gxsj/tjfx/txy/art/2020/art_d68645dfe293462eb20a50b68690ec92.html.

④ 中华人民共和国工业和信息化部.2021 年通信业统计公报解读[EB/OL].（2022–01–25）[2024–03–17］.https://www.miit.gov.cn/gxsj/tjfx/txy/art/2022/art_e2c784268cc74ba0bb19d9d7eeb398bc.html.

⑤ 周然毅.广电"村村通"建设：历史、现状和未来[J].现代传播（中国传媒大学学报），2006（5）：45–50.

动员的传播工具，也满足了现代化进程中人们的精神文化需求，塑造了中国人的现代生活方式，这是中国式现代化"跨越式发展"的鲜明体现和组成部分之一。

三、社会主义市场经济建设与媒介市场化转型

纵观中国式现代化进程中媒介功能的发展和演变，可以发现其与我国的社会主义市场经济建设息息相关，在实践中探索出了一条与我国经济社会转型相匹配的媒介发展路径。一方面，党管媒体制度和"条块结合"的媒介系统使得主流媒体在改革、发展和稳定的关系中发挥着至关重要的"稳定器"作用，这是社会共识形成的基础；另一方面，媒体在宣传、动员、教育等方面促进了发展之外，还进行了广泛的社会主义市场化改革探索，形成了具有中国特色的市场化、商业化、大众化媒介实践，媒介（行业）本身亦得到长足发展，成为国民经济的重要组成部分，信息产业在中国式现代化发展中占据重要地位。

1992年，邓小平南方谈话提出要建立社会主义市场经济体制，在此背景下，我国的报业、广播电视业迎来了市场化发展的新阶段。首先，社会进步和经济发展使得信息需求加大，报纸扩版成为20世纪90年代新闻业的主要特征，形成了特殊的"厚报时代"[1]。其次，都市报的兴起成为改革开放之后继日报、晚报后的中国报业发展的第三次浪潮，相较于严肃的日报而言，都市报以"市民"为主要受众，更关注市民的日常生活。一定意义上讲，都市报诞生于都市化过程中，现代性意义的市民和都市是都市报产生的必要因素[2]。最后，从20世纪90年代开始，我国电视业也开始了市场化改革和大众化发展。1992年的《关于加快发展第三产业的决定》明确了广播电视的"一元体制，二元运作"体制，在经营上按照"事业单位，企业化管理"的双重属性，

---

[1] 李良荣.历史的选择：中国新闻改革30年[M].武汉：武汉大学出版社，2009：108.
[2] 孙玮.中国现代化进程中的都市报：都市报的产生及其实质[J].新闻大学，2003（4）：7-13.

从"条块分割,以块为主"的地方政府管理模式转变为"条块分割,以条为主"的行业管理模式①。

上述这些媒介市场化转型实践是在"摸着石头过河"中不断探索出来的,这也是中国式现代化的发展体现。在互联网逐渐成为社会生活的基础型媒介的背景下,我国又启动了自上而下的媒体融合发展战略。在西方语境中,"媒体融合"集中于所有权融合、策略性融合、结构性融合和表达融合②,西方媒体主要通过合作、并购和整合等手段实现不同媒介形态的内容融合、渠道融合和终端融合③。我国的媒体融合则主要不是从商业逻辑考量,而是从互联网新媒体所具有的信息传播、舆论功能、社会动员、社会整合等方面出发,按照中国式现代化的发展目标所展开的实践,媒体深度融合直接关乎"国家治理体系和治理能力现代化"的总目标④。近年来,为了协调城乡间、区域间的社会发展,中央决定推动县级融媒体建设:一是为了应对新技术和多元主体的市场竞争,建设新型主流媒体,增强舆论引导和宣传动员能力;二是明确了县级融媒体建设也是破解媒介发展中不均衡问题的一种方案,把重点放在基层媒介建设和本地信息服务方面。有学者认为,县级媒体作为一种基层媒体形态,"复制了中央、省、市三级的媒体管理体制和资源配置方式,作为县域空间大众传播资源的垄断者而深嵌于区县行政体系"⑤。相较于东部地区和城市,西部以及乡村地区的媒介发展较为滞后,县级融媒体建设、媒体深度融合发展一定程度上可以整合传播资源,为基层提供相应的服务和信息供给。

---

① 李良荣.历史的选择:中国新闻改革30年[M].武汉:武汉大学出版社,2009:130.
② 蔡雯.从"超级记者"到"超级团队":西方媒体"融合新闻"的实践和理论[J].中国记者,2007(1):80-82.
③ 蔡雯.媒介融合发展与新闻资源开发[J].今传媒,2006(11):11-13.
④ 詹新惠.媒体融合的逻辑与空间[N].中国社会科学报,2023-01-19(3).
⑤ 朱春阳.县级融媒体中心建设:经验坐标、发展机遇与路径创新[J].新闻界,2018(9):21-27.

四、信息化建设与移动通信、数字媒介的发展

与同处亚洲的日本依靠技术驱动现代化发展路径不同,我国步入现代化的过程很大程度上依靠劳动力的投入①。改革开放后,农村实行家庭联产承包责任制,在极大促进农业生产力发展的同时,使乡下出现了剩余劳动力。1984年10月,国务院发布了《关于农民进入集镇落户问题的通知》,放松了户籍的管制,使城乡人口流动成为可能。随着政策的逐步放开,大量农村劳动力涌入城市,城乡之间的人口流动推动中国的现代化进程加快,并在20世纪90年代迎来了"民工潮"。"人口红利"是我国改革开放初期现代化建设的重要资源之一,庞大的人口流动规模在改变我国社会结构的同时,为媒介与传播领域带来诸多新的发展可能。

以移动通信技术在中国的发展为例,我国的移动通信媒介发展是在国家规划指导下,在现代化的信息需求和规模庞大的人口流动环境中,探索出公平与效率、合作与竞争、统一与差异化的中国式发展路径。我国电信业改革呈现了两个阶段的特点:第一阶段是市场经济改革阶段。1979年,在市场经济改革背景下,邮电部开始在辽宁和湖北两省邮电部门进行经济责任制的改革试点,按照市场经济的价值规律制定企业通信总量核算办法,建立了经济责任制。1988年,全国电信工作会议在全国范围内推广了江苏"条块结合、分层负责"的经验,"统筹规划、条块结合、分层负责、联合建设"正式成为邮电发展的方针,简称"十六字方针"。第二阶段是充分竞争阶段。进入20世纪90年代后,电信行业资源垄断造成的移动通信价格高、信号质量差等问题成为发展的主要障碍。1994年中国联通的成立逐渐开启打破垄断,引入竞争的先河。为了进一步解决垄断的问题,1999年,国务院批准了中国电信重组方案,将原中国电信的移动通信、无线寻呼和卫星通信网络与业务分离出

---

① 袁富华. 现代化模式与中国式现代化:均衡社会观点 [J]. 人民论坛·学术前沿, 2022 (24): 33-46.

去，分别组建中国移动通信集团公司、中国寻呼通信集团公司和中国卫星通信集团公司。进入21世纪之后，四大电信集团公司相继成立，5家电信企业相继获得IP电话业务经营许可证，我国的电信改革和发展基本成形①。我国的运营商发展尽管与西方的通信业发展相似，移动通信技术发展也经历了商业竞争与公共资源服务之间的调适与平衡，但是不同之处则是在国家顶层设计下推动信息化建设，政府、企业和用户之间形成了独特的关系。

规模庞大的用户人群和社会的加速流动，使得我国的移动通信与数字媒介的发展呈现着典型的中国特征。进入数字时代后，数字技术的发展将已有媒介及其传播范式收编重组，并在统一的软硬件物理平台展开，从而拥有了互动与多元化交流模式等复杂特征②。数字技术带来的挑战与机遇也催生了我国独特的数字新闻传播实践：积极推动媒体融合，大量传统媒体进行了数字化转型，还诞生了数字原生媒体、平台媒体等多种类型的数字媒介，回应了我国所具有的独特问题③。此外，我国的电商平台、支付平台、社交媒体平台、短视频平台不但发展迅速且规模庞大，而且在一定程度上成作为推动我国现代化发展的力量，信息技术和数字媒介在我国的发展中也形成了与社会主义市场经济体制相适应的发展路径。近年来，依托于移动网络和物流系统的直播带货的商业模式在乡村振兴中发挥了重要作用。移动视频相较于文字更加低门槛，而完善的物流体系、相对成熟的商业平台经济模式以及通信技术设施的普及，共同促成了数字媒介的跨地域下沉式发展，短视频、直播与"乡村网红"共同助力乡村的脱贫之路④。

---

① 奋斗百年路 启航新征程 通信发展大跨越｜体制改革 活力激荡［EB/OL］.（2021-06-04）［2024-03-16］.http://www.chii.Com.cn/gxxww/rmydb/202106/t20210604_283535.html.
② 黄旦.试说"融媒体"：历史的视角［J］.新闻记者，2019（3）：20-26.
③ 白红义，张恬，李拓.中国数字新闻研究的议题、理论与方法［J］.新闻与写作，2021（1）：46-53.
④ 郭建斌，姚静.发展传播理论与"中国式"发展之间的张力及新的可能：基于中国西南少数民族地区三个案例的讨论［J］.新闻大学，2021（1）：11-35，118.

第四节　国家能力的内涵与构成：理论回溯

诸多研究已经揭示，在中国式现代化的历史实践中，国家构建和国家能力问题十分关键，而在现代化过程中国家能力的构建又离不开调用媒介资源。

一、国家能力的基本内涵与理论轮廓

近几十年来，涉及国家能力的研究汗牛充栋，涵盖国家意志、权力、国家职能、公共政策等多个方面，限于篇幅，本节仅梳理几位重要的政治学学者的论述，以此勾勒国家能力的理论轮廓和发展脉络。

萨缪尔·P.亨廷顿（Samuel P. Huntington）提出了"有效能（effective）的国家"等相对中性和实践性的概念，强调政治机构权力、政治秩序在现代化过程中的重要性，以避免造成"政治衰朽"[1]。西达·斯考切波（Theda Skocpol）则重点阐释了国家自主性（state autonomy），即国家不仅需要满足社会力量之需求或利益，还会提出独立的"官方目标"，实施这种官方目标的能力即为国家能力。例如，使用暴力的能力和财政能力，而且存在不同能力类别和能力程度的不平衡现象[2]。与亨廷顿和斯考切波不同，乔尔·S.米格代尔（Joel S. Migdal）提出国家与社会的互动观，即国家能力体现在国家与社会的博弈之中，国家能力依赖于其社会控制程度，包括深入社会的能力、管理社会关系的能力、汲取资源的能力以及以特定方式调控或运用资源的四大能力[3]。

---

[1] 亨廷顿.变化社会中的政治秩序［M］.王冠华，刘为，译.上海：上海人民出版社，2008：1.
[2] PETER E，DIETRICH R，THEDA S. Bringing the state back in［M］. Cambridge：Cambridge University Press，1985：9，351-352.
[3] MIGDAL J. Strong societies and weak states：state-society relations and state capabilities in the third world［M］. New Jersey：Princeton University Press，1988：4.

迈克尔·曼（Michael Mann）从历史社会学的视野考察人类社会的权力基础，提出意识形态权力、经济权力、军事权力和政治权力组成了社会权力的四个来源①。曼将政治权力限定在国家权力的边界内，并将其分为强制性权力（despotic power）和基础性权力（infrastructural power），提供了关于权力分析的十分重要的理论框架。强制性权力即无须例行程序和协商过程的权力，基础性权力则作为一种现代国家的能力使国家能够渗透公民的日常生活，并执行政治决定②。曼的社会权力理论影响了近年来关于政治权力和国家能力的分析，一些政治学者在讨论国家建构时十分注意国家能力问题。例如，福山在国家建构的分析中，尽管没有直接阐释国家能力这个概念，但是提出了国家功能的范围和制度能力的强弱两个自变量，形成"测量"国家能力程度的二维坐标系③。在第二次世界大战后广大发展中国家的现代化过程中，西方政治经济制度的移植并没有大获成功，这使得西方学者对"国家"角色进行反思和重新考察，国家能力因而成为现代化过程中一个十分重要的变量。同样需要指出的是，学者们基于不同的研究视角展开对这个问题的理论分析，加之不同国家的国家建构、制度建设实践等都不尽相同，因而尚无法形成关于国家能力的一个准确定义，但是不难发现其作为一个学术概念的解释力是值得重视的。

我们将国家能力的基本内涵总结为三个方面：第一，国家能力主体具有多元性。在马克思主义国家观中，国家能力的主体就是社会中的统治阶级，而从韦伯式国家观来看，其主体则是集立法、行政、官僚、强制系统为一体的国家，可见国家能力的实施主体是多元而复杂的。第二，国家能力强调国家与社会之间的张力和国家作为行为主体的自主性，即国家能够多大程度、多高效率实现其意志和目标的一种能力，是对社会结构掌控和渗透的硬能力与软能力的结合，这就使得国家与社会在一定程度上"合二为一"，超越了国

---

① MANN M. The sources of social power［M］. Cambridge：Cambridge University Press，1986：2.
② MANN M. The sources of social power［M］. Cambridge：Cambridge University Press，1986：5–6.
③ 福山. 国家构建：21世纪的国家治理与世界秩序［M］. 郭华，译. 上海：上海三联书店，2020：19–25.

家与社会的二元对立。第三，国家能力是一个动态的、过程性的概念，反映国家这个行为体在现代化过程中的角色与表现，可以进行纵向和横向的比较分析。综合来看，国家能力建设对于发展中国家的现代化进程具有重要的实践和理论意义，同样，国家能力的视角既有助于深入分析中国式现代化的实践，又可以进一步发展国家能力的理论内涵。

二、国家能力与中国式现代化

王绍光和胡鞍钢较早在中国学术界提出国家能力概念，他们指出国家能力是国家（中央政府）将自己意志、目标转化为现实的能力[①]。此后的研究中，学者们进一步研究中国国家能力的本土实践，一方面探索破解中国实际与既有（西方）理论的适配问题，另一方面则从国家与社会统一体的角度展开分析。例如，黄宗智根据历史路径提出中国形成了"通过革命政党组织动员社会的现代国家能力"，这是一种通过国家与社会二元互动，政府与社会、市场互补的国家能力[②]。

中国式现代化是中国共产党领导的社会主义现代化，因此在讨论中国式现代化中的国家能力问题时，需要基于中国的政治—社会语境对这一概念再考察。中国是社会主义国家，强调党和国家政权机关的分离，党实行政治领导，而国家机关行使政治职能、社会管理和行政管理的职能[③]。中国共产党同时进行着对国家与社会的领导，即对国家制度进行有效运作和控制，对社会进行有效的动员和整合，追求"强领导"和"强执政"的良性互动[④]。在政治学研究中，有学者指出把"政党带进来"，政府和政党共同组成国家公权力[⑤]。可见，讨论中国的国家能力问题时，需要明确中国共产党在国家与社会中的

---

① 王绍光，胡鞍钢.中国国家能力报告[M].沈阳：辽宁人民出版社，1993：6.
② 黄宗智.国家—市场—社会：中西国力现代化路径的不同[J].探索与争鸣，2019（11）：42-56，66，157，2.
③ 王沪宁.政治的逻辑：马克思主义政治学原理[M].上海：上海人民出版社，2016：388.
④ 林尚立.政党、政党制度与现代国家：对中国政党制度的理论反思[J].中国延安干部学院学报，2009（5）：5-14.
⑤ 景跃进.将政党带进来：国家与社会关系范畴的反思与重构[J].探索与争鸣，2019（8）：85-100，198.

领导角色和国家政权的执政角色的二重性，国家能力的主体必须将中国共产党（政党）与政府同时纳入其中。

中共十八届三中全会提出了国家治理体系与治理能力现代化的目标，引发了学者们关于中国国家能力问题的深入研究。杨光斌试图建立一个基于中国的国家治理能力研究框架，他认为国家治理体系相当于国家权力，国家治理能力相当于国家能力，国家能力由体制吸纳力（吸纳社会的能力）、制度组织力（组织权力网络）和权威决策能力（政策有效执行）构成①。源于西方的国家能力理论在中国语境下经历了本土化、中国化的"理论旅行"。此外，学者们还基于中国式现代化在不同领域的具体实践提供了关于国家能力的多学科解释，此处不再赘述。

三、国家能力的构成以及媒介的角色

为了进一步厘清国家能力的构成，本章简要梳理近年来的一些代表性学术观点，并梳理国家能力的各种"子能力"（见表5.1）。具体来看，国家能力的"子能力"研究既有平行分类也有从国内、国外两个维度的划分，其中一些"子能力"与大众传播和媒介息息相关，如王绍光和胡鞍钢将合法化能力解释为"国家运用政治符号在属民中制造共识，进而巩固其统治地位的能力"②；王仲伟和胡伟指出公共服务能力旨在为民众提供生存和发展所需的公共产品③；王绍光提出濡化能力体现在建立国家认同和核心价值上，吸纳和整合能力则体现在完善人民的政治参与机制上④。社会因沟通而存在，国家能力的"子能力"体系中关于意识形态、公共服务、吸纳整合等要素揭示了新闻传播与媒介的重要性。无独有偶，曼也意识到媒介的工具价值：依托于道路、船舶、电报等媒介，信息交流和人员及资源运输的速度加快，从而国家

---

① 杨光斌.关于国家治理能力的一般理论：探索世界政治（比较政治）研究的新范式［J］.教学与研究，2017（1）：5-22.
② 王绍光，胡鞍钢.中国国家能力报告［M］.沈阳：辽宁人民出版社，1993：6.
③ 王仲伟，胡伟.中国梦：大国崛起呼唤国家能力［J］.管理世界，2014（1）：2-7，72.
④ 王绍光.国家治理与基础性国家能力［J］.华中科技大学学报（社会科学版），2014（3）：8-10.

能够更有效地渗透社会生活[①]；英国国际政治经济学家苏珊·斯特兰奇（Susan Strange）提出知识作为一种结构性力量（knowledge structural power），它"更少地依托于强制性权力而更多来自共识"，并且决定了什么是"正确"的知识，控制着知识或信息储存和交流的渠道[②]，这体现了媒介在政治经济场域的重要角色。

表 5.1 部分学者对国家能力构成的阐释

学者	国家能力的构成
王绍光、胡鞍钢[③]	包括4种子能力：汲取能力，调控能力，合法化能力，强制能力。
黄清吉[④]	1.国家与社会关系维度（4种子能力）：资源积聚能力，社会冲突控制能力，经济管理与公共服务能力，以经济上的统治阶级的力量为依托完善国家体制的能力。 2.国际体系维度（3种子能力）：维护主权与领土不受侵害的能力，参与创建国际机制的能力，相对他国提升自身力量的能力。
王仲伟、胡伟[⑤]	1.对内治理层面（6种子能力）：资源汲取能力，宏观经济管理能力，公共服务能力，强制规制能力，国民基本价值引领能力，突发公共事件应急管理能力。 2.国际交往层面（3种子能力）：维护主权、领土、海外公民不受侵害能力，与其他国家开展合理竞争的能力，促进国际合作能力。
王绍光[⑥]	包括8种子能力：强制能力，汲取能力，濡化能力，国家认证能力，规管能力，统领能力，再分配能力，吸纳和整合能力。

新闻传播领域的研究者们同样意识到媒介的结构性特征及其对社会（国家）所产生的深远影响。媒介环境学派代表人物哈罗德·英尼斯（Harold Innis）认为，新媒介的引进能够创造适合帝国发展的条件，暗示了媒介参与构筑国家与社会的基础性角色。许多学者还讨论了中国语境中媒介与国家、社会的关系问题。例如，在国家治理中，媒介同时在国家治理体系中扮演了

---

① MANN M. States, war and capitalism: studies in political sociology [M]. Oxford: Blackwell, 1988: 9.
② STRANGE S. States and markets [M]. London: Bloomsbury Publishing Plc, 2015: 134-135.
③ 王绍光，胡鞍钢.中国国家能力报告 [M].沈阳：辽宁人民出版社，1993: 6.
④ 黄清吉.现代国家能力的构成：国内政治与国际政治的统合分析 [J].教学与研究，2010(3): 38-44.
⑤ 王仲伟，胡伟.中国梦：大国崛起呼唤国家能力 [J].管理世界，2014（1）: 2-7，72.
⑥ 王绍光.国家治理与基础性国家能力 [J].华中科技大学学报（社会科学版），2014（3）:8-10.

党和政府喉舌的同时具有组织属性和代表社会多元利益的主体性的"双重角色"①。

在关于国家能力构成的讨论中,政治学者发现了符号、公共服务、意识形态等具有媒介面向的理论元素;新闻传播学者则从媒介的视角出发,讨论媒介在国家建构过程中的功能与角色。虽然媒介不一定是其中最关键的变量,但是媒介所承载的信息传播以及在意识形态整合过程中发挥的中介作用不容忽视。可以说,政治学与新闻传播研究两种视角的结合,使得国家能力这个概念具有重要的理论潜力,能够为深入分析媒介与国家、社会的关系提供理论工具。正如米格代尔所说,国家能力是一个"因变量"②,它总体来讲是一个宏观的概念,研究国家能力中的媒介问题需要进一步细化。

第五节 "媒介—国家能力"的来源机制

一、国家主导的媒介基础设施建设

在中国式现代化的新闻传播实践中,媒介在物质基础设施方面取得长足发展,构建了立体的传播格局。上文所提到宣传网络从中央到基层的下沉、互联网基础设施的广泛渗透都是由国家推动和主导建设的,而非来自市场的"无形的手"。这使得中国的媒介系统呈现了不同于西方的媒介发展路径,也体现了中国与西方国家不同的现代化发展方式和路径。诚如有学者指出的,中国式现代化开创了一条非资本主义的现代化道路,实现了领导核心与人民

---

① 李良荣,方师师.主体性:国家治理体系中的传媒新角色[J].现代传播(中国传媒大学学报),2014(9):32-37.
② MIGDAL J. Strong societies and weak states:state-society relations and state capabilities in the Third World[M]. New Jersey:Princeton University Press,1988:4.

主体的统一、社会进步与人的发展的统一、工具性与目的性的统一①。

为了有效进行媒介渗透，除物质基础设施建设外，还需要建立一套共同语言。中华人民共和国成立初期，我国农村人口占比高达89.4%②，广大人民群众受教育水平较低、方言分歧导致人员交流不畅等问题比较突出，这是现代化建设的障碍。因此，简化汉字、推广普通话就成为我国文字改革的重点内容，不仅让人民群众能够听到、看到媒介内容，还需要保证他们能听懂、读懂。周恩来就谈到，广播和电影是重要的宣传工具，但是它们的功效在方言地区受到一定限制，因此推广普通话成为重要的"政治任务"③。王晨认为，推广国家通用语言文字有利于各民族交往交流交融，还能够逐渐消除发展不平衡不充分地区的差距，增进团结，维护国家安全和统一④。在数字时代，国家理论核心概念出现了新的内涵，国家能力吸收了数字治理等内容⑤，可以看出数字媒介带来的基础设施变迁使国家能力内涵变得更丰富。

不论是媒介基础设施的建设还是文字的改革与教育，由国家主导、多部门多主体共同参与的系统工程，大大促进了中国式现代化的进程。基于物质与符号两个面向的基础设施建设，媒介系统得以运作，其为"党与人民的一体化沟通系统"提供了支持，使媒介的沟通能力得到施展的条件和空间。同时，广大人民群众能从中获得基础设施和技术的赋权，在沟通过程中表达利益诉求。国家主导的媒介基础设施建设一方面解决了新闻宣传的有效性问题，另一方面也为广大人民群众提供了接近和使用媒体的近用权。

二、"强国家"与"强媒介"的制度性耦合

如果说媒介的基础性渗透代表了这项能力赖以发挥的基础条件，那么中

---

① 赵义良.中国式现代化与中国道路的现代性特征［J］.中国社会科学，2023（3）：47-59，205.
② 注：数据来源于国家统计局，https: //data.stats.gov.cn/easyquery.htm？ cn=C010。
③ 中共中央文献编辑委员会.周恩来选集（下）［M］.北京：人民出版社，1984：285.
④ 王晨.进一步贯彻实施国家通用语言文字法 铸牢中华民族共同体意识［N］.人民日报，2020-11-11（6）.
⑤ 黄其松.数字时代的国家理论［J］.中国社会科学，2022（10）：60-77，205.

国特色的媒介制度则解决了"媒介－国家能力"的合法性问题，在制度层面保证了媒介与党和国家的同构关系。从所有制和组织层面看，自中华人民共和国成立以来，国有资产始终是中国新闻传媒的主体，中国媒体主要分为"党的喉舌媒体"与"党领导的媒体"，其组织关系、媒介形态、商业模式等有所差异，但是均自觉服从党的领导①。从媒介活动层面看，中国共产党的新闻实践深刻发展了以"群众路线"和"党性原则"为代表的马克思主义新闻观，"新闻工作就是为人民服务"②。可见，不论从政治经济、组织机制，还是新闻实践的角度，都强调媒介接受党的领导，维护党和人民的利益，体现了高度的"政治平行性"③。究其原因主要有以下两点：

其一，发展是党和国家的核心工作与目标。我国仅用几十年时间就走完发达国家几百年走过的工业化历程，周恩来在1964年指出，在不太长的历史时期内建设社会主义强国，赶上和超过世界先进水平④，十一届三中全会后，党和国家将工作重心转向经济建设，目标就是实现四个现代化。因此，媒介作为党和国家事业的一部分，其议程、价值观与党和国家高度一致，能够在信息传播与沟通中最大程度地提高效率、降低"信息熵"。大体上，在工业化建设、城镇化建设、社会主义市场经济建设、信息化建设等方面，中国的媒介实践不是按照西方发达国家所谓的"标准"来推进的，而是在实践中面对具体的现代化议题而展开的⑤。

第二，中国共产党一直高度重视意识形态工作，新闻事业是意识形态工作的重要阵地。毛泽东在革命时期就提出了著名的"枪杆子和笔杆子"，1962年他还从政治稳定性的角度指出："凡是要推翻一个政权，总要先造成舆论，

---

① 秦汉，杨保军. 我国新闻媒介体制的基本特征与可能改进方式［J］. 山西大学学报（哲学社会科学版），2015，38（6）：73-81.
② 李彬. 再塑新闻魂：浅谈马克思主义新闻观及其科学与价值［J］. 新闻记者，2016（6）：4-16.
③ 哈林，曼奇尼. 比较媒介体制［M］. 陈娟，展江，译. 北京：中国人民大学出版社，2011：28.
④ 中共中央文献编辑委员会. 周恩来选集：下［M］. 北京：人民出版社，1984：439.
⑤ 涂凌波，王子薇. 中国式现代化与媒介发展：建构新闻传播学自主知识体系的实践基础［J］. 新闻与写作，2023（3）：24-33.

总要先做意识形态方面的工作"。① 改革开放后，邓小平提出"要使我们党的报刊成为全国安定团结的思想上的中心"②。党和国家对媒介体系的有效领导能够防范系统性风险，防止国家内部社会思潮的对峙与冲突进一步演化，并能遏制国家外部政治和资本力量对媒介活动的不利影响；而在中国式现代化进程中，新闻舆论工作属于宣传思想文化工作这个大的范畴，是意识形态工作的重要组成部分，主要在思想和精神层面服务于党的中心工作目标。

在市场和社会力量较为弱小而保守的条件下，中国需要成为一个"强国家"来领导和推进现代化进程③，"强国家"的建设同样需要"强媒介"的发展。中国特色的媒介制度设计延续了中国社会主义的制度优势，为"媒介—国家能力"中的资源调配能力提供了制度性支持，也为媒介在现代化进程中的教化活动提供政治和意识形态方面的指导——媒介制度来源所塑造的"强媒介"在实现"强国家"在制度层面的延伸上起了关键作用。

三、现代化发展中的国家授权

在中国式现代化发展中，常常伴随非制度性的社会治理方式，即通过政治动员的方式，突破常规、集中资源推进社会改造④。在不同发展阶段，国家也会采用制度性和非制度性相结合的方式对媒介进行授权，直接加强媒介的能力和影响力。

其一，中国共产党作为执政党具有广泛动员的历史传统和政治能力。自中国共产党成立以来，就展开了"行政下乡"的政治动员，通过行政体系将国家意志传递到乡村，将分散的乡村社会整合到国家体系中⑤。截至2021年，

---

① 中共中央文献研究室. 毛泽东年谱：1949～1976：第5卷［M］. 北京：中央文献出版社，2013：153.
② 邓小平. 邓小平文选：第2卷［M］. 北京：人民出版社，1994：255.
③ 冯仕政. 当代中国的社会治理与政治秩序［M］. 北京：中国人民大学出版社，2013：23.
④ 冯仕政. 中国国家运动的形成与变异：基于政体的整体性解释［J］. 开放时代，2011（1）：73-97.
⑤ 徐勇. "行政下乡"：动员、任务与命令——现代国家向乡土社会渗透的行政机制［J］. 华中师范大学学报（人文社会科学版），2007（5）：2-9.

中国共产党党员总数为 9671.2 万①，他们成为国家与社会的纽带，党通过有机融入政府体系形成独特的党政结构②。这些政治基础促成了党和国家的有效社会渗透，而且党员群体和各级党组织构成了贯穿大众传播、组织传播和人际传播的庞大传播网络。

其二，媒介的动员能力得到国家的直接授权。比如，1978年1月1日创办的《新闻联播》是中国最具影响力的电视节目，但是其权威地位是逐步确立的。1981年4月举办的全国电视新闻工作座谈会专门讨论了动员全国电视台共同办好《新闻联播》，会议规定"各省、自治区、直辖市电视台（包括各地市台）必须转播《新闻联播》节目"，1982年9月，党中央又将重大新闻的首发权交给《新闻联播》③。正是在行政力量推动和国家授权下，《新闻联播》成为中国最重要的电视新闻栏目，能够触达广泛的社会区域和受众群体。

总的来看，国家授权一方面反映了中国共产党"强执政"的特征，即通过国家制度实现党的领导意志以及对社会的有效动员和整合，另一方面也反映了媒介与国家之间的互动关系。首先，从执政党的角度而言，媒介是维护国家意识形态合法性的重要手段和渠道，并在一定程度上赋予其"治国理政、定国安邦"的政治（象征）意义，进而扩展了其在国家现代化建设中的功能与作用。其次，媒介逐渐成为执政党在媒介化社会中进行国家治理的一种手段，如电视问政节目是"党政力量在媒介领域的扩展和延伸"，表现为一种"媒介化治理"④。随着媒介技术的发展还催生了媒体融合参与社会治理、数据治理、信息化治理、平台化治理等新方式。最后，除了具有协调性和工具性的角色，媒介也扮演了国家治理体系中的行动者角色，具有以主体性角色参

---

① 中国共产党党内统计公报［EB/OL］.（2022-06-29）［2024-03-30］. https：//www.gov.cn/xinwen/2022-06/29/content_5698404.htm.
② 王浦劬，汤彬. 当代中国治理的党政结构与功能机制分析［J］. 中国社会科学，2019（9）：4-24，204.
③ 赵化勇. 中央电视台发展史（1958—1997）［M］. 北京：中国广播影视出版社，2008：123.
④ 闫文捷，潘忠党，吴红雨. 媒介化治理：电视问政个案的比较分析［J］. 新闻与传播研究，2020，27（11）：37-56，126-127.

与多元治理的潜力[①]。执政党的直接动员解释了在中国式现代化语境下，媒介是如何摆脱市场逻辑的局限，以直接高效的方式参与国家建构与国家治理的多种行动的。这为"媒介—国家能力"提供了权力合法性，同时是中国式现代化建设的必然要求。

第六节 "媒介—国家能力"的理论分析框架

基于上述分析，我们尝试把"媒介—国家能力"作为一个理论分析框架，既发掘媒介在国家能力中的理论潜力，也为新闻传播研究引入国家能力这一理论概念。首先，"媒介—国家能力"是从中国式现代化进程中媒介发展及其与国家的互动中形成的，是一个来自具体社会实践的概念总结。其次，"媒介—国家能力"既可以归属于国家能力的"子能力"范畴，但也是一种综合性能力，因而从媒介的基本功能和对政治、社会、经济的作用出发，至少包括了四种基本能力——沟通能力、资源调配能力、教化与动员能力和社会整合能力，后文将详细讨论。最后，从"媒介—国家能力"的主体来看，机构化、组织化的大众媒介作为媒介实践的直接参与者是直接主体，各种类型的"元素型媒介"则是间接主体，而决定媒介体系制度和形态的党和国家力量则构成了"媒介—国家能力"的潜在主体。进一步说明，在中国式现代化实践和媒介制度安排下，新闻媒介组织由中国共产党所领导，新闻事业与党和国家的总体目标是一致的，且服务于党和国家的中心工作。因此，在讨论"媒介—国家能力"及其构成时，要将党和国家力量与媒介主体看成同一构型。接下来将具体分析四种基本的能力构成。如图5.1、表5.2所示。

[①] 李良荣，方师师. 主体性：国家治理体系中的传媒新角色[J]. 现代传播（中国传媒大学学报），2014（9）：32-37.

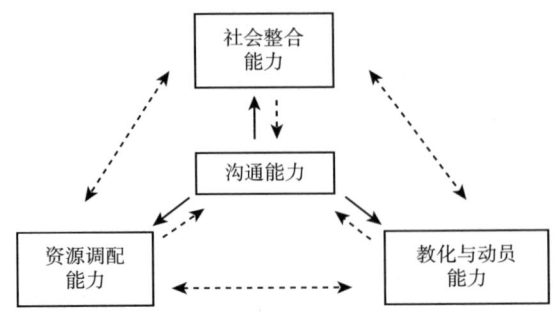

图 5.1 "媒介—国家能力"构成示意图

表 5.2 "媒介—国家能力"的基本构成及其阐释框架

"媒介—国家能力"的基本构成	阐释框架
沟通能力	1. 促进社会信息沟通、提供信息公共服务的能力 2. 促进国家与人民建立联系的能力 3. 促进人民的政治参与的能力
资源调配能力	1. 控制政治象征资源的能力 2. 调配经济资源的能力 3. 数字时代的媒介具有收集、生产、分配数字资源的能力
教化与动员能力	1. 教化群众的能力,尤其是道德感召力 2. 社会动员的能力,促进社会行动
社会整合能力	1. 物质与技术层面媒介共享的能力 2. 内容与观念层面制造共识、加强社会凝聚力的能力

一、沟通能力

第一,媒介促进社会信息沟通。近代以降,大众媒介具有沟通上下、连接内外的信息功能,在中国的现代化中发挥着越来越重要的作用,如梁启超在《论报馆有益于国事》中就提到"去塞求通,绝道非一,而报馆其导端也";在中国共产党的百年新闻实践中,其"核心价值要素就是'沟通'"①;在数字媒介时代新型主流媒体也具有双向互动的沟通能力,建立"理性公平的

---

① 王润泽. 实践转向与元问题聚焦:对新闻学知识体系创新的思考[J]. 新闻记者,2022(2):14–19.

对话"①。作为党和国家事业的一部分,大众媒介是党和人民之间良性沟通与对话的枢纽,也是为人民提供信息公共服务的载体,由此保障人民的新闻传播权利,促进社会各群体的沟通与协作。

第二,媒介促进国家与人民建立联系。大众媒介的沟通能力体现在媒介作为国家的信息基础设施,嵌入了人民的日常生产和生活实践,进而在国家主体与人民之间建立密切的联系。延安时期中国共产党提出了"群众路线",即一切为了群众、一切依靠群众,从群众中来、到群众中去的工作方法。毛泽东在《对晋绥日报编辑人员的谈话》中提出"把报纸办得引人入胜,在报纸上正确地宣传党的方针政策,通过报纸加强党和群众的联系"②。陆定一在《我们对于新闻学的基本观点》中指出:"只有为人民服务的报纸,与人民有密切联系的报纸,才能得到真实的新闻。"③从延安时期开创的群众办报、开门办报的优良传统,到新时代新闻舆论工作"以人民为中心"的职责定位,媒介的作用不仅在于传递信息,更在于强化国家与人民之间的密切关系,同样能够有效促进国家和社会的整合。

第三,媒介促进人民的政治参与。大众媒介的沟通能力还体现在促进政治参与的能力方面,包括促进全过程人民民主的发展,推动现代国家制度的建构和国家治理能力现代化。王绍光提到"吸纳和整合能力"是有序民主的两个侧面,可以建立一套"使政府能力将所有政治化的社会势力纳入制度化的参与渠道"的机制,对不同社会群体的意见加以整合、服务于政策决策,从而实现人民当家作主④。在后发展国家中,以党中央集中统一领导的国家领导体制、民主集中制的国家治理准则、动员型社会的国家整合机制以及集中力量办大事的举国体制等一整套创造性的制度选择,成功破解了国家治理的

---

① 朱春阳,刘心怡,杨海.如何塑造媒体融合时代的新型主流媒体与现代传播体系?[J].新闻大学,2014(6):9-15.
② 中共中央文献研究室,新华通讯社.毛泽东新闻工作文选[M].北京:新华出版社,2014:189.
③ 陆定一.我们对于新闻学的基本观点[N].解放日报,1943-09-01(4).
④ 王绍光.国家治理与基础性国家能力[J].华中科技大学学报(社会科学版),2014(3):8-10.

困局[1]。在国家治理这一复杂和系统的运行体系中，努力发展全过程人民民主，确保人民当家作主，最大限度调动各方面的积极性[2]。在中国式现代化过程中，人民通过媒介行使知情权、表达权、监督权和参与权，这既是一种现实的政治参与路径，也是媒介发挥沟通能力和作用的基本途径。在媒介系统内部，内参制度是中国新闻媒体的一大特色。这项工作由国家主导，服务于国家治理，致力于提高执政能力，是保证"上情下达和下情上达"的重要机制[3]。

二、资源调配能力

中国的社会主义制度具有能够"集中力量办大事"的独特优势，在中国式现代化进程中，这样的制度优势可以最大程度地促进稀缺资源的有效调配，从而推动国家现代化的跨越式发展。由于"党—国家—媒介"的同构特征，资源调配能力是"媒介—国家能力"的重要组成部分。

首先，媒介具有控制政治象征资源的能力。政治象征作为一种促进社会整合和国家认同的权威性资源，在社会空间和政治空间中被各种政治力量拉扯[4]，通过生产、调控、分配政治象征和符号资源，正如詹姆斯·W.凯瑞（James W. Carey）所言，媒介使"特定的世界观得到描述和确认"[5]。简言之，媒介能否进行政治象征的生产与再生产，是政治象征资源能力的衡量标准。

其次，媒介具有调配经济资源的能力。1978年，党的十一届三中全会确立了以经济建设为中心的基本路线，开启了改革开放的序幕。大众媒介与党

---

[1] 何显明.中国现代国家制度的建构及其治理效能：基于国家意志聚合与实现的视角［J］.中国社会科学，2022（9）：26-45，204-205.

[2] 欧阳康.中国式现代化视域中的国家制度和国家治理现代化［J］.中国社会科学，2023（4）：48-62，205.

[3] 尹韵公.论中国独创特色的内部参考信息传播工作及其机制［J］.新闻与传播研究，2012，19（1）：4-14，108.

[4] 王海洲.政治仪式的权力策略：基于象征理论与实践的政治学分析［J］.浙江社会科学，2009（7）：38-43，126.

[5] 凯瑞.作为文化的传播："媒介与社会"论文集［M］.丁未，译.北京：中国人民大学出版社，2019：20.

和国家的总体目标一致，服务经济建设便成为改革开放以来大众媒介的中心任务之一。另外，媒介本身也是经济建设的重要组成部分：传媒产业是国民经济的基础性产业，会对其他产业产生广泛的波及效应。

最后，数字时代的媒介具有收集、生产、分配数字资源的能力。数字革命对于包括数字秩序能力、数字赋权能力与数字创新能力在内的国家数字能力建设提出了新的要求，而加强国家数字能力建设已成为一个全球性问题。媒介的平台化和平台的媒介化，使得如何获取数字能力成为国家构建和国家治理的关键问题。以"元技术"为基础的数字媒介打破固化的专业壁垒、解构封闭化的传播结构，进而促动杂合体新闻业的兴起[①]，这种全新的新闻生态一方面使得传统媒体在数字媒体环境中面临冲击，另一方面则在数字空间扩展了"媒介—国家能力"的向度。换言之，数字化、平台化、智能化时代的国家通过数字媒介的使用，将获得史无前例的资源调配能力。

三、教化与动员能力

在新闻传播研究中，媒介往往被视为现代化过程中的一种教化工具，帮助受众获取知识、进行道德教育、培养其主体性等。发展传播学就指出在经济和社会发展中，大众传播媒介作为一种"教授者"，为大众提供教育和技能培训[②]。一方面，在中国式现代化过程中，媒介的教化功能同样十分重要，1944年毛泽东就指出"报纸是指导工作教育群众的武器"[③]。媒介通过教化作用促进"人的现代化"，进而改变社会的面貌。另一方面，需要特别指出的是，这种教化能力并非单向式的说服，更重要的是发挥道德感召力；媒介的教化能力不仅仅是传授知识和普及教育，更重要的是"塑造新人"。这里有一

---

① 姜华，张涛甫.传播结构变动中的新闻业及其未来走向[J].中国社会科学，2021（8）：185-203，208.

② 施拉姆.大众传播媒介与社会发展[M].金燕宁，蒋千红，朱剑红，译.北京：华夏出版社，1990：147.

③ 中共中央文献研究室，新华通讯社.毛泽东新闻工作文选[M].北京：新华出版社，2014：156-157.

定的文化因素，在中国传统社会中，"教化"是国家政治和意识形态的重要面向，也是古代的媒介活动的重要目标。宋代以来出现的士绅阶层推行新儒学教育，实现儒家思想的再生产，形成了独特的社会渗透图景①。宋代邸报刊载皇帝诏旨、臣僚奏章、刑罚等内容，从而巩固皇权和维护封建统治秩序，其实也体现着一种对士大夫知识分子阶层的教化方式。

在中国革命传统中，中国共产党是一个以群众动员见长的政党，教化和动员能效是其媒介活动的突出表现。有学者认为中国革命和赶超型现代化的需要使中国诞生了"革命教化政体"，由此国家能够强力动员国家所需要的社会资源②。媒介则在实践层面成为教化和动员的平台与枢纽：在土地革命时期，革命教化的目的是广大农民群体的思想和政治主体性的建立，俨然是中国革命现代性实践的重要维度③。建国初期，我国的文盲率高达80.0%，但是报纸并没有在广袤的农村地区销声匿迹，农村地区反而出现了农村读报组，且逐渐制度化，从而教育群众、提高人民群众政治觉悟、调动其积极性和主体性④。1978年5月11日，《光明日报》发表评论《实践是检验真理的唯一标准》，引发了全国对真理标准与国家发展的大讨论，同时拉开了中国改革开放的序幕，这意味着媒介发挥了一种强大的思想和社会动员力量。进入新时代，习近平总书记提出了宣传思想工作"举旗帜、聚民心、育新人、兴文化、展形象的使命任务"⑤。尽管历史背景、社会条件不断发生变化，媒介却始终扮演着教化大众的"教授者"、社会动员的"宣传员"等角色。

---

① 赵鼎新.儒法国家：中国历史新论[M].徐峰，巨桐，译.杭州：浙江大学出版社，2022：382-388.
② 冯仕政.中国国家运动的形成与变异：基于政体的整体性解释[J].开放时代，2011（1）：73-97.
③ 李放春.苦、革命教化与思想权力：北方土改期间的"翻心"实践[J].开放时代，2010（10）：5-35.
④ 沙垚.新中国成立之初农村读报组的历史考察：以关中地区为例[J].新闻记者，2018（6）：50-57.
⑤ 习近平出席全国宣传思想工作会议并发表重要讲话[EB/OL].(2018-08-22)[2023-03-30]. http://www.xinhuanet.com//politics/leaders/2018-08/22/c_1123310729.htm.

四、社会整合能力

媒介的社会整合能力带有一定强制性，国家通过媒介塑造共识，能够把复杂多元的社会阶层整合到国家的统一意志当中。美国著名学者本尼迪克特·安德森（Benedict Anderson）认为，在民族这一想象的政治共同体中，媒介活动使人们在日常生活中巩固"想象的世界"[1]。尽管这一观点不一定适用于所有的社会语境，但是媒介所发挥的意识形态和社会整合力量则是有目共睹的。

社会整合能力首先表现在物质与技术层面的媒介共享。建国初期，国家推行"有线广播+大喇叭"的宣传网络，改革开放后出台"中央、省、市、县'四级办电视、四级混合覆盖'政策"，使新闻宣传广泛触达人民群众[2]。电视节目人口覆盖率从1985年的68.4%提高到2000年的93.7%，2021年已达99.7%[3]。进入互联网时代，截至2022年7月，所有地级市城区、县城城区和96.0%的乡镇镇区实现5G网络覆盖[4]。近年来，依托于移动互联网兴起的亿万级用户的社交媒体、电商平台、短视频平台，反映了数字媒介对于社会阶层、兴趣群体的整合能力。因此，从可供性的角度来看，媒介使用为人民群众"接入"国家与社会的沟通网络提供基础，同时为媒介塑造共同体提供了可能。

社会整合能力也体现在中国转型的社会背景下，媒介通过传播在观念层面制造共识、加强社会凝聚力。中华人民共和国成立70余年来，我国完成了

---

[1] ANDERSON B. Imagined communities: reflections on the origin and spread of nationalism [M]. London: Verso, 2006: 35.
[2] 周逵，黄典林. 从大喇叭、四级办台到县级融媒体中心：中国基层媒体制度建构的历史分析 [J]. 新闻记者，2020（6）：14-27.
[3] 注：数据来源于国家统计局，https://data.stats.gov.cn/easyquery.htm?cn=C01.
[4] 工信部举行"新时代工业和信息化发展"系列发布会（第二场）[EB/OL].（2022-08-19）[2023-02-15]. http://www.scio.gov.cn/xwfb/bwxwfb/gbwfbh/gyhxxhb/202307/t20230703_720571.html.

跨越式发展，跻身世界第二大经济体，同时经历了从乡土社会到现代社会的转型，受到社会流动与分层的结构性影响，这是中国式现代化的显著特征之一。因此，社会整合在当前具有突出的重要意义，能够使公众感知社会凝聚力和国家认同。在机制方法层面，有学者分析了媒介仪式对社会整合和身份认同的影响。例如，每年的春节联欢晚会作为一种传播仪式，力图打破时空界限，唤起观众"中华民族大家庭"的身份认同，联结文化与心理上的共同体[1]。可见，在快速变迁的现代社会中，社会整合能力是"媒介—国家能力"的重要构成部分。

需要指出，信息功能是媒体的基本功能（也包括媒介所具有的公共服务功能），而政治、经济、文化功能均为延伸功能。因此，可以认为，沟通能力在"媒介—国家能力"的四项基本能力构成中处于核心地位，它不仅是现代化媒介实践的直接表现和主要功能，而且为其他三项能力的施行提供基础性支撑。基于有效的信息沟通系统，媒介得以施加资源、知识、观念和意识形态层面的影响，发挥其资源调配、教化与动员和社会整合的效力。同时，四项能力之间并没有明确的边界，而是在媒介与国家和社会的实践中相互影响、相互赋权、相互转化。诚然，囿于国家能力的研究视角和文献梳理的框架，本章提出的四项能力仅作为"媒介—国家能力"的基本构成部分，也希望后续能够进一步深入、全面地展开理论探讨。

中国独特的新闻传播实践是中国式现代化进程的一部分，为建构新闻传播学自主知识体系提供了基本参照[2]。本章具体从批判和反思发展传播学入手，为了摆脱其线性的发展主义观念、西方中心主义（美国中心主义）和技术决定论色彩，摆脱这种认知与具体实践之间的悬浮，结合中国式现代化的发展路径和"新发展社会学"带来的启发，从工业化建设、城镇化建设、社会主义市场经济建设、信息化建设等中国式现代化的具体实践出发，探讨中国式媒介与发展传播的路径和经验，尝试提出一种新的"媒介与发展传播类型"，

---

[1] 邵培仁，范红霞.传播仪式与中国文化认同的重塑[J].当代传播，2010（3）：15-18.
[2] 涂凌波.基于中国式现代化实践建构新闻传播学自主知识体系[J].中国编辑，2022（11）：28-32，37.

超越结构功能主义的媒介功能说、传统西方社会理论对"国家与社会"的二元对立框架,以及侧重于意识形态和宣传角度的中国媒介发展分析。

在以往关于媒介与现代化发展的研究中,媒介往往被视为宣传、教育或者意识形态的工具,这种理解是片面和简单化的。从中国式现代化的历史实践和现实经验来看,"媒介—国家能力"是基于媒介与国家、社会的多元互动关系所产生的。中国式现代化进程中的媒介实践,不是按照西方发达国家所谓的"标准"来推进的,而是在实践中面对具体的现代化议题而展开的。具体而言,第一,我国的媒介发展道路来自实践探索,"摸着石头过河",基于发展这一关键问题,灵活适应现实需求,如乡村大喇叭的建设、工业化城市媒介机构的发展、社会主义市场经济建设下的市场化转型等,都是基于现代化的现实要求而展开的媒介实践。第二,媒介发展的指导原则和思想观念,如党性原则、党管媒体、群众路线、媒介动员等,源于中国革命、建设和改革的历史经验与智慧,政党组织和国家力量是建设与推动媒介发展的重要动力来源[①]。第三,基层传播占据重要的地位,一方面是对政治层面进行社会组织的需求的回应,另一方面亦是面对我国人口规模巨大的现代化,致力于缩小城乡、区域之间差异的必要媒介实践。第四,我国推动高质量发展不仅仅是从经济水平指标上衡量的,也是以人的全面发展为核心的新发展观;媒介不仅仅是为了使人们接受"现代化思想",辅助现代化进程,更是为了满足人的全面发展的需要。

研究认为,在大众媒介兴起的现代社会中,媒介虽然不是国家构建和国家能力问题最关键的变量,但是媒介所承载的信息传播以及在社会整合过程中扮演着不可或缺的中介角色,意味着媒介与国家能力之间具有重要的联系。基于国家能力理论的视角,本章初步建构了一个"媒介—国家能力"的理论分析框架,重新检视了中国式现代化背景下媒介与国家、社会之间的关系问题。"媒介—国家能力"的基本构成包括沟通能力、资源调配能力、教化与动

---

① 张慧瑜. 逆向流动的主体、社会治理与发展传播学:从《山海情》看现实主义影视剧的社会功能[J]. 中国高校社会科学, 2021(3): 143-150, 160.

员能力和社会整合能力，而国家主导的媒介基础设施建设、"强国家"与"强媒介"的制度性耦合和现代化发展中的国家授权则构成了"媒介—国家能力"的来源机制。

需要说明的是，本章搭建的理论模型是基于理论与历史分析的总结和提炼，并不包含价值判断。换言之，现代媒介自身也有其运作和发展规律，在不同的政治、社会等因素的影响下，"媒介—国家能力"在实践中有着各种可能性，也要注意能力（capacity）与权力（power）的不同，这种能力当然也可能出现负面效应。近年来，在政治学领域关于国家能力的讨论，还涉及国家能力与国家权力的关系及其边界等重大问题。

国家能力建设与国家权力的扩张是两个不同的问题，因而将"媒介—国家能力"视作一个相对中立的、实践性的概念是有相当的理论和实践价值的。不难发现，具备充足能力的媒介系统，能够为发展中国家的国家构建与现代化进程提供新的可能性，在理论上则可以进一步阐释媒介与社会、国家之间的结构关系，也有助于丰富现代化研究的媒介视角，同时拓宽媒介研究在国家与社会研究议题的边界。

此外，该理论分析框架还可以通过实证研究等方法进一步展开论述，而关于数字技术对"媒介—国家能力"带来的影响、塑造以及媒介概念和内涵的广义性所带来的理论问题等，仍需要进一步研究。

第六章 新闻时间：新闻业运作的理论阐释*

引　言　"时间"作为新闻研究的基础问题

> 时间是复杂系统被迫进行选择的原因，因为如果系统拥有无限多的时间，那么所有的事件都可以相互联结配合。这么说来，"时间"象征着某个被规定的事物发生时，其他事物也会发生，以至于没有一个独立运作可以完全控制它自己的条件。……每一个复杂系统必须迎合时间——不管系统会如何在运作上以某个固定形式来掌握这些要求。
>
> ——尼克拉斯·鲁曼（Niklas Luhmann）[①]

在传统的新闻学研究中，时间并不成为一个"问题"，而只是新闻活动和现象的一种自然预设，或者具体而言，指的是影响新闻生产的一个变量。新闻编辑室的工作节奏受到时间条件的约束，记者、编辑需要在时间的价值和压力

---

* 本章主要内容分别原载于：涂凌波，赵奥博.新闻时间研究：基本概念、运作逻辑与制度化结构——兼论数字时代新闻业的"加速"及其异化[J].国际新闻界，2022，44（10）：24-49；涂凌波，余跃洪.新闻时间生态：数字新闻业加速现象的生态因素分析[J].青年记者，2023（14）：21-25。收入本书时，略有删改。

[①] 鲁曼.社会系统：一个一般理论的大纲[M].鲁贵显，汤志杰，译.台北：暖暖书屋文化事业股份有限公司，2021：87.

下作出新闻选择，而时间条件往往又受物质与技术的影响[1][2]。作为一种稀缺资源，时间是新闻得以存在的基础，不断加快的紧迫感是新闻工作的本质[3]。除了关注新闻生产的时间性运作之外，新闻本身的时间维度也曾是新闻研究的关注点。新闻叙事包含了时间性，构建了描述过去、现在和未来的复杂方式[4][5]。时间性也被当作新闻价值的一个重要维度，如"新鲜""及时""持续性"等价值要素都表明了新闻与时间的关联性。新闻还是一种关乎时间的知识，它通过再现和建构，塑造了人们的现代经验[6]。概而言之，这些关于"时间"的新闻学研究，遵循的主要是一种线性的、量化的时间认知方式[7]，它们强调新闻的时间性运作是新闻价值观、新闻实践和技术发展相结合的产物[8]。

有学者认为，时间作为新闻实践中的关键要素，应当贯穿于生产、文本与消费等诸多环节。[9] 新闻时间性至少涉及三个方面，包括新闻事件本身的时间、新闻生产和刊发所用的时间、受众通过阅读新闻感知到的时间。[10] 有学者将数字化环境下新闻的时间可供性框架划分为新闻生产、新闻发布、新闻消费三个阶段。[11] 还有学者进一步分析认为，"应从'常规'转向时间社会学'关

---

[1] TUCHMAN G. Making news by doing work: routinizing the unexpected [J]. American journal of sociology, 1973, 79 (1): 110-131.

[2] USHER N. Making news at the New York times [M]. Michigan: University of Michigan Press, 2014: 295.

[3] HUGHES H M. News and the human interest story [M]. London: Routledge Press, 2017: 58.

[4] NEIGER M. Media oracles: the cultural significance and political import of news referring to future events [J]. Journalism, 2007, 8 (3): 309-321.

[5] TENENBOIM K, NEIGER M. Print is future, online is past: cross-media analysis of temporal orientations in the news [J]. Communication research, 2015, 42 (8): 1047-1067.

[6] ZELIZER B, TENENBOIM W K. Journalism and memory [M]. London: Palgrave Macmillan Press, 2014: 32-49.

[7] BARNHURST G, NIGHTINGALE W. Time, realism, news [J]. Journalism, 2018, 19 (1): 7-20.

[8] BELL A. News time [J]. Time & society, 1995, 4 (3): 305-328.

[9] 王海燕，范吉琛. 新闻的时间性变迁：生产、文本与消费 [J]. 新闻记者, 2018 (10): 70-76.

[10] 白红义. 因时而作：新闻时间性的再考察 [J]. 国际新闻界, 2018, 40 (6): 46-67.

[11] 王海燕，范吉琛. 数字新闻的时间可供性：一个研究框架的提出 [J]. 国际新闻界, 2021, 43 (9): 116-135.

系'视角,从而将数字新闻生态中所有行动者纳入研究视野,以更全面地理解新闻加速"。①

然而时至今日,关于"新闻—时间"关系的讨论还较为粗疏,且通常将时间问题简化为新闻实践的惯习或规范问题,如凯文·伯西(Kerin Birth)所说"几代人对不同时间问题的解决方案的沉淀罢了"②。即便我们不从哲学、宗教、文学、艺术等领域讨论复杂而深奥的时间问题,仅从社会领域(新闻活动当然是社会活动的一部分)来考察,新闻活动中的"时间"究竟意味着什么,尚缺乏真正的理论解释。著名社会理论家尼克拉斯·鲁曼在其对社会系统的分析中就谈到时间的根本性问题,系统为了适应时间的不可逆性,会对自己特有的复杂性进行短暂化,这使得系统选择性地以时间先后方式连接诸元素;③而从新闻与社会的关系视角来看,新闻一方面正是以时间先后的逻辑连接各种社会元素,另一方面新闻系统亦逐渐演变为一个复杂的社会系统,即一个以时间为连接的系统。近年来,在社会学研究领域,时间社会学的研究蓬勃发展,关于社会运作中时间本体的讨论日益丰富④⑤⑥,都为新闻学研究中时间问题的理论研究提供了启发。

新闻活动(系统)中的时间问题是一个基础性的理论问题,是解释现代社会中新闻活动何以可能、新闻业何以运作的关键,也是对数字时代新闻业变动状况进行分析的重要线索。本章将新闻的时间性当作研究对象,分析新闻与时间这一学术议题,探讨新闻活动与时间之间的隐秘关系,从新闻生态和时间生态学的视角切入,进一步阐述如何分析数字新闻业"加速"状态背

---

① 蔡雯,伊俊铭.从"常规"到"关系":新闻加速研究的视角扩展与应用[J].新闻大学,2023(2):104-116,121.
② BIRTH K. Objects of time: How things shape temporality [M]. London: Palgrave Macmillan Press, 2012: 2.
③ 鲁曼.社会系统:一个一般理论的大纲[M].鲁贵显,汤志杰,译.台北:暖暖书屋文化事业股份有限公司,2021:91-92.
④ 罗萨.加速:现代社会中时间结构的改变[M].董璐,译.北京:北京大学出版社,2015.
⑤ 郑作彧.时间的系统构成:卢曼社会系统理论中的时间概念[J].社会学研究,2022(2):69-91.
⑥ 郑作彧.社会的时间:形成,变迁与问题[M].北京:社会科学文献出版社,2018:33.

后的生态性问题。

第一节　新闻时间的基本概念及其多重面向

对于日常生活而言，时间的流逝是一种自然而然且不可逆的现象，是一种自然规律。人的生存是在时间中展开的，时间也在人的生命片段组合中被连续起来成为一个整体。因而，当我们身处于时间中，理解时间的本质就成为一项充满困难的任务[①]。若要理解新闻与时间的关系，我们需要暂时离开形而上学的讨论，从社会视角来分析时间议题，厘清时间在社会行动与日常生活中的不同面向。

通过历史记载可知，古代社会中大型事件是划分历史时间的标尺[②]。由于并不存在精确的计时体系，驱动古代社会生活安排的是自然时间，即以天文自然规律运转中产生的循环而缓慢的时间，作为社会基本的时间结构。人们以日出日落、四季变化等自然节律为时间标尺，如以黄河流域气候变迁观测所产生的二十四节气，就成为中国古代社会组织农业生产和经济政治运作的时间参照。需要指出的是，自然时间并非时间的本质，只是在前现代社会中人们受制于技术与环境的一种时间安排。不同地区的人们对于自然时间的观测以及如何划分一天、一月、一年等时间节奏都有不同，这意味着从历史社会的视角来看，自然时间同样是一种差异化的、本地化的时间概念。

随着人类社会的发展变迁，自然节律的时间安排无法组织起大型社会系统，人们开始发明出如日晷、沙漏、水钟等各种装置来精准测量时间。在西方，记录时间的工作一开始是一种宗教活动，由生活极其规律的僧侣完成。

---

① HASSAN R, PURSER R E. 24/7: Time and temporality in the network society [M]. Stanford: Stanford University Press, 2007: 8.
② THRIFT N. The making of a capitalist time consciousness [M] // HASSARD J. The sociology of time. London: Palgrave Macmillan Press, 1990: 105-129.

他们发明并不断改进钟表，进而为祷告和仪式制作了严格的时间表[①]；而在特殊节日和场合，他们还会通过编钟和鸣钟等机械装置向附近的村庄播报时间，许多城市的中心位置都设置了钟（鼓）楼，自然时间开始向钟表时间转变。从一种自然的时间刻度转向机械化的钟表时间，时间逐渐脱离自然的束缚，成为社会活动的参照。简言之，时间开始具备了现代性的意味，也逐渐成为现代社会生活的运作机制。

从传统社会向现代社会的变迁过程中，规模化的工业生产需要精确、统一的社会时间安排。不断精确和细分的钟表时间为工业生产创造了标准化的秩序以及节奏，推动了工业化的发展，而当跨地域的活动越来越频繁时，人们对时间的测量也就必须超出本地化的时间概念，建立一种更广泛意义上的标准时间（standard-time）。根据学者埃维阿塔·泽鲁巴维尔（Eviatar Zerubavel）的研究，为了追求准时的邮政服务，18世纪的英国邮政机构把首都伦敦的格林尼治时间（GMT）当作标准时间，并一直沿用至今[②]。后来，铁路、航海、航空等交通运输技术的发展，进一步推动了信号、时间表和同步时钟的产生与应用。现代社会的标准时间创造了标准化生活，人们的生活步调变得越来越一致，社会的运作呈现着鲜明的时间面向。

当人类的社会行动必须以时间为中介进行协调和组织时，时间也就具备了社会意义。换言之，时间不再只是一种线性的流逝过程，而应被看作质的社会集体生活方式，即"社会时间"[③]。也有学者认为社会时间可被划分为三类，包括结构时间（如城市化、工业化时间等）、事件时间（如奥运时间）、心理时间（如时间观念、速度感知等）[④]。不管如何分类，时间之于人类生存的意义，已经超越了线性的、外在的、不可抗拒的自然时间维度，而是作为一

---

① 泰勒. 为什么速度越快，时间越少：从马丁·路德到大数据时代的速度、金钱与生命[M]. 文晗，译. 北京：中国政法大学出版社，2018：68.
② ZERUBAVEL E. The standardization of time: a sociohistorical perspective [J]. American journal of sociology, 1982, 88 (1): 1-23.
③ 郑作彧. 社会的时间：形成，变迁与问题 [M]. 北京：社会科学文献出版社，2018：33.
④ 景天魁，何健，邓万春，等. 时空社会学：理论与方法 [M]. 北京：北京师范大学出版社，2012：201.

种社会性的、人们共同约定的时间维度。

如果从概念上加以界定的话，社会时间指的是一种通过对诸社会行动者的行动加以协调，使社会行动者彼此的行动交织能依其意向在需要的时间点得以发生的行动参照机制①。社会时间可以包括至少四个社会学式的命题：第一，时间是一种协调诸行动者的行动参照机制。第二，时间不是脱离社会生活的纯粹抽象物，而是一个由社会制度与行动实践所构成的经验性的社会事实。第三，在行动者之间的社会行动的相互作用中，每个行动者都会有其时间需求。第四，时间不是僵固的，而是具有时间权力的动态角力过程②。

在自然时间与社会时间之外，还有一种时间的面向——媒介时间。历史地看，不管是自然时间还是社会时间，人类都需要借助某种技术中介（物）及其内容感知时间并据此规范个体行动，我们可以将这种基于技术中介的时间概念称之为媒介时间③。从古代社会的鸡鸣、晨钟暮鼓、日晷到现代社会的各种钟表、行程表、预算表……，人们借助物／工具等中介，感知时间的同步化和标准化，并以媒介时间为参照，安排、组织、协调社会生活。换言之，媒介是社会时间得以嵌入社会的充分条件，媒介时间则是一种技术中介化的社会时间。实际上，时间的媒介化是一个经典议题，如马克思在《政治经济学批判》中阐发的"时间消灭空间"、伊尼斯提出的"传播和传播媒介的偏向性"以及麦克卢汉所说的"地球村"等，都是对时间与媒介之间的关系的讨论。

媒介时间还是连接社会系统中各类行动者以及协调社会各个系统之间关系的中介，社会行动的展开同样离不开媒介时间。从社会系统理论的视角来看，媒介时间可以简化系统复杂性，使得社会行动的发生得以按照先后顺序连接起来，从而构成社会系统的稳定性。设想一下，如果不同地区的通信技术设备不参照同一种标准时间制式，那么大规模的社会互动、社会行动是难以想象的，社会系统的运作也必然走向混乱甚至崩溃。可见，媒介时间是现

---

① 郑作彧.社会的时间：形成，变迁与问题[M].北京：社会科学文献出版社，2018：204.
② 郑作彧.社会的时间：形成，变迁与问题[M].北京：社会科学文献出版社，2018：208.
③ 卞冬磊，张稀颖.媒介时间的来临：对传播媒介塑造的时间观念之起源、形成与特征的研究[J].新闻与传播研究，2006（1）：32-44，95.

代社会系统运作的深层结构，它的基本功能在于使得远距离的大规模社会互动成为可能，并由此协调组织起社会行动。在这一意义上，时间反映了社会群体之间的互动过程①。

在现代社会的运作中，逐渐发展出一种专门的媒介组织——新闻机构，媒介时间延展出一种更"简化"的、具体的面向，我们可以称之为新闻时间（journalistic time）②。如果参照社会时间与媒介时间的概念，那么新闻时间指的是新闻机构在运作过程中的行动参照机制，用来协调新闻传播主体（行动者）之间的新闻交往与社会行动，在主体与社会世界之间建立连接，是一种制度化的社会时间形式。

一方面，新闻时间的出现与印刷媒介和电子媒介技术的发展息息相关，因此新闻时间与媒介时间紧密相关。分散于不同地区（时区）的人们，可以通过同一种新闻媒介（物）形成相似的时间/事件感知，这使得人们不仅能经验到自身所生存的"周围世界"，更重要的是能与"共同世界"建立同步的时间和经验关系，想象出一种"时间的共同体"③。新闻时间属于社会时间的一部分，其基本功能在于协调人们的社会互动与社会行动。另一方面，新闻时间的形成与工业化、商业化、大众化社会的来临密不可分，现代新闻业的发展将新闻变成一种日常生活之物（或商品）。在日常生活中，新闻通过某一固定的时间点，告诉人们他们没有直接经历的事情，营造了一种"共同感"和"在场感"，从而使得遥远的事件变得可观察到和有意义④。新闻机构根据时间

---

① PRITCHARD E E. The nuer: a description of the modes of livelihood and political institutions of a nilotic people [M]. Oxford: Clarendon Press, 1940: 104.

② 注：在过去的研究中，"temporality"多被学者们理解为"时间性"和"及时性"，学者们由此出发理解时间对于新闻业的影响。在本节的论述中，新闻时间并不是单纯指新闻内容、新闻信息的及时性问题，而是描述新闻业运作及其在社会中的时间建构。因其具有"时间的社会性"和"时间的媒介性"双重特征，本节参照社会学者对于"社会时间"（social time）的译法，将"新闻时间"译为"journalistic time"。

③ 注：此处的论述参照了许茨在《社会世界的意义建构》中关于社会世界类型的分类。后文将作详细分析。（参见许茨. 社会世界的意义建构 [M]. 霍桂桓，译. 北京：北京师范大学出版社，2017.）

④ MOLOTCH H, LESTER M. News as purposive behavior: on the strategic use of routine events, accidents, and scandals [J]. American sociological review, 1974, 39 (1): 101-112.

节奏，生产并传播新闻产品，通过嵌入人们日常生活节奏进而塑造一种日常的"新闻生活"。正如罗杰·西尔弗斯通（Roger Silverstone）所言，"电视及其节目不仅为我们的日常生活仪式提供了焦点，将我们锁定在一个本地和全球的时空关系网络中，也为普通人提供了日常时间结构的一个坐标"。①

由此，我们初步讨论了时间的四种面向——自然时间、社会时间、媒介时间与新闻时间的关联（见图6.1），并对新闻时间概念作出了界定。不难发现，后三者都是现代性的产物，同时是现代性运作机制的一部分。时间不仅具有社会意义（"时间的社会性"），而且具有重要的媒介意义（"时间的媒介性"），这些问题值得深入分析。

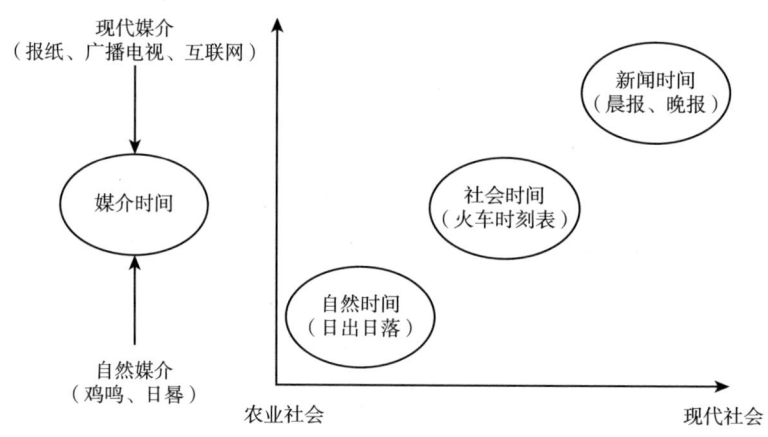

图6.1　时间的四种面向及其关系图

新闻生产社会学的研究传统，往往只是把时间当作一种客观存在的、外在的要素，而缺乏对其社会意涵的深入分析。作为中介存在的新闻，沟通了人与社会世界的最新变动情况、构建了人与社会世界之间的的关系，也勾连了人与人之间的关系②。新闻时间则是人们通过新闻展开社会交往与社会行动的一种社会时间安排，新闻机构连接起个体与社会，媒介技术赋能实现主体与同时代的社会世界之间的同步关系。进一步分析发现，新闻时间在日常生

---

① SILVERSTONE R. Television and everyday life [M]. Oxfordshire: Routledge, 2003: 32, 74.
② 杨保军. 论新闻学的总问题 [J]. 编辑之友, 2020 (6): 5–11.

活世界结构中具有如下四个方面的社会意涵。

一、新闻时间是新闻传播活动的基本行动参照机制

在新闻活动中，新闻传播主体之间的连接是以新闻的方式建立的，这种连接有三个基本维度：第一维度是媒介（物）的连接，即媒介在主体间产生的物质运动；第二维度是媒介所承载的新闻信息（包括精神信息）的连接，即信息的空间流动以及跨越地理局限的精神交往活动；第三维度则是通过新闻时间构筑了现代新闻传播活动的基本行动参照，使得新闻在主体间的流动、主体间的新闻交往活动得以同步开展，而且更为重要的是，构成了新闻生产绵延不绝、不可逆转的特征。

当时间脱离了抽象性概念的存在并成为协调社会行动的具体之物时，其便成为社会生活的一种制度性象征[①]。在新闻传播活动中，新闻时间首先是记者和编辑在职业活动中的定位机制，从追求新闻采集的"第一性"（firstness）和新闻生产的"死线"（deadline），再到新闻报道中的"即时性"（temporality），时间成为新闻工作中的"强制性因素"。通过新闻的流通和消费，新闻时间则成为个体社会生活及其行动的一种参考框架（frame of reference）。具体来说，在现代社会中，全天候的新闻生产展现了世界和社会中的重大变动，而个体通过动态呈现的新闻事件，感知外部世界的变动，并由此协调自身的行动。只有在新闻时间的稳定运作中，个体才得以有秩序地通过新闻建立当下活动和未来社会行动之间的连接，否则"新闻"无非只是一种缺乏时间意味的故事或者想象而已。

当然，新闻时间不是自然时间，它是在媒介技术变迁以及主体的社会实践中所产生的。具体而言，媒介技术使得新闻信息跨越地理空间，影响主体的新闻实践，进而调整各种社会关系和力量。同样，人们的新闻接收、新闻消费活动受制于各种媒介技术的传播速度，因而新闻时间常常被简化为传播

---

① 埃利亚斯.论时间[M].李中文,译.台北:群学出版有限公司,2014:62.

的"即时"和新闻文本内容所锚定的"时间点"。但是,新闻时间的参照性意义不能被简化为媒介技术的时间逻辑,而是必须被转化为经验时间才能被实现①。换言之,新闻时间并非媒介(技术)的外在性,而是一种内在性的存在,是人们与"共同世界"建立连接的基础。

二、新闻时间是一种标准化、时序化的结构

在现代化过程中,时间从一种松散的自然现象成为物理性的可观测的社会事实。时间既是日常生活的基本结构,也是人们应对社会和世界变动的个体现代性经验。时间是人们在实践中创造和结构化的产物②,不同类型的社会实践会塑造不同的社会时间结构。新闻时间,正是伴随着现代新闻业发展历程而形成的一种标准化、时序化的时间结构,并在职业化新闻生产过程中成为脱嵌于个体和媒介机构的存在。

借助现代时间计量工具,新闻活动不再以本地化自然时间为参照,而是有了一种抽象化、跨地区的统一时间标准。由此,全球新闻活动拥有了同一性时间刻度,其标准化时间单位也可以细分为月(月报)、周(周报)、天(日报,早间、晚间新闻等),甚至以分和秒为标准(电视直播及互联网新闻业的时间单位)。一方面,在持续的新闻报道中,社会事件依照发生时间和重要性依次被媒介化呈现,新闻时间表现为一种时序化的结构安排。另一方面,在新闻消费过程中,个体对现实变化的感知得以生成,并带来时间流动和社会行动的锚定效应。不难发现,这种新闻时间结构是通过各种媒介技术和报道环节的共同作用形成的,标准化、时序化的新闻时间结构塑造了现代新闻业,并改变了个体社会性的时间安排和时间经验。现代社会中阅读新闻也成

---

① KEIGHTLEY E. From immediacy to intermediacy: the mediation of lived time [J]. Time & Society, 2013, 22(1): 55-75.
② HÖRNING K H, AHRENS D, GERHARD A. Do technologies have time?: new practices of time and the transformation of communication technologies [J]. Time & Society, 1999, 8(2-3): 293-308.

为个体生活中惯常的、时序化的活动。历史地来看，现代新闻自诞生伊始便是由特定阶层在特定历史时间发明的文化形式，它反映了 18 世纪的中产阶级的一种特有的"对经验的渴望"，即"一种废弃史诗、英雄与传统，偏爱独特、原创、新奇和新鲜的愿望"[1]。在新闻的建构下，社会变动的历史经验与新闻事件的现实感知交织在一起，人们不但朝向当下经验展开社会生活，而且借助媒介与他者建立持续的、日常的连接。与其他的时间结构与时间感知一样，新闻时间在日常生活中具有社会性意义，即个体的新闻时间感知与他者的新闻时间感知是同一种感知体验。新闻时间是一种共享的时间经验：他人的时间总是牵涉其中，并与我们自己的时间联系在一起[2]。

三、新闻时间是一种社会性的时间制度

任何一个现代社会要实现统合、协调的发展，都需要有一套严密的时间框架或时间制度，它是社会生活得以展开的根本性基础之一[3]。虽然时间制度的运作受到各种技术中介的影响，但这种影响是由技术应用的关系所决定的。作为一种社会关系的产物，新闻传播主体之间通过相互协商（当然这一协商过程是历史性的），使得新闻时间呈现制度性的色彩。

制度性的新闻时间表现为新闻机构的节律性、新闻生产活动的周期性。新闻媒体的新闻内容生产与传播是按照时间制度组织起来的，这也培养了公众对于新闻的期待，激发了公众阅读的兴趣和集体的消费习惯。在传统媒体时代，新闻媒体的新闻生产遵循时间节律，人们亦在"约定"的社会时间中获取新闻内容，在漫长的新闻实践中形成了新闻的时间制度。这里说的时间制度，并非一种他律性的、强制性的制度安排，而是一种约定俗成的、日常

---

[1] 凯瑞.作为文化的传播："媒介与社会"论文集[M].丁未,译.北京：中国人民大学出版社，2019：10.
[2] KEIGHTLEY E, DOWNEY J. The intermediate time of news consumption[J]. Journalism, 2018, 19(1): 93–110.
[3] 周星.关于"时间"的民俗与文化[J].西北民族研究，2005(2): 121–139.

生活的制度形式。

新闻时间的制度性还规范了个体经验与个体的时间感知，是构造共同体意识的一种力量。在库尔德利等人看来，新闻消费是公共连接（public connection）的关键，即人们对一个公共世界的感知来源于共同的媒体使用；新闻报道公共事件标记"公共时间"，使人们产生一种集体感知[1]。这种由新闻所建构的公共连接，逐渐演化成一种社会约定的制度安排，反过来推动了现代新闻业的规范化、常规化和制度化运作。

四、新闻时间是嵌入现代新闻业中的底层机制

新闻时间是区分前现代新闻业与现代新闻业的重要标志。正如托马斯·E. 帕特森（Thomas E. Patterson）所说，时间影响每个机构的工作，但对新闻媒体的影响尤为显著。作为一种"时间机器"（time machine），现代新闻业得以正常运作的基础在于对时间的把控[2]。记者不仅需要在规定的时间里去发现新闻线索、新闻事件，新闻编辑室也需要在环环相扣的运转节奏中制作并传播新闻产品。在新闻内容的生产、制作、呈现和流通等各个环节，新闻时间都深刻嵌入现代新闻业的运作，成为一种"正常而普遍"的存在状态。盖伊·塔克曼（Gaye Tuchman）曾分析道，新闻网锚定在时间和空间之中，新闻生产的工作时间与各类机构的办公时间是步调一致的，并且各类机构需要在一段时间内作出工作规划。塔克曼用类型化（typifications）这一概念解释新闻工作对时间的运用，即从实践的意图将各类事情区分为不同的新闻故事，因此其关键在于"事件如何发生"而非"发生了什么事情"[3]。这实际上正好说明了在新闻业运作过程中"时间"比"事件"更加重要。

---

[1] COULDRY N, LIVINGSTONE S, MARKHAM T. Media consumption and public engagement：Beyond the presumption of attention［M］. London：Palgrave Macmilla Press，2016：3-5.
[2] PATTERSON T E. Time and news：the media's limitations as an instrument of democracy［J］. International political science review，1998，19（1）：55-67.
[3] 塔克曼. 做新闻：现实的社会建构［M］. 李红涛，译. 北京：中国人民大学出版社，2022：46-53.

前新闻业时代的新闻传播是以"事件时间"为导向的，即新闻的运作是根据行为和事件的持续时间和速度来确定的，而现代新闻业就是一种抽象的"时间导向"，是根据媒介技术及其生产流程所展开的[①]。作为社会时间的一种类型，新闻时间意味着新闻工作中的特殊时间规范，并体现在记者的新闻实践和受众的新闻消费中。在媒介技术和社会关系的双重建构下，新闻时间随着工业社会的产生而发展，并深刻影响和塑造着现代新闻业的运作状态。进一步需要追问的问题是，新闻业的时间运作逻辑是怎样具体形成的？又是如何塑造了新闻的形态？我们需要重新回到新闻活动的历史演变过程中展开分析。

第二节 现代新闻业运作的时间逻辑与制度性结构

一、媒介技术、现代性与新闻时间的生成

在资本主义萌芽、印刷术与现代航运等多种因素的作用下，15—16世纪的欧洲开启了从手抄小报到现代早期报纸的演进。此前由于抄写技术的限制，"前新闻业时代"的新闻信息在时间上并未呈现任何规律性，信息传播速度也十分缓慢。但古登堡印刷术普及后，各类印刷品的大规模生产和信息传播效率得以快速提升，技术的进步使得新闻活动的时间性问题愈发重要，印刷周期开始缩短，信息传播的节奏加快。同时，这种印刷术带来的社会"一致性"和"同步性"的共同体想象，一方面有利于启蒙思潮的传播，另一方面则刺激了现代新闻业的发展。

历史地看，现代新闻业的产生和发展并不是自然而然的结果，而是在资本主义经济政治发展、媒介技术革新以及人们交往方式变迁下的产物。启蒙

[①] 黄旦.新闻传播学科化历程：媒介史角度[J].新闻与传播研究，2018（10）：60-81，127.

运动以来，资本主义的进一步发展及资产阶级革命的爆发，为现代新闻业的发展扫清了制度障碍。17世纪中叶的欧洲三十年战争结束后，民族国家的建立推动了现代交通系统的发展。欧洲各地的邮政路线和私人快递服务的逐渐改善，使得定期的邮件和时事通讯投送得以实现①。到了18世纪，在新闻收集方面，"船舶新闻"（ship news）和"邮政新闻"（post news）兴起，新闻流通的速度进一步加快。与此同时，欧洲陆续爆发资产阶级革命，废除了各种报刊限制性政策，定期印刷出版的新闻（日报、周报或半月刊）开始在英国和北美地区流行开来。按照尤尔根·哈贝马斯（Jurgen Habermas）的说法，"只有当信息定期公开发送，即能够为大众所知晓的情况下，才有真正意义的新闻可言"②。报刊等出版物的定期发行使得时间成为新闻最重要的要素，新闻内容的周期性出版培养了社会公众对新闻的时间期待，以报刊为中心的阅读公众（the reading public）开始出现。阅读公众与传统意义上的读者的最大区别，正是该群体对当下公共事务非常关注，通过阅读新闻报道，个体感知到许茨所说的"同时代人的世界"（Contemporaries' world）。

二、新闻时间的制度化及其权威的形成

早期现代新闻业受制于通信技术条件，新闻机构的时间运作状况并不稳定。报纸刊载的大多是其收集到的各类信息，记者自发采集的信息较少，而在信息的地域分布上多是本国（地）发生的事件，远距离、跨地域间的信息交往受到时空的限制。一直到19世纪，随着电报技术的发明和全球航运、铁路交通网络的逐渐完善，新闻机构开始形成较稳定的时间制度。马克思所说的"时间消灭空间"，正是在这样一种历史社会背景下的新型世界交往方式，当资本在全球范围内跨越空间和地域限制流动时，人类的信息交流也进入了

---

① JOHN R, SILBERSTEIN L J. Making news: the political economy of journalism in Britain and America from the glorious revolution to the internet [M]. Oxford: Oxford University Press, 2015: 20.

② 哈贝马斯.公共领域的结构转型[M].曹卫东，译.上海：学林出版社，1999：16.

一个新的历史阶段。

1844年，美国科学家萨缪尔·摩尔斯（Samuel Morse）成功发明了有线电报传输装置，标志着远距离实时信息传播的技术条件逐渐走向成熟。正如尼尔·波兹曼（Neil Postman）所说，"电报的出现导致时空的距离被大幅度压缩，使信息从时空中脱离出来，远远超过书写和印刷文字的传播能力"[①]。同时，电报改变了人们对信息交流的时间性的理解，新闻时间的单位越来越小（从周/天到小时/分钟/秒），新闻报道的周期也越来越短。可以说，电子媒介技术将人们带入一个同时性和瞬间性的世界，新闻不仅报道已经发生过的事件，更重要的是，它塑造了人们对当下世界的同步感知。

19世纪以来，铁路、航海、航空等交通技术的发展加速了世界各地人员的交往频率和物资的跨区域流动。资本主义全球市场的形成，使得对于信息快速传播的需求进一步增加。社会系统中出现了职业化、专业化、商业化的新闻机构，国际性的通讯社纷纷成立，信息的全球化生产初现端倪。随着工业革命的发展，西方城市化进程加快，国民教育逐渐普及，新闻的读者从中上层开始转向社会大众，以"便士报"为代表的商业化大众报刊得以稳定发行，而商业化进程又进一步强化了新闻媒体在信息生产和传播效率方面的偏好。在新闻机构的运作中，时间成为记者进行信息采集和呈现中的"核心驱动"因素，没有时效的新闻逐渐被"晚近"（late）的电讯消息所取代，"截稿时间"和"第一时间"的观念成为制约新闻生产的首要因素[②]。现代新闻业的形成过程，实际上就是围绕新闻时间运作的制度化过程。如果把新闻时间比喻为中心轴，那么在这一时间轴的周围，新闻信息的采集、制作、流动不断加速，而整个人类社会生活的同步化、标准化和一致化等趋势显著加强。

新闻业运作的时间逻辑被现代性所塑造，新闻时间的权威形成则与新闻行业的专业知识生产相关。1894年出版的《进入新闻的步骤》（*Steps Into Journalism: Helps and hints for young writers*）一书中，新闻时间被等价为机构

[①] 波兹曼.童年的消逝［M］.吴燕莛，译.桂林：广西师范大学出版社，2009：101.
[②] 李彬.全球新闻传播史：公元1500—2000［M］.2版.北京：清华大学出版社，2009：185.

收益,并强调"新闻的第一要素是出版,如果不能被及时送到编辑手中,就会被削减、压缩甚至舍弃"①,而时间作为"新闻价值"的要素之一,则出现在1911年出版的《新闻业的实践》(*The Practice of Journalism: a Treatise on Newspaper Making*)一书中。在该书所列举的六个新闻价值特征中,新闻时间被定义为"时效性"②,并作为现代新闻业的新闻价值核心要素一直沿用至今。

在20世纪初的西方新闻教科书的影响下,新闻时间作为新闻价值之一的权威性得以形成,并逐渐成为新闻教育者和从业者共同认可的核心概念。在具体实践中,对于时间流逝的敏感也影响了职业新闻工作者的日常工作,应对时间压力是新闻工作者必须处理的一个关键问题。新闻生产成为一条工业生产线(assembly line),记者需要在短时间内完成内容呈现③,而"节奏性"(pace)、"顺序性"(sequence)、"持续时间"(duration)等概念则是新闻机构运作的一种文化框架④。如果我们跳出新闻领域审视,新闻时间的制度化历史及其权威的形成过程,也是新闻时间嵌入社会时间结构的过程,意味着新闻时间在现代社会系统中发挥了重要的作用。

三、新闻时间的三种社会性功能

从时间的社会性来看,时间对社会生活的秩序性安排来自它对人们的行为结构和协调的规范性影响⑤。新闻时间是一种具有社会属性的时间概念,新

---

① SHUMAN E L. Steps into journalism: helps and hints for young writers(1894)[M]. Montana: Kessinger Publishing, 2010: 101.

② WILLIAMS W. The practice of journalism: a treatise on newspaper making[M]. Missouri: Missouri Book Company, 1922: 213.

③ GANS H J. Deciding what's news: a study of CBS evening news, NBC nightly news, Newsweek, and Time[M]. Evanston, Illinois: Northwestern University Press, 2004: 109.

④ SCHLESINGER P. Newsmen and their time-machine[J]. British journal of sociology, 1977: 336–350.

⑤ BERGMANN W. The problem of time in sociology: an overview of the literature on the state of theory and research on the "sociology of time", 1900–82[J]. Time & society, 1992, 1(1): 81–134.

闻本身通过为人们生活提供连续性的时间坐标来实现对人们日常生活的时间建构[①]。在现代社会系统中，新闻系统可以协调、组织人们的社会互动与社会行动，因而新闻时间便作为协调人们行动和互动的"时间参照"，发挥着时间的社会性功能。举例来说，关于社会重大变动的新闻发布会，就会对该时间节点后的社会行动产生重要影响，甚至会改变社会过程。从这一意义上讲，新闻时间的社会性功能需要进一步分析。

首先，新闻时间协调人们的日常生活节奏。当新闻时间嵌入社会时间结构，成为一种重要的社会时间类型时，日常生活中的新闻就以紧密的序列排列呈现，从而影响人们对于社会生活的规划和行动安排。如果说早期报业的定期化发行带来了固定的受众群体，那么广播电视新闻的普及则带来了共同的新闻消费时间——一种新型的社会时间。在国内，很长时间以来，收看电视新闻栏目《新闻联播》是许多家庭日常生活的一部分。经过了白天的忙碌，一家人会在北京时间晚上七点围坐在饭桌前，准时收看这档栏目，这似乎成为一种约定俗成的、社会性的时间安排。在电视业的"黄金年代"，不管是中国还是西方国家，包括早间新闻、午间新闻、晚间新闻等在内的多个时间段的新闻栏目，在一天的节目时间表中有序排列，电视新闻的播出是一种固定的、约定的、社会性的安排。在人们的日常生活中，新闻时间的嵌入不是混乱无序的，而是通过规定时间点、时间节奏、时间顺序、持续时间等具体的方面，将新闻的传播过程与社会互动、社会行动协调起来。在传统媒体时代，不管是报纸还是广播电视，这些媒介的新闻时间都必须与社会生活的步调保持一致。

其次，新闻时间塑造"新闻事件"并影响此后人们的社会互动与社会行动。如前所述，时间成为新闻组织运作的制度化规范，新闻不仅有着特定的生产节奏，给受众一种全新的时间感知，同时形塑了人们对世界的认知、理解和行动。在日常的新闻报道中，新闻将社会生活中自然而然发生的"变动"情况变成有节奏的报道日程。虽然这些事件发生的时间是随机的，但新闻机

[①] 邵培仁，黄庆. 媒介时间论：针对媒介时间观念的研究[J]. 当代传播，2009（3）：21-24.

构的运作严格遵循一种"依时而做的步调"（a daily tempo）。新闻生产有着特定的节奏（rhythm of news-making），而所谓新闻性不仅与时效性有关，还要看事件是否能被安排在时间的节奏或周期内①。即便事件发生的时间是随机的，但是新闻机构运作的时间逻辑将常规事件（这里需要注意事件发生的随机性）转变为"新闻事件"。换言之，从人们的认知和感知角度来看，新闻事件的发生是规律的、有序的、有节奏的，有"新闻淡季"也有"新闻旺季"，每天都必然有新闻发生，而且发生时间越近的新闻越有新闻价值。这就是新闻时间发挥的一种社会性功能（作用）。

"新闻事件"与传播学研究中的媒介事件有诸多重合之处。美国传播学者丹尼尔·戴扬（Daniel Dayan）和伊莱休·卡茨（Elihu Katz）②曾将电视上播报的"历史的现场直播"——"媒介事件"分为三种："竞赛"（contest）、"征服"（conquest）和"加冕"（coronation）③。报道媒介事件是新闻机构一种非常典型的时间安排，媒介事件中的新闻时间几乎都是社会性的，即人为约定或者人为构造的，因而其时间往往是固定的、可预期的、可计划的。例如，在国际奥委会宣布北京承办2022年第24届冬季奥林匹克运动会后，这一赛事的新闻报道的新闻时间就已经确定，冬奥会这一"新闻事件"尽管此时还未发生，但新闻时间已经形成，媒体在时间表上已经做出计划。同时，即将或者正在发生的媒介事件，使得新闻时间在社会互动中和社会行动中成为中介

---

① 白红义.因时而作：新闻时间性的再考察［J］.国际新闻界，2018（6）：46-67.
② 戴扬，卡茨.媒介事件：历史的现场直播［M］.麻争旗，译.北京：北京广播学院出版社，2000：30-32.
③ 注：戴扬和卡茨同时提出了媒介事件的"3C类型"，即"加冕"（coronation）、"征服"（conquest）、"竞赛"（contest），并将奥运会归类到了"竞赛"这一分类下。由于这三种类型的媒介事件都属于正面的事件，戴扬在后来的研究中又提出了"超越媒介事件"（beyond media events）。在文章《超越媒介事件：幻灭、脱轨、冲突》中，他认为近年的媒介事件与20世纪八九十年代的媒介事件已有不同，于是在"3C"的基础上拓展偏负面、创伤性的"3D"媒介事件，即"幻灭"（disenchantment）、"脱轨"（derailment）、"冲突"（disruption），并由此拓展了原本媒介事件概念的内涵。参见 DAYAN D. Beyond media events: disenchantment, derailment, disruption［M］//HEPP A, COULDRY N, KROTZ F. Media events in a global age. London: Routledge, 2009: 35-43. 但本节重点并不在于论述媒介事件，此处不再赘述。

变量，这一新闻时间使得人们共同执行和遵守某种时间规范①。

最后，新闻时间建构了人们的"当下"观念，并将个体与同时代人的世界连接起来。前文已简要论述许茨的社会世界分类，此处进一步分析。在许茨看来，人们所处的社会世界可以被划分为"前人世界""周围世界""共同世界"和"后人世界"（"前人世界""后人世界"分别指在个体的生命终结之前和之后的世界，在此不做过多论述）："周围世界"也称为伙伴的世界（world of consociates），即直接经验的社会实在的世界（环境），"这个通过我的此在和现在而环绕着我的世界，与通过你的此在和现在而环绕着你的世界是完全一致的"；"共同世界"也被称为同时代人的世界（world of contemporaries），"这种同时代人的社会世界和我一起存在着，因而是与我的绵延过程保持着同步的"。② 两者的一大不同之处在于，伙伴的世界是可以通过生活直接经验的，而同时代人的世界则无法通过直接经验把握，需要根据间接的证据进行推论。如黄旦所说，与宗教不同，报纸是一种关系，它代表和调节的是此岸的人与人之间的关系。③ 在现象学的意义上，新闻将人们从"周围世界"中解放出来，与远方的他者共享经验与时间感知，并形成对同时代人的世界的本质、直观的理解。这种"共有的现实感"是由新闻时间所呈现的"当下"所塑造的，个体的经验与同代人的经验保持了同步。

新闻是一种主要关注同时代人世界的知识类型（type of knowledge），个体通过新闻与同时代人建立一种间接或者直接的经验连接。新闻交往主要在同时代人的世界中发生，而非在伙伴的世界或者"前人世界"、"后人世界"中普遍存在。以电视新闻节目为例，虽然大多数内容都是由偶发事件构成的④，但是电视新闻使得分散的观众通过同时观看的经验在时间上聚集在一起，而

---

① 孙信茹.传媒人类学视角下的媒介和时间建构［J］.当代传播，2015（4）：34-37.
② 许茨.社会世界的意义建构［M］.霍桂桓，译.北京：北京师范大学出版社，2017：213-215，244-281.
③ 黄旦.报刊是一种交往关系：再谈报纸的"迷思"［J］.安徽大学学报（哲学社会科学版），2012（6）：96-100.
④ GELLES R J, FAULKNER R R. Time and television news work［J］. Sociological quarterly，1978，19（1）：89-102.

在空间上保持彼此的疏离①。同时，在电视节目日程安排的节奏下，新闻时间和线性时间完美贴合，更是营造了一种身处当下的经验感知，不断连续的新闻时间则将过去、现在和未来有序组合起来。

四、作为"基点"的新闻时间与永不停歇的现代新闻业

至此，我们已经初步发现现代新闻业运行的底层逻辑，即以新闻时间为"基点"组织、协调日常新闻生产与传播活动，并形成一种制度化的社会时间安排与权威。新闻时间塑造了新闻工作者新闻选择、新闻生产的职业惯习，也在新闻机构运作中逐渐形成新闻行业的普遍规范，即新闻媒体所共同默认的时间制度。经过经典教科书中新闻价值的理论"包装"，新闻时间不但确立了权威地位，而且通过知识的代际传承得以"再生产"。如此一来，现代新闻业的"发条"已经上满，一整套工业化、规模化的新闻生产链条转动起来，标准化的新闻"产品"被源源不断地生产出来——现代新闻业处在一种"永不停歇"的状态之中。（见图6.2）

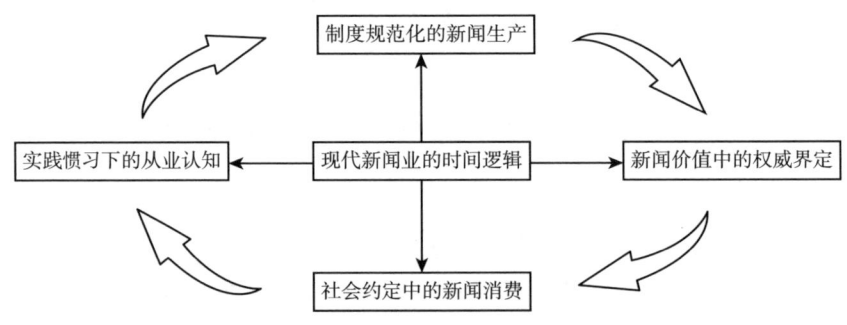

图6.2　现代新闻业运作中的"时间逻辑"②

当然，我们以机械化的工业生产作为比喻来形容现代新闻业的运作机制，

---

① MCQUIRE S. City times: negotiating public space in the twenty-first century city [M] // KEIGHTCEY E.Time, media and modernity. London: Palgrave Macmillan Press, 2012: 123-142.

② 注：本图是阐释新闻时间运作逻辑的抽象示意图，主要说明现代新闻业运作的基本机制，而非对新闻系统运作的详细图解，特此说明。

并不是为了将新闻业与一般的经济社会部门等同，而是为了指出现代新闻业是不会停歇的，概因其运作的"基点"是现代社会系统的根本性存在——时间。正如之前所论述的，新闻时间将个体与同时代人的世界连接起来，这种连接不是抽象意义上的，而是具体的社会互动与社会行动参照。首先，在人们的社会时间结构之中，新闻时间主要以一种日常生活的时间安排的面貌出现。从早报、晚报到电视新闻节目日程表，再到数字时代以分钟和秒为单位时间的在线新闻推送，新闻时间影响了人们的社会时间和日常生活安排，中介了人与人、人与国家、人与社会世界的之间关系。其次，新闻时间让随机发生的社会事件变成规律性的"新闻事件"，并由此中介了现代人对外部世界的认知与感知。最后，新闻时间在制造"当下"感的同时，重新建立了过去、现在与未来的统一，在媒介化社会的环境中，这种"统一体"改变了线性的时间观，"当下"的观念塑造并维系了人们所处的同时代人的社会世界。

第三节　新闻时间生态的界定与基本构成

新闻这一概念本身就内含着时间指向。在中西方有关新闻的定义中，"新鲜""及时""快速"等总是作为描述新闻特征的重要语汇，"新闻是易碎品"恰恰说明随着时间的推移，新闻只能成为旧闻。19世纪中期，新闻的大规模传播意味着它成为一个衡量社会时间的重要尺度，"没有新闻"（no news）在现代社会不再可能发生。[1] 电报时代的新闻业促进了新闻时间（news time）的形成，愈发强烈的时间观念开始遍布于新闻实践中。[2] 在相对更为成熟的报业体系之中，具有官僚化属性的新闻机构制定了周密的新闻时间安排。[3] 在新闻业发展过程中，各新闻机构正是通过对时间的安排形成了普遍而又有所差异

---

[1] RANTANEN T. When news was new [M]. New Jersey: Wiley-Blackwell, 2009: 1.
[2] KIELBOWICZ R B. Regulating timeliness: technologies, laws, and the news, 1840–1970 [J]. Journalism & communication monographs, 2015, 17 (1): 5–83.
[3] 陈百龄. 追分赶秒：新闻组织的时间结构化策略——以报社图表产制为例 [J]. 新闻学研究, 2016 (127): 75–117.

的新闻生产模式，并在新闻业中生成了时间结构化的具体策略。

新闻时间表面看起来是在新闻实践中自然形成的，但实际上，新闻时间制度也会反过来塑造特定的新闻工作常规（routine）。新闻社会学的诸多经典研究已证实了这一点。譬如，盖伊·塔克曼指出，新闻媒体设置了一个严格的时间和空间结构，以保证工作的完成性和延续性，时间结构也影响着记者如何判断新闻事实的价值。① 菲利普·施莱辛格（Philip Schlesinger）论述了他称之为"秒表文化"（stop-culture）的新闻即时性。② 赫伯特·J.甘斯（Herbert J. Gans）指出了新闻工作中广泛存在的最后截稿期限。③ 马克·德乌泽（Mark Deuze）认为，记者的工作有一种即时性的光环，新闻生产过程需要快速决策、加速工作。④ 可以说，在工业化、大众化的现代新闻活动中，尤其是在传统的大众媒介时代，严格的线性时间观念和制度是完成新闻工作的条件。

从系统论来看，新闻系统作为社会系统的一部分，理应遵从社会时间标准。新闻时间作为一种时间类型，是社会时间在新闻传播过程中的映射，强调的是一种"实践的时间"在新闻生产与传播中的时间惯习或规范。⑤ 然而，以互联网为核心的"技术丛"使"加速"成为当下社会的显性特征，打破了新闻业的原有结构和工作常规，新闻时间的变化成为观察数字新闻生态的重要切入点。

提及数字新闻生态，我们有必要重新回顾"生态"概念与新闻学研究的结合。"生态"概念源于生态学（ecology），1935年，英国生态学家亚瑟·坦斯利（Arthur Tansley）提出"生态系统"（ecosystem）概念，其内涵是"形成

---

① 塔克曼.做新闻：现实的社会建构［M］.李红涛，译.北京：中国人民大学出版社，2022：59-77.
② SCHLESINGER P. Putting "reality" together：BBC news.［M］. London：Routledge，1988：83.
③ 甘斯.什么在决定新闻：对CBS晚间新闻、NBC夜间新闻、《新闻周刊》及《时代》周刊的研究［M］.石琳，李红涛，译.北京：北京大学出版社，2009：136-138.
④ DEUZE M. What is journalism？professional identity and ideology of journalists reconsidered［J］. Journalism，2005，6（4）：442-464.
⑤ 王阳.媒介学视野下西方现代新闻时间的生成逻辑［J］.新闻记者，2019（8）：26-36.

人类栖息地的、复杂的、由不同物理因素组合而成的复合体"①。生态观念的兴起对芝加哥学派的城市研究产生了深远影响，如罗伯特·帕克认为，社区是在人口、人工制品、习俗信仰、维持生物与社会平衡的自然资源四个要素的相互作用中形成的。②生态视角的重要启示在于提醒我们不能孤立地理解任何一个客观对象，而是要将其放置在诸多要素网络之中，系统分析要素之间的具体关系。尼尔·波兹曼所建立的"媒介生态学"（media ecology）体系正是将媒介视作一个环境整体，主要研究各要素在媒介环境整体中如何进行相互作用，以达到良好的媒介生态平衡的问题，包含着技术批判的内在取向。克里斯·安德森将"新闻生态系统"（news ecosystem）概念正式引入新闻学研究，关注城市环境与数字新闻网络的形成，逐渐跳脱从人本角度展开技术批判的研究倾向。③

论及时间生态学，德国学者约根·P. 林德斯巴赫（Jirgen P. Rinderspacher）很早就将"时间"与"生态学"结合起来展开分析。他认为时间所关涉的生态是社会环境，"在社会环境中，人们有着时间需求，而这个需求会受到行动者彼此相互作用的影响""时间生态学追求的便是社会环境中各行动者的和谐共存"。④我国社会学者郑作彧进一步深入了对"时间生态学"的研究，他划分出四个层次的时间生态模式，分别是"时间生态个体""时间生态种群""时间生态群落"和"时间生态系统"。⑤

如果我们参考时间生态学这一理论资源，那么尝试构建新闻时间的生态

---

① GAZIANO E. Ecological metaphors as scientific boundary work: innovation and authority in interwar sociology and biology [J]. American journal of sociology, 1996, 101 (4): 874–907.
② 常江，何仁亿. 新闻生态理论：缘起、演变与前景 [J]. 江西师范大学学报（哲学社会科学版），2022, 55 (2): 101–110.
③ 安德森. 重建新闻：数字时代的都市新闻业 [M]. 王辰瑶，李红涛，译. 北京：中国传媒大学出版社，2022.
④ 郑作彧. 社会的时间：形成、变迁与问题 [M]. 北京：社会科学文献出版社，2018：214, 219.
⑤ 注：时间生态四个层次的具体内涵和划分标准在郑作彧的《社会的时间：形成、变迁与问题》一书中均有详细论证和解释，本节意在重点阐述以此为理论资源推论出的新闻时间生态模式，在此不再赘述。

模式将产生新的视角。本节分别从个体、群体、群落和系统四个层次构建新闻时间生态的基本模式，观察和分析新闻活动中的时间问题，以此进一步揭示新闻时间呈现加速或者异化现象背后的结构性原因。

一是新闻时间生态个体，指参与新闻活动之中的行动主体，包括传播主体、收受主体、信源主体、控制主体、影响主体等[①]。不同主体在新闻活动中承担着不同角色，具备不同的行动取向，自然也会有不同的时间需求。归根结底，从新闻时间生态个体的角度，我们需要通过考察每一位具体的新闻活动参与者的时间安排，分析是否存在新闻时间加速或者异化的问题。然而在具体研究中，我们难以事无巨细地考察每一位新闻活动参与者，划分不同行动主体类别是为了方便对此问题展开清晰的讨论。

二是新闻时间生态群体，指参与新闻活动的不同传播主体类型、收受主体类型、信源主体类型、控制主体类型、影响主体类型。也就是说，新闻时间生态中的"群体"和"个体"高度相关，区分的标准在于讨论的是行动主体本身，还是行动主体类型，即行动主体的"社会角色"。以传播主体为例，我们可以在一般意义上讨论传播主体本身，也可以讨论不同类型的传播主体，如"报社""电视台"和"数字新闻组织"三种类型就分别构成三个新闻时间生态群体。

三是新闻时间生态群落，指两个及以上新闻时间生态群体之间构成的关系域。新闻时间生态群落是一个比较复杂的关系网络，其中最为核心的是新闻活动中的传收关系，其他群体之间的关系都围绕传收关系形成并展开。[②] 比如，以人民日报新媒体中心为例，其作为传播主体既需要遵循特定新闻时间制度，协调处理与其他类型（报纸、网站）编辑部的关系，也会涉及与其他消息来源、政府部门、市场主体、技术公司、公众群体等之间的关系，上述提及的每一类别都也会遵循一定的新闻时间安排。以上关系都离不开人民日报新媒体中心和受众之间这一核心关系链条，换句话说，如果这一关系链条

---

① 杨保军."新闻主体论"论纲[J].国际新闻界，2016，38（1）：88-101.
② 杨保军.新闻内部系统运行的核心规律：根据、构成、关系[J].社会科学战线，2019（1）：147-159，2.

破裂消失，其他关系网络也无法形成展开。①

四是新闻时间生态系统，指在更大范围之内，多元新闻活动主体（包括个体、群体、群落）在社会时间制度基础上构成的一个具有概念完整性与独特运作机制的新闻活动领域，这个领域是包括主体、技术、平台、制度等在内的生态系统。新闻时间生态系统具有两个面向：一是指系统内部多元新闻活动之间的关系；二是指与社会时间这一更宏大的时间生态系统之间的关系。从一定意义上讲，新闻时间生态系统是社会时间生态系统的一部分。图6.3简要说明了上述新闻时间生态模式的基本构成。

"与自然生态不同的是，时间生态层次之间不具有垂直等级之分。时间生态模式所划分的是观察的层次、探讨切入与研究架构的层面，而不是对社会实体构成要素的拆解"。②同样，新闻时间生态模式中的不同层次并不是彼此割裂、界限分明的，而是彼此联系、相互影响的。提出新闻时间生态模式意在厘清数字新闻业普遍存在的时间困境，包括不断加速的新闻节奏、逐渐异化的新闻时间等问题，进而寻找构建良好新闻时间生态的有效路径。可以说，从时间生态学视角切入提出新闻时间生态模式，是在理解从"常规"转向"关系"的基本讨论思路的基础上，做出的学理探索。

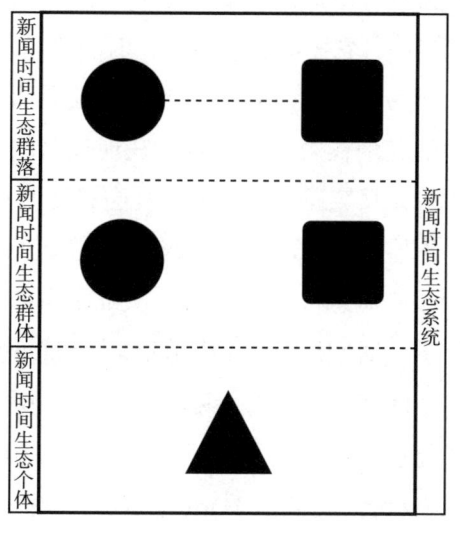

图6.3　新闻时间生态模式的基本构成

---

① 陈阳.每日推送10次意味着什么？——关于微信公众号生产过程中的新闻节奏的田野观察与思考[J].新闻记者，2019（9）：23-31.

② 郑作彧.社会的时间：形成、变迁与问题[M].北京：社会科学文献出版社，2018：219.

第四节 "加速"新闻业：数字时代的新闻时间及其批判

一、时间权力：社会加速下新闻业的速度偏向

社会时间是现代社会运作的基础，同时框架了个体的生活形式，定义了社会群体的互动规范①。需要注意的是，这一时间规范也表现为一种权力关系。如果说早期农业社会的时间管理还是由人控制的状态，那么工业文明所创造的社会世界的时间体制，就不再是被某些人垄断了的时间体制，而是独立出来的时间，它支配着所有人，时间成为一个异在的力量②。

作为中介的时间完美地嵌入社会运作，以至于人们在日常生活中甚至对时间的支配权力毫无知觉。在现代时间观念的支配下，时间本身就是价值的来源，如马克思所论述的"社会必要劳动时间成为衡量商品价值的标准"，最大的价值必须通过最快的速度来获取。实际上，在时间社会学的研究中，速度作为核心概念被反复探讨。从维希留的竞速学说、鲍曼的"液态的现代性"、哈维的"时空压缩"到罗萨的社会加速批判理论等，都体现了当今社会是一个以"时间加速"为主要特质的"速度社会"③。现代社会的加速逻辑与整个现代化进程息息相关，并对当代社会的结构和文化演变具有决定性的影响④。在哈特穆特·罗萨（Hartmut Rosa）看来，社会加速并不是一个单一的线性过

---

① LING R. Taken for grantedness: the embedding of mobile communication into society [M]. Massachusetts: MIT Press, 2012: 35–56.
② 吴国盛. 时间的观念[M]. 北京：北京大学出版社, 2006: 100.
③ 郑作彧. 社会速度研究：当代主要理论轴线[J]. 国外社会科学, 2014 (3): 108–118.
④ ROSA H. Social acceleration: ethical and political consequences of a desynchronized high-speed society [J]. Constellations, 2003, 10 (1): 3–33.

程，而是由技术的加速、社会变化的加速和生活节奏的加速三个维度共同组成的。在经济、文化和社会结构三种动力的影响下，三种加速维度相互影响并逐渐形成了一个加速循环①。

同样，在媒介技术加速、产业资本加速、社会变迁加速、生活节奏加速等的共同作用下，数字时代的新闻业运作追求极致的时间效率，新闻采集、生产和传播的速度不断加快。之前已指出现代新闻业运作的时间逻辑与制度性结构，但我们同样需要对新闻时间本身展开批判，数字新闻业在即时性和同时性的时间压力下，正在催生超负荷"加速"运作的新闻业，新闻时间可能走向"异化"，这将对人们的日常生活时间、人与社会世界的连接关系、人们的社会互动与社会行动等方面带来深远影响。

二、量化时间：7/24 新闻工作节奏与新闻的"永远连接"

传统的新闻生产研究一般将新闻时间分为两种管理方式：一种是由内而外（inside-out）的驱动因素，如媒体的工作日程安排，自主选择报道内容、投入时间或报道方式等；另一种则是由外而内（outside-in）的影响因素，如外界的突发事件和社会中权威机构召开的新闻发布会等②③。但是，随着数字技术的发展，分隔内外时间工作机制的边界也在发生变化④。传统新闻工作中形成的时间惯习已经被网络化、技术化的方式替代，用户期望了解最新、最快甚至是没有时间延迟的消息，这不仅改变了新闻的制作和传播方式⑤，而且

---

① 罗萨.加速：现代社会中时间结构的改变［M］.董璐，译.北京：北京大学出版社，2015：94-96.
② SCHUDSON M. Deadlines, datelines, and history［M］//MANOFF R K, SCHUDSON M.Reading the news. New York：Pantheon Books，1986：79-108.
③ TUCHMAN G. Objectivity as strategic ritual：an examination of newsmen's notions of objectivity［J］. American journal of sociology，1972，77（4）：660-679.
④ CARLSON M. Introduction：the many boundaries of journalism［M］//CARLSON M，LEWIS S C.Boundaries of journalism. London：Routledge Press，2015：1-18.
⑤ RIEIS J，DE SOUZA F，DE MELO P V，et al. Breaking the news：first impressions matter on online news［M］.Proceedings of the International AAAI conference on web and social media，2015：357-366.

将新闻工作的日程从质化的"任务取向"迅速转向量化的"时间取向"①。数字时代的新闻工作，突出表现为量化时间的工作取向，不断细分的新闻时间单位，以及加速的新闻节奏。

不断前移的截稿时间，加剧了新闻工作者的时间压力。早在20世纪80年代，菲利普·施莱辛格（Philip Schlesinger）②就将英国广播公司的新闻生产工作描述为一种"停表文化"（stop-culture），记者需要在规定的截稿时间之前把采写到的新闻传回编辑部，以供信息及时播发，而数字时代的新闻周期（从一个事件发生到新闻发布之间的时间间隔）已经大大缩短，新闻工作中出现了"不打烊的编辑部"、永动机式的工作模式和焦虑的新闻工作室文化③。一定程度上讲，7/24的新闻时间安排（7天、24小时不间断）成为数字新闻工作的"新常规"，这使得有节律的、有节奏的新闻时间安排变成了没有间歇、永不停顿的线性时间。如果说传统的新闻工作是在时间压力下的活动，那么数字时代的新闻工作则是"永远在线"的模式，新闻消费也处于"永远连接"的状态，新闻传播主体与新闻的关系存在"异化"的风险与挑战。换言之，过去人们在约定的新闻时间建立连接与互动，而现在则是在永恒的连接中寻找新闻时间。

"平台化"对新闻工作产生了结构性影响，亦改变了新闻时间的面貌。数字新闻业的工作内容、操作程序、工作平台等与传统新闻业有着较大不同，新闻系统本身变得越来越复杂。新闻工作者不仅需要报道新闻内容，还要参与平台传播的多个流程，了解算法推荐等技术层面对于内容的影响，新闻机构还需要管理内容、维护用户关系等。此外，新闻类型的融合、新闻的液态化、新闻边界的模糊化以及多元新闻传播主体逐渐参与新闻生产，进一步打破了传统的新闻"时间线"分工。由此，任何一个记者和新闻机构都不能、

---

① THOMPSON E P. Time, work-discipline, and industrial capitalism [J]. Past & present, 1967, 38 (1): 56-97.
② SCHLESINGER P. Putting "reality" together: BBC news [M]. London: Routledge, 1988: 83.
③ 王海燕. 加速的新闻：数字化环境下新闻工作的时间性变化及影响 [J]. 新闻与传播研究, 2019 (10): 36-54, 127.

也不想减缓新闻的产制速度、打乱工作安排，因为他们无法在平台、用户和算法之外单方面重塑时间网络来设定新闻节奏①。

三、工具理性：技术的加速主义与平台化的新闻时间

哲学家吉奥乔·阿甘本（Giorgio Agamben）不无担忧地指出，"今天人们的生活无时无刻不被机器所塑造和控制"，而"机器的臣服者绝不可能以'正确的方式'使用机器，他们自己被媒介所俘获，成为媒介的产物"②。长期以来，在新闻时间性上，新闻机构强调"第一时间"的价值，而这种信念则建立在媒介技术和依照技术逻辑的经济社会结构基础之上。从19世纪30年代开始，新闻业的时间运作逻辑就与商业贸易的时间周期重叠在一起，商业贸易通常以一天为交易单位，日报也以"日"为时间单位，而电报技术的应用则巩固了新闻的商业逻辑，新闻的价值被定义为最新的而不是最好的信息③。

在芭比·泽利泽（Barbie Zelizer）看来，数字技术在推动如何制造、体验新闻时间等方面发挥了更为关键的作用，任何对于当代新闻业的时间性讨论都是基于数字时代平台所带来的影响的④。不难发现，数字时代的新闻生态呈现了一种更为混杂（hybrid）的状态：技术思维和平台逻辑深刻嵌入新闻机构，从新闻采集、生成、流通到反馈，人类行动者和非人行动者（算法、人工智能等）的行为相互交织，带来了新闻场域的巨大变化；新闻工作逐渐从线下转移到线上，信息采集、筛选与推送都更多地依赖于平台的算法技术。

---

① MURDOCK G. Large corporations and the control of the communications industries [M] // GUREVITCH M.Culture, society and the media. London：Routledge，2005：123-156.
② 克拉里.24/7：晚期资本主义与睡眠的终结[M].许多，沈河西，译.南京：南京大学出版社，2022：53-54.
③ CAREY J W. Why and how ? the dark continent of American journalism [M] //MANOFF R K, SCHUDSON M.Reading the news：a pantheon guide to popular culture. New York：Pantheon Books，1986：146-196.
④ ZELIZER B. Epilogue：timing the study of news temporality [J]. Journalism，2018，19（1）：111-121.

有学者分析，杂合体新闻业的兴起使得"强结构式新闻再生产"逐渐被开放、联结且高度易变的"弱结构式新闻再生产"所取代①。

由此，加速状态下的新闻业转向了对高度情感化的注意力的追求，而新闻流通和消费的时间性也变得更加游移不定②。换言之，数字环境中的新闻时间不再由记者所垄断，更多地受制于技术基础设施设定的新闻节奏③。在这种由平台化所塑造的新的新闻时间制度中，新闻时间及其中介关系逐渐脱离人这一主体的管理，而是由大数据驱动预测分析和管理④。正如保罗·维希留（Paul Virilio）所说，网络空间中"即时的、全球化的信息流"所带来的"实时性"，正推动人类走向"速度独裁"⑤。技术逻辑运作中的数字新闻业必须十分注意工具理性的扩张，避免造成主体与世界连接的中介——新闻及新闻时间的"异化"，新闻业不能沦为数字和速度的世界。在数字技术的影响下，速度中心性导致了新闻工作处于"无法喘息的常规"中，呈现的是"疯狂而平庸"的内容⑥。

在各种加速因素的作用下，传统新闻业中规范化、工业化和标准化的时间结构被改变，碎片化、实时化和弹性化的动态新闻结构正在生成。换言之，数字语境中新闻的采集、生产和流通的时间约束发生了质变，新闻时间正在朝着液态化、非时性的方向发展，并深刻影响着新闻传播活动的形态与过程。

---

① 姜华，张涛甫. 传播结构变动中的新闻业及其未来走向［J］. 中国社会科学，2021（8）：185-203，208.
② HARSIN J. Public argument in the new media ecology: implications of temporality, spatiality, and cognition［J］. Journal of argumentation in context，2014，3（1）：7-34.
③ ANANNY M，FINN M. Anticipatory news infrastructures: seeing journalism's expectations of future publics in its sociotechnical systems［J］. New media & society，2020，22（9）：1600-1618.
④ HARSIN J. Regimes of post-truth, post-politics, and attention economies［J］. Communication, culture & critique，2015，8（2）：327-333.
⑤ VIRILIO P. Speed and information: cyberspace alarm !［J］. Ctheory，1995，18（3）.
⑥ LEWIS J，CUSHION S. The thirst to be first: an analysis of breaking news stories and their impact on the quality of 24hour news coverage in the UK［J］. Journalism practice，2009，3（3）：316.

四、没有时间的存在：加速生态下走向异化的新闻时间

如上所述，在传统的工业化新闻活动中，标准化的新闻时间结构提供了比较稳定的行动参照机制，然而在加速新闻业生态中，新闻时间结构和形态走向异化，新闻传播主体关系亦可能走向异化。

首先，这种非标准化、去时序化的时间削减了新闻作为个体参照性的社会意义和功能。正如曼纽尔·卡斯特尔（Manuel Castells）[①]所提及的，加速状态溶解了新闻时间与空间的运作逻辑，造成时间序列以及时间本身的消失，最终形成一种"没有时间的时间"（timeless time）。新闻时间被剥去了其社会意涵，不再象征社会生活该如何运作，退化为一种无序化、原子化的时间碎片存在。由于缺乏意义上的价值锚定，这样的"新闻"或许无法把各个事件结合起来并建立起一种持续的关联，个体接触到的永远是突发性的、无法预料的事件的接替序列，新闻本体可能变成"没有时序的（信息）罗列"。

其次，在以速度为中心的新闻生态中，新闻传播主体间的关系可能发生异化。一方面，新闻从业者的工作时间和自由时间的边界逐渐模糊。在数字技术的影响下，新闻生产进入了效率的极致化状态，量化的时间取向改变了原来的工作时间秩序，7/24 的新闻工作安排被视为理所当然。对于新闻速度的追逐，使得新闻业陷入了迈克尔·布若威（Michael Burawoy）[②]所说的一场"超额"完工的游戏之中。另一方面，在加速过程中，新闻时间的社会意义可能被消减，新闻时间反而成为一种"非时"的存在，个人对社会事件进行的联系、定向等被综合认知随之受到影响[③]。悖论在于，新闻的同步性增强了，但是新闻的共同性（集体感知）大大降低了。由此，既使得个体对无休无止的新闻产生厌倦，也会导致"共同世界"意识的减弱，时间的象征性意

[①] 卡斯特.网络社会的崛起[M].夏铸九,王志弘,译.北京：社会科学文献出版社,2001：530.

[②] 布若威.制造同意：垄断资本主义劳动过程的变迁[M].李荣荣,译.北京：商务印书馆,2008：69.

[③] 徐律.时间的社会学想象：文明化进程下的反思性展演[J].社会学评论,2020（6）：83–98.

义（记忆模式、关系调节等）也会随之改变①。

最后，新闻时间的异化可能会带来当代新闻业的生态性"危机"。传统新闻生产中的新闻时间结构带来的是一种可预期的时间秩序，使得人们在通过新闻开展日常生活、建立与共同世界的连接时，有一个核心行动依据来进行社会互动的协调。然而在加速新闻生态中，人们的日常生活时间被信息塞满，新闻的全时性存在造成了"信息过曝"，超量的信息使得时间参照成为失真的存在，深刻影响着个体的社会行为。在这个意义上，加速新闻业的新闻时间是"空虚"的时间。充实的时间必定不会是充满事件、变化多端的，而是一种持续的、芳香的、充满意义的时间②。因此，在"空虚"的新闻时间中，尽管个体与无数多的新闻、无数多的他者建立了连接，但他身上会出现类似《等待戈多》中主人公的"无所事事"的状态，新闻成为一种"没有时间的存在"。

值得注意的是，在数字技术语境下，新闻时间的加速造成了一种能动性的反向运动，即人与社会世界连接的"减速"。具体来说，当记者丧失了报道中解释性的时间自由时，新闻就像是一个单调的、自动重复的循环，新闻本体的意义缺失③，而永远在线的新闻连接让个体难以通过新闻获取社会感知，并迫使其采用"断连"等方式，重建与新闻、与他者、与社会世界的连接。

第五节　数字新闻业背景下新闻时间生态系统的变化

数字技术不仅加快了新闻生产的速度，而且增加了与受众高频互动的可能性。新闻从业者不断改变工作常规，以适应24/7的新闻周期，满足受众强烈的互动需求。④与此同时，传统媒体行业规模却大幅缩水，记者离职潮接踵

---

① 埃利亚斯.论时间［M］.李中文，译.台北：群学出版有限公司，2014：26-30.
② 韩炳哲.时间的味道［M］.包向飞，徐基太，译.重庆：重庆大学出版社，2017：41-42.
③ SHELLER M. News now［J］. Journalism studies, 2015, 16（1）：12-26.
④ HARRO L H, JOSEPHI B. Journalists' perception of time pressure: a global perspective［J］. Journalism practice, 2020, 14（4）：395-411.

而至。数字新闻业时代的新闻需求增大与从业规模缩小是一个值得分析的生态问题。世界新闻研究（Worlds of Journalism）项目在 2018 年首次收集并整理了 63 个国家的记者对时间压力和时间可用性变化的看法。研究表明，新闻业作为一个行业，整体面临着较大的时间压力，约 46% 的受访者认为其工作时间变长了。①

过去解释新闻业的时间压力、"加速"等现象，要么侧重于从技术的角度分析其对新闻工作者个体所产生的影响，要么侧重于从新闻业竞争的角度分析，这两种解释其实都是不完整的。如果从新闻时间生态的视角加以分析，我们可以发现数字新闻业背景下新闻时间生态的整体变化，才是造成这一现象的直接原因。

从新闻时间生态模式的四个层次出发，数字新闻业时代的时间困境具体表现在以下四个层面：

第一，在新闻时间生态个体层面，不同新闻活动主体均感受到越来越强烈的新闻时间压力。在新闻活动中，直接感受到时间压力的是传播主体，时间压力包括工作强度以及工作时间长度和边界的变化。具体来说，一方面，数字新闻业时代的数据量变大，需要传播主体花费更多时间去处理，但市场又要求传播主体以更快速度去呈现数据，新闻工作强度与日俱增。哥伦比亚新闻评论（Columbia Journalism Review）调查数据显示，《华尔街日报》的员工在 21 世纪初之前以每年约 22,000 篇的速度生产新闻，然而 2010 年上半年，该报员工就已经发表 21,000 篇新闻。② 我国新闻传播学者陈阳在调研人民日报新媒体中心微信公众号的运营情况后提到，高频率的推送节奏使得编辑工作强度超出了他们的预期。③ 快速和简单的网络形式正在淡化好的新闻报

---

① Data and key tables：WJSZ（2012–2016）[EB/OL].（2017-01-18）[2024-03-28].http：//www.worldsofjournalism.org/data/data-and-key-tables-2012-2016/.

② The hampster wheel：why running as fast as we can is getting us nowhere[EB/OL].（2020-12-14）[2024-03-28]. https：//www.cjr.org/cover_story/the_hamster_wheel.php.

③ 陈阳.每日推送 10 次意味着什么？——关于微信公众号生产过程中的新闻节奏的田野观察与思考[J].新闻记者，2019（9）：23-31.

道，一些编辑甚至愿意为了即时性牺牲质量。①另一方面，新闻从业者下班后仍然需要处理一系列工作信息并持续关注社会热点事件。新闻业的特点之一在于同事往往不承认或不尊重工作与非工作之间的边界，并"全天候"与同事联系。②有迹象表明，新闻业的数字化转型，特别是智能手机和社交媒体接入日常生活，促使新闻从业者产生了"永远在线"的连接压力，这导致记者的信息过载，影响了他们的心理健康，甚至造成一些从业者完全离开这个行业。③一项对我国52位传统媒体人离职原因的内容分析表明，长期从事记者工作无暇顾及家庭或身体健康是新闻从业者离职的一个重要原因。④

第二，在新闻时间生态群体层面，不同新闻活动主体类型所遭遇的时间压力不同，但是转向融合新闻生产的传播主体感受到更大的时间压力和速度要求。受篇幅所限，不同类型传播主体面临的不同时间压力很难全面展开分析。然而，可以看到，纸质媒体和网络媒体之间的时间压力的区别十分显著。对于纸质媒体来说，新媒体技术的速度驱动性质已经显著改变大多数报纸的生产理念，全天候更新网站、通过平台账户发布突发新闻通知已经成为常态。正如路透社新闻研究所（Reuters Institute for the Study of Journalism）报告所指出的，接受访谈的六名编辑中有五名表示，社交媒体有助于提升处理新闻的速度，⑤而对于网络新闻媒体，多任务处理模式给新闻从业者带来了更大的时间压力。传统线性新闻模式的特点是在严格的截止日期内交付静态文本，而当下非线性新闻模式的特点是灵活、弹性截止日期和需要不断提交的"液体"

---

① REINARDY S. Need for speed onto internet clashes with journalistic values［J］. Newspaper research journal，2010，31（1）：69-83.

② SYVERTSEN T. Digital detox：the politics of disconnecting［M］. West Yorkshire：Emerald Group Publishing Press，2020：112.

③ DEAN J J. How smartphones have changed the job for better and for worse—the experiences of reporters［J］. Journalism practice，2019，13（10）：1222-1237.

④ 陈敏，张晓纯. 告别"黄金时代"：对52位传统媒体人离职告白的内容分析［J］. 新闻记者，2016（2）：16-28.

⑤ ALEJANDRO J. Journalism in the age of social media［M/OL］. https：//www.mediaforum.md/upload/theme-files/journalism-in-the-age-of-social-mediapdf-554fbf10114c6.pdf.

新闻。①"数字时代的新闻工作，突出表现为量化时间的工作取向，不断细分的新闻时间单位。"②

第三，在新闻时间生态群落层面，传收关系的矛盾在时间维度上日益突出。一方面，不同新闻时间生态群体在相互竞争、合作中，形成了一个"融合的群落"，时间不但是它们抢夺的资源，更是一种"导向"或标准。另一方面，正如上文所述，在新闻时间生态群落中，传播者群体与受众群体之间的矛盾关系最为突出。从传播主体角度出发，新闻从业者可支配时间越少，越容易受到外界既有观点的干扰，自然越难注意到甚至不可能反思新闻报道中的盲点，有时往往以牺牲真实性和准确性来追求速度，这就势必造成恶性的循环，侵蚀了受众对新闻业的信任，使得传收关系出现了割裂。同时，速度驱动的新闻业有可能对健全的社会运作造成损害，如一味强调速度会影响新闻业对于社会治理的深度参与。从收受主体角度出发，受众置身于信息瀑布流之中，不停的弹窗和信息通知使受众感受到来自新闻时间的压力；③然而吊诡的是，"用户催更"也是数字新闻业态中的一个常见现象。这一现象正好说明了不同的生态群落之间的时间矛盾。

第四，在新闻时间生态系统层面，传统新闻时间的有序性和规律节奏被打破，新闻时间生态趋于失衡状态，进而影响了新闻业的整体生态乃至良性的社会行为。在数字新闻业时代，速度的中心地位推动了"更快的新闻等于更好的新闻"的观念形成。④现在每一类媒体似乎都有相同的截止日期，帕布鲁·D.博奇科夫斯基（Pablo J. Boczkowski）发现了相互竞争的新闻机构之

---

① WIDHOLM A. Tracing online news in motion: time and duration in the study of liquid journalism [M] //KARLSSON M.Rethinking research methods in an age of digital journalism. London: Routledge, 2018: 24-40.
② 涂凌波，赵奥博.新闻时间研究：基本概念、运作逻辑与制度化结构——兼论数字时代新闻业的"加速"及其异化 [J].国际新闻界，2022，44（10）：24-49.
③ WHEATLEY D, FERRER C R. The temporal nature of mobile push notification alerts: a study of European news outlets' dissemination patterns [J]. Digital journalism, 2021, 9（6）: 694-714.
④ ZELIZER B. Epilogue: timing the study of news temporality [J]. Journalism, 2018, 19（1）: 111-121.

间存在一种"模仿"文化。①作为一种新闻价值,即时性的价值比以往任何时候都更加重要,它对记者决策和新闻质量有着至关重要的影响。尼基·厄舍(Nikki Usher)用"ASAP journalism"一词来指代一种在网络上不断更新新闻的新闻文化。②迪恩·斯塔克曼(Dean Starkman)将由此产生的即时性实践称为新闻编辑室里的"仓鼠轮新闻"(the hamster wheel),"为了数量而数量""追求点击量而不关注质量"。③有研究指出,大多数新闻机构青睐速度驱动的新闻,因为他们相信更快更新意味着更多利润。"数字新闻业在即时性和同时性的时间压力下,可能正在催生超负荷'加速'运作的新闻业,新闻时间可能走向'异化'。"④我们应该反思的是,在追求速度优先已经成为一种新闻文化的环境中,新闻的本位功能以及在社会各系统中所发挥的作用将会受到很大的冲击。

第六节 "卷而有度":追寻良性的新闻时间生态

以"元技术"为基础的数字媒介是促进杂合体新闻业兴起的重要动因。⑤数字媒介打破固化的专业壁垒,解构封闭化的传播结构,将新闻业中的时间问题推向"台前"。不过,反观具体新闻实践,应对时间困境的典型案例也正

---

① BOCZKOWSKI P J. News at work: imitation in an age of information abundance [M]. Chicago: University of Chicago Press, 2010.
② USHER N. Making news at the New York times [M]. Michigan: University of Michigan Press, 2014: 295.
③ STARKMAN D, CHITTUM R. The hamster wheel, triumphant: commercial models for journalism are not working; let's try something else [M]//SCHIFFRIN A.Media capture: how money, digital platforms, and governments gontrol the news. New York: Columbia University Press, 2021: 232-258.
④ 涂凌波,赵奥博.新闻时间研究:基本概念、运作逻辑与制度化结构——兼论数字时代新闻业的"加速"及其异化[J].国际新闻界,2022,44(10):24-49.
⑤ 姜华,张涛甫.传播结构变动中的新闻业及其未来走向[J].中国社会科学,2021(8):185-203,208.

在不断涌现。本节希望从新闻时间生态的四个层次出发，为构建数字新闻业时代良性的新闻时间生态提供一定的参考。

第一，新闻活动主体适时选择媒介断连。需要说明的是，囿于研究材料限制，目前并未发现具体对不同类型新闻活动主体如何应对时间困境的问题展开讨论的研究，故而，笔者将新闻时间生态个体和群体两个层次合并观察。"媒介断连"是新闻活动主体的惯常做法，一项针对爱尔兰自由职业者的研究体现了一种压力感，新闻机构由于害怕在竞争激烈的市场中错过一个新闻而不断连接。①"媒介断连"是"数字脱节"（digital disconnection）的一种形式，本质上是指一种以各种方式表现的有意识的努力，为了在特定时间避免使用特定技术。这类做法被认为主要出于对个人生活和生产力的关注，其目的是抵抗永远在线的连接造成的过载和分心。②媒介断连不是被动的"退出"或者"新闻回避"，而是主动把握以何种时间卷入方式参与新闻活动，在新闻时间生态中占据主动，这种主动性也是一种主体性，是一种理性、节制、判断力的体现。

第二，进一步理顺并规范新闻活动中的复杂关系。"平台化"是在媒体融合进程中和社交媒体兴起后的新闻业新趋势，平台成为一个具有聚合力量的平面，"任何一个记者和新闻机构都不能也不想减缓新闻生产的速度、打乱工作安排，因为他们无法在平台、用户和算法之外单方面重塑时间网络来设定新闻节奏"③。因此，新闻活动中的关系网络空前复杂。首先，改善新闻活动中的核心关系链条——传收关系，依赖于传收双方理念的变更。恰如尼基·厄舍认为，每个人都致力于追赶播发速度的新闻编辑室难以将它们的新闻与其他形式的新闻区分开来。同时，他指出发展中的新闻是最有可能受到受众评

---

① HAYES K, SILKE H. The networked freelancer？[J]. Digital journalism, 2018, 6（8）: 1018-1028.
② ŠIMUNJAK M. "You have to do that for your own sanity": digital disconnection as journalists' coping and preventive strategy in managing work and well-being [J]. Digital journalism, 2022: 1-20.
③ 涂凌波, 赵奥博. 新闻时间研究：基本概念、运作逻辑与制度化结构——兼论数字时代新闻业的"加速"及其异化[J]. 国际新闻界, 2022, 44（10）: 24-49.

论的新闻,受众的即时反馈有益于塑造正在进行的新闻报道。其次,除了传收关系,新闻传播活动中还存在"信源主体—传播主体""控制主体—传播主体"等关系,理顺并规范复杂关系网络有助于进一步保障新闻活动的顺利进行。新闻从业者与信源的关系是新闻工作的重要组成部分。在数字新闻业时代,从业者可以通过微信、微博、抖音、快手、知乎等多种社交媒体与信源联系,需要收集的信息成倍增加,从业者需要掌握最佳的时间管理技巧。在许多国家,新闻从业者与信源之间的关系受到管制。例如,在日本,预先确定的获取政治和其他信息的途径使记者不必自己去追逐信息,新闻工作严重依赖记者俱乐部(Kisha Club)系统,该系统严格控制新闻来源。阿曼在调查中似乎是最不匆忙的国家,它的新闻业也受到高度监管,记者对新闻的理解是不应急于印刷和发表包含虚假信息的新闻报道。①

第三,重塑新闻生产理念以建设良性的新闻时间制度。埃米尔·涂尔干在《社会学方法的准则》中指出,"一切由集体所确定的信仰和行为方式都可称为制度"。②安东尼·吉登斯(Anthony Giddens)认为,"社会行为的'制度化'模式,指的是跨越长久时空范围而一再发生的信念和行为模式"。③可见,"制度"往往是静态的业已达成共识的信念系统。这一信念系统至少包括对理念和行为两个层面的认知。从上述经典定义来看,制度的形成依赖实践,换句话说,只有当具体行为成为惯常做法甚至模式化后,才会逐渐形成制度体系,这意味着新闻时间制度同样依赖具体的新闻时间安排行为。近年来"慢新闻"(slow journalism)形态的兴起及其讨论其实与新闻时间制度有关,这是新闻业在时间维度试图做出的一次理念更新。慢新闻不是新闻的一种类型,而是一个过程,被视为一套专业实践,适用于所有新闻类型,它倾向于有效地调整新闻生产时间,目的是为读者提供相关的、充分的、有价值的、经过彻底核查的信息。慢新闻主义利用技术创新来更新新闻类型,目标受众是习

---

① HARRO L H, JOSEPHI B. Journalists' perception of time pressure: a global perspective [J]. Journalism practice, 2020, 14 (4): 395–411.
② 涂尔干. 社会学方法的准则 [M]. 狄玉明,译. 北京: 北京商务印书馆, 1995: 3.
③ 吉登斯. 社会学: 批判的导论 [M]. 郭忠华,译. 上海: 上海译文出版社, 2013: 212.

惯于社交网络和视听多媒体消费的全球受众。①

笔者认为，新闻时间在类型上仍然主要是一种社会时间，但与一般意义上的社会时间不同，新闻时间除了协调社会行动、将复杂的社会系统进行简化，还是一种标准化、时序化的结构和稳定的时间秩序，它不是自然而然形成的，而是在新闻机构和新闻业发展过程中历史地生成的。概括起来讲，笔者认为新闻时间有如下几个方面的特点：

第一，新闻时间是新闻机构在运作过程中的行动参照机制，用来协调新闻传播主体（行动者）之间的新闻交往与社会行动。新闻时间是社会时间的一种特殊类型，它是在媒介技术基础上展开的时间面向，表现为通过媒介（物）连接社会系统中的各类行动者，因而新闻时间具有"时间的社会性"和"时间的媒介性"双重特征。

第二，从新闻学的视角看，新闻时间是新闻传播活动中标准化和时序化的结构，也是人们应对社会和世界变动的个体现代性经验。新闻时间建立了一种连接的秩序，人们得以与同时代人的世界建立起日常的、持续性的连接，并共享新闻时间感知与时间经验。

第三，新闻时间是现代性的产物，是在现代新闻业发展过程中逐渐形成的时间制度。现代新闻业以新闻时间为"基点"，组织、协调日常新闻生产与传播活动，并形成了一种制度性的时间安排与权威。在新闻时间逻辑的支配下，现代新闻业处于一种"永不停歇"的循环状态中，这是由现代社会系统的根本性存在——时间所决定的。

第四，新闻时间具有典型的社会属性，在社会互动与社会行动中至少具有三种社会性功能：协调人们日常生活节奏，通过新闻时间的有序嵌入，新闻与社会生活步调保持一致；新闻时间塑造常规的"新闻事件"，并以此影响人们的社会行动；新闻时间建构人们的"当下"观念，使得同时代人的世界经验保持同步，新闻交往得以发生。

---

① MENDES I，MARINHO S. Slow journalism：a systematic literature review［J］. Journalism practice，2022：1-31.

"加速社会"来临是当代社会一个突出的特征。在媒介技术加速、社会变迁加速、资本流动加速、生活节奏加速等多种因素及其加速循环作用下,数字新闻业呈现着与传统新闻业不同的面貌:7/24 的新闻时间成为数字新闻工作的"新常规",新闻工作"永远在线",新闻消费"永远连接";在以平台为基础设施所设定的新的新闻时间制度下,工具理性的扩张可能造成新闻、使得新闻时间走向异化。数字新闻业对时间效率和速度的极致追求,新闻时间的序列感消失,新闻成为一种无序化的事件碎片。加速状况下的新闻时间是"空虚"的时间,新闻是"没有时间的存在",而新闻时间异化则进一步造成新闻传播主体间关系的异化,新闻时间的象征性意义被消解。此外,加速新闻业缺乏时间预期和时间秩序,信息过多导致新闻本体意义的缺失,当代新闻业的生态性危机也随之而来。

一个超负荷的加速新闻业,实质就是新闻时间逻辑的异化,这将对人们的日常生活时间、主体与社会世界之间的连接关系、主体的社会互动与社会行动等产生深远的影响。面对加速生态导致的一系列危机,我们亟须对现代新闻业运作的时间逻辑进行"重置",从新闻时间的维度进一步研究、分析与反思。

时间是重新审视数字新闻业的一个切入口。我们透过新闻时间和新闻时间生态这两个概念,跳出原有仅从新闻编辑室内部看待时间问题的分析框架,系统梳理数字新闻背景下新闻时间生态的整体变化,分析和总结新闻实践中应对新闻时间困境的有益尝试,以期进一步解决新闻时间生态的问题,并倡导追寻"卷而有度"的良性新闻时间生态。这一倡导并不是要将新闻业拉回传统时期,而是要主动面对数字时代的新闻时间问题,"协调在复杂的数字环境下的新闻工作节奏、新闻时间安排以及主体间的新闻活动,让新闻业及其从业者从加速的时间负荷中解脱"①。如果新闻时间生态中的个体、群体、群落的时间需求都能得到有效保障和尊重,相互之间的时间权力关系得以平衡,那么良性的新闻时间生态系统便可能得以构建。

---

① 涂凌波,赵奥博. 新闻时间研究:基本概念、运作逻辑与制度化结构——兼论数字时代新闻业的"加速"及其异化 [J]. 国际新闻界, 2022, 44 (10): 24-49.

第七章 新闻生产：什么在决定新闻[*]

引　言　作为新闻选择标准的新闻价值

作为传统新闻学知识体系中的核心概念之一，新闻价值通常是指客观发生的现象如何被认定为新闻事实及其被新闻媒体所选择与呈现的核心标准的问题。如果从新闻生产的角度来看，新闻价值是"对新近发生的事实（包括观点事实）的一种价值判断"[①]，也是一件事实所具有的足以构成新闻的特殊要素。

早在1911年出版的《新闻业的实践》(*The Practice of Journalism, a Treatise on Newspaper Making*) 中，作者在"新闻及其价值"一章中列举了新闻价值的六个特征（有关人员或地点的突出性；事件与发布地点的接近程度；事件的不寻常性；事件的重要性；所涉及的人类利益；及时性）[②]，这初

---

[*] 本章主要内容分别原载于：涂凌波，任英.消息还是"消息"吗：互联网时代的新闻价值观念研究——基于中国新闻奖获奖消息作品的内容分析[J].中国新闻传播研究，2020（5）：202-220；涂凌波，赵奥博，李子昂，等.媒体融合实践中的新闻价值研究：选择、呈现与传播——基于2021-2022年典型案例的定性比较分析（QCA）[M]//中国记协新媒体专业委员会.中国新媒体研究报告2022.北京：人民日报出版社，2023：84-109；涂凌波，刘梦青.论新闻报道中的"调查研究"工作范式：基于30篇记者采写手记的扎根研究[J].中国新闻传播研究，2023（5）。收入本书时，略有删改。

[①] 陈力丹.新闻理论十讲[M].上海：复旦大学出版社，2008：35.

[②] WILLIAMS W，MARTIN F L. The practice of journalism, a treatise on newspaper making [M]. Columbia：E.W. Stephens Publishing Company，1911：213.

步勾勒了现代新闻业的新闻价值标准。但是，传统的新闻价值观念是在职业化、工业化的媒介技术环境和新闻实践中产生的，而数字时代的新闻价值是高度语境化、生态化的，用一种普通的标准去罗列其若干要素，或许不再有效——盖因这种基于工业社会的实践知识，越来越难以应对网络社会的实践场景①。

具体来说，数字技术主导下的新闻生态呈现着一种更为混杂（hybrid）的状态：技术思维和平台逻辑深刻嵌入新闻机构，从新闻采集、生成、流通到反馈，人类行动者和非人类行动者（算法、智能技术等）的行为相互交织，带来了新闻场域的巨大变化；新闻工作逐渐从线下转移到线上，信息采集和把关更多地交给了技术，而新闻分发则交给了平台。简而言之，数字时代新闻价值的要素分类，显然也应该因新闻生产的改变而变化。

第一节 传统新闻价值要素的稳定性

数字时代，有人认为传统的消息写作结构、要素和规范正在"过时"，社交媒体的兴起更是颠覆了新闻报道的"语法"。事实果真如此吗？本节通过对2006年至2018年的292篇中国新闻奖获奖消息作品进行内容分析，并结合文本细读，主要探讨以下几个问题：①这十余年间，中国新闻奖的消息写作是否有显著变化？②传统意义的消息标准是否已经模糊？③通过消息所呈现的新闻从业者的新闻价值观念是否发生了显著改变？

在编码上，研究的分析单位和观测单位均为"文章"。为了系统地分析获奖消息作品的基本面貌，笔者设计了"获奖消息作品概况""获奖消息的文本特征""获奖消息的客观性特性"与"获奖消息的新闻价值要素"4个一级观测指标。一级指标"获奖消息作品概况"下设"获奖年份、获奖等级、消息

---

① 涂凌波，虞鑫. "新闻价值"学术对谈：数字新闻语境下的变革及其未来［J］. 青年记者，2022（9）：12-17.

报道主题、消息刊播单位"4个二级观测指标;"获奖消息的文本特征"下设"消息篇幅、消息段落、消息是否是以倒金字塔结构组合的"3个二级指标;"获奖消息的客观性特性"下设"消息核心内容所用形容词数量统计、所用副词数量统计、消息来源个数及类型、消息引语的数量及类型、消息中是否有作者的个人评价、情感倾向"等9个二级观测指标;"消息的新闻价值要素"下设"消息是否满足时新性、是否满足重要性、是否满足显著性、是否满足接近性、是否满足趣味性"5个二级观测指标。

一、获奖消息作品概况

就获奖消息的刊播单位而言,中央级媒体机构的获奖比例为:一等奖占52.0%,二等奖占37.0%,三等奖占31.7%;省级媒体机构的获奖比例为:一等奖占40.0%,二等奖占51.0%,三等奖占46.7%。总体上,中央级媒体机构刊播的作品获得一等奖的比例最高(52.0%),省级媒体机构刊播作品获奖数量最多(139个)。卡方检验显示,不同的媒体机构在所得奖项的等级构成上存在一定的差异($X^2=8.287$,$df=6$,$p<0.05$)。分析可以发现,中央级媒体机构的获奖作品在"质量"上占优势,而省级媒体机构的获奖作品则在"数量"上占优势。(见表7.1)

表7.1 获奖消息作品刊播单位有关各奖项的分布状况(2006–2018)

奖项单位	中央级媒体机构	省级媒体机构	地市级媒体机构	县级媒体机构	行业类媒体
一等奖	52.0%(13)	40.0%(10)	8.0%(2)	0	0
二等奖	37.0%(37)	51.0%(51)	11.0%(11)	0	1.0%(1)
三等奖	31.7%(53)	46.7%(78)	18.6%(31)	0	3.0%(5)
总计	35.3%(103)	47.6%(139)	15.1%(44)	0	2.0%(6)

数据分析发现,获奖消息的主题侧重于经济、社会、科技和时政,其中经济类新闻得到近四成(36.0%)的一等奖。不同主题的消息在获奖上存在机

会差距，也从侧面说明了中国新闻奖定义"何为优秀"的标准①（见表7.2）。总体上来看，软新闻的获奖机会大大低于硬新闻。可见，以监测环境、守望社会为功能取向的严肃新闻仍然是新闻报道的典范，这一评奖标准和实践着重强调新闻报道所发挥的政治、经济、社会等功能。分析发现，获奖消息作品与当年国内、国际重大新闻事件之间有相关性。

表7.2 获奖消息作品主题在各奖项上的分布状况（2006—2018）

作品主题	时政消息	经济消息	社会消息	灾难消息	体育消息	娱乐消息	科技消息	法制消息	教育消息	医疗消息	环境消息	军事消息
一等奖	20.0%（5）	36.0%（9）	12.0%（3）	4.0%（1）	0	0	8.0%（2）	4.0%（1）	4.0%（1）	4.0%（1）	0	8.0%（2）
二等奖	10.0%（10）	27.0%（27）	20.0%（4）	4.0%（4）	0	0	16.0%（16）	5.0%（5）	5.0%（5）	2.0%（2）	4.0%（4）	7.0%（7）
三等奖	8.4%（14）	26.3%（44）	26.3%（44）	0	1.2%（2）	0	12.6%（21）	4.8%（8）	4.2%（7）	2.4%（4）	10.2%（17）	3.6%（6）
总计	9.9%（29）	27.4%（80）	23.0%（67）	1.7%（5）	0.7%（2）	0	13.4%（39）	4.8%（14）	4.5%（13）	2.4%（7）	7.1%（21）	5.1%（15）

二、倒金字塔结构：主要文本特征

数据显示，获奖消息平均篇幅的年份分布相对均衡（均值811.58，标准差27.8），消息大多在700到1000字。假设H0为获奖消息作品的篇幅十余年来没有显著性差异，根据单样本T检验结果，在95%的置信区间为（−16.22，17.38），T值为0.075，P值为0.9，因此不能拒绝原假设H0，可以认为获奖消息篇幅十余年来没有出现显著性改变。获奖消息作品的年平均段落数为7段（均值7.23，标准差0.6），整体年份分布差距不大。假设H1为获奖消息作品的平均段落没有发生显著性差异，在95%的置信区间为（−0.13，0.59），T值为1.39，由于相伴概率大于α值，不能拒绝原假设H1，所以获奖消息作品

---

① 黄顺铭. 官方职业荣誉的机会结构：对全国好新闻奖和中国新闻奖的比较研究[J]. 新闻记者，2013（4）：45–50.

的年平均段落数没有显著性差异。如图 7.1 所示。

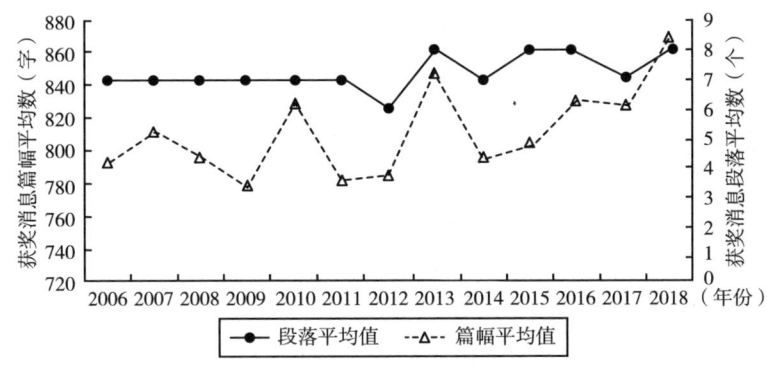

图 7.1　获奖消息篇幅与段落的变化趋势图（2006—2018）

倒金字塔结构是消息体裁的典型文本结构特征。分析结果显示，获奖消息作品是倒金字塔结构的高达 282 篇，占比达 96.6%，年均分布没有显著差别。按中国新闻奖评奖标准，消息要求新闻要素完整，角度新颖，内容充实，信息量大，结构清晰，语言文字精练。[①] 评选标准中只强调了结构清晰，但是绝大多数获奖消息仍采用经典的倒金字塔结构，这意味着新闻业传统的写作结构仍得到广泛的认同。当我们讨论机器人写作、算法推送、人工智能可以帮助甚至取代人工写稿的问题时，显然不能忽略记者作为主体的逻辑思维、文本结构方式以及对新闻价值的判断。以 2018 年一等奖获奖作品《创造港珠澳大桥的"极致"》为例，这篇于 2017 年 5 月 11 日在《珠海晚报》上刊发的消息稿，全文 914 字，9 个自然段，按照"间接导语—重要事实—次要事实—新闻背景—最次要事实"的倒金字塔结构进行陈述。导语部分如下：

本报讯（记者　陈新年　廖明山）港珠澳大桥海底隧道工程近日完成"最终接头"的安装，已经可以步行穿越了。昨天，记者来到这条世界最长的海底隧道采访，除了兴奋之外，还得到了一个令人震惊的消息：在"最终接头"

---

① 中国新闻奖评选办法［EB/OL］.（2019-02-12）［2024-03-28］. http://www.xinhuanet.com/zgjx/2019v/2019-02/12/c_138099915_3.htm.

成功安装后,还进行了一次耗时 34 小时"返工"式的精密调整,最终误差缩小到了"毫米",建设者们说:"我们没留遗憾。"

该篇消息以间接导语开头,在叙述完"最终接头"完成安装的核心事实后,由记者的采访引出 34 小时"二次精调"这一重要事实,突出了本篇消息的新闻价值所在。其评选推荐理由是这样写的,"在港珠澳大桥海底隧道最终接头的海量报道中,该消息另辟蹊径,以记者现场穿越海底隧道的最新事实为由头,引出'二次精调'这一鲜为人知而又惊心动魄的创举"[①]。在获奖消息作品中,用间接导语形式的较多,记者将引语前置或者以场景开头,进而引出核心事实,这也是一种典型的传统消息写作结构。

重大新闻事件的报道仍然主要采用直接导语形式,简明扼要地报道核心事实,如 2018 年一等奖获奖消息《习近平首次沙场阅兵 号令解放军向世界一流军队进发》,就采用倒金字塔结构,配有标准的消息开头,用直接导语凝练地表达了最重要的信息。

分析发现,少数非倒金字塔结构的消息作品,因为满足角度新颖、内容充实等因素获得中国新闻奖。例如,2018 年二等奖获奖消息《收养脑瘫儿 14 年 环卫工夫妇感动众人》,《三秦都市报》记者以散文式写法,通过故事性叙述,讲述了一对环卫工夫妇收养脑瘫儿童的故事。评选推荐理由写道,"以小人物传播大能量、用生动故事塑造可亲典型的及时报道"[②] 该消息的导语以对话式结构引入,具有一定的文学性色彩,并未叙述核心事实。

少数获奖消息作品在行文中大量采用对话式结构,以增强现场感。简短精悍的对话现场感强,传播了"爱岗敬业典范"这一事实。例如,2014 年三等奖获奖消息《藏族连长拉巴次仁的 3 次人生跨越》采用并列式结构,文章

---

① 第二十八届中国新闻奖获奖作品参评表格 [EB/OL].(2018-06-12)[2018-08-13].http://www.pingjiang.zgjx.cn/NewsAwar-dingSys/WksPublicsubmittedAction/todetails.do? id=8a899010635f85ea016361c493d8019f.

② 第二十八届中国新闻奖获奖作品参评表格 [EB/OL].(2018-06-12)[2018-08-13].http://www.pingjiang.zgjx.cn/NewsAwar-dingSys/WksPublicsubmittedAction/todetails.do? id=8a899010636315a40163668e235c0205.

主体部分 3 个自然段并列叙述了拉巴次仁这一新闻人物的 3 次人生转折，通过设立矛盾树立人物形象。评选推荐理由这样写道，"其以小切口反映大主题，是打破传统典型宣传模式的精品之作"。

三、"用事实描述事实"：客观性特性

在长久以来的客观性实践中，离不开新闻工作者的主体性。新闻工作者在客观性新闻写作中的原则包括：忠于事实、具有正确性与可靠的消息来源、平衡处理资讯、去除偏见及保证完整性等。[1]塔克曼也曾指出，新闻工作者可以通过遵循如查证事实、展现争议双方、适当地使用引语、出示支持性证据、按特定的顺序组织信息（如倒金字塔结构）等客观性程序（也被称为"策略性仪式"）来增强新闻报道的客观性。[2]塔克曼还归纳客观性新闻报道在写作上的一些形式条件，包括：以倒金字塔结构在首段（导言）摘述基本事实；以第三人称（语气）来报道；不采取立场等。[3]一般认为，消息被认为是记者陈述客观事实且不表达自己意图的报道，因此判断获奖消息作品的客观性是否发生改变，是衡量消息文体及其背后的新闻观念是否发生变化的重要指标。

经检验，9 个指标的 KMO 值为 0.615，经巴特利特球形度检验后的显著性水平为 0 且小于 0.05，较适合采用因子分析。经过因子分析，发现方差最大正交旋转得出的因子载荷矩阵中的元素绝对值更倾向于 0 或 1，按特征值大于 1 可提取出 3 个因子，旋转后累计方差解释率为 62.763%。依据因子载荷矩阵可将三个主成分分别命名为"消息源因子""消息引语因子""消息用词与作者态度因子"（见表 7.3）。

---

[1] 彭家发. 新闻客观性原理[M]. 台北：三民书局，1994：160-164.

[2] TUCHMAN G. Objectivity as strategic ritual: an examination of newspaper's notions of objectivity[J]. American journal of society, 1972, 77（4）: 660-678.

[3] TUCHMAN G. Objectivity as strategic ritual: an examination of newspaper's notions of objectivity[J]. American journal of society, 1972, 77（4）: 160-164.

表 7.3　消息客观性特性的因子分析表

原始指标	因子载荷系数		
	消息源因子	消息引语因子	消息用词与作者态度因子
消息来源类型	.835	−.283	−.133
消息是否指出消息源	.696	.430	.107
消息引用引语数量	−.089	.879	.005
消息来源个数	.098	.801	−.023
消息引述他人观点的类型	−.021	.771	−.089
个人情感倾向	.084	.022	.842
评价和观点	.118	−.001	.724
消息核心内容所用形容词数量	−.102	−.092	.653
消息核心内容所用副词数量	−.132	−.013	.648

"消息源因子"包含两项指标，消息是否指出消息源与消息来源类型。具体来看，292 篇样本中，97.2% 的消息作品均指出消息源，其中超八成（83.0%）的消息来自具体的人物，引用其他媒体报道和从网络获取消息源的消息非常少（见图 7.2）。数据显示，十余年来新闻记者在消息采写的过程中始终重视对一手消息源的采集，采访是消息写作中不可或缺的环节，这可以保证事实的准确性与新闻的客观性。

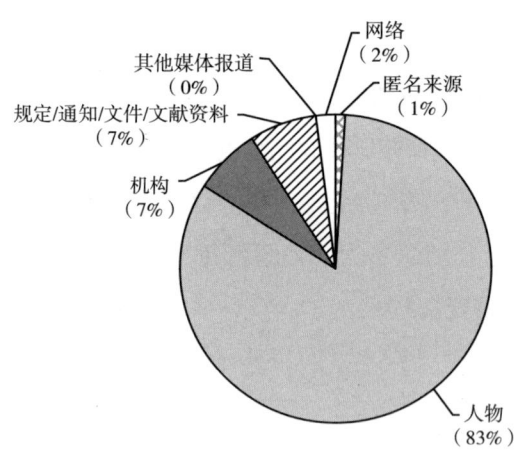

图 7.2　消息来源类型分布状况

"消息引语因子"包含三项指标，消息来源个数、消息引用引语数量、消息引述他人观点类型。数据显示，近九成（88%）的消息作品包含引语，且平均引用近 3 个消息来源（均值 2.8）；近一半（48%）采用混合引语，使用直接引语（26%）的消息作品多于使用间接引语（14%）的作品。

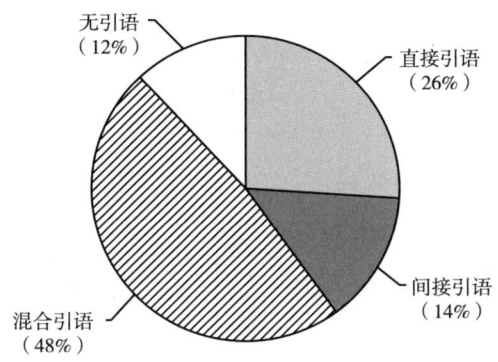

图 7.3　消息引用引语分布状况

"消息用词与作者态度因子"包含四项指标，消息核心内容所用形容词数量与所用副词数量，消息中是否有作者的个人评价与态度。统计数据显示，获奖消息核心内容使用形容词与副词的数量相对较少，每篇消息平均使用 2—3 个形容词，以及 1 个副词。只有近一成（8.9%）的消息作品中出现记者的评价和观点，超一成（11.9%）的作品中有记者的个人情感倾向。

细读文本发现，在较多使用形容词与副词的消息文本中，记者常用形容词修饰人物或周围环境，目的在于展现更加立体饱满的人物形象、真实的环境背景，记者并未直接表明自己的立场和判断。

总的来看，获奖消息整体重视依靠消息来源获取信息，多使用直接引语及混合引语以增强报道真实性，文章使用形容词和副词的数量较少，只有较少数的消息作品呈现了记者个人的观点和情感表达。十余年来，新闻消息报道的客观性原则没有发生显著性变化，"用事实描述事实"是马克思主义新闻观的基本要求，也是我国新闻从业者坚持真实性和客观性的重要原则。

四、时新性、重要性与接近性：主要新闻价值要素

数据显示，获奖消息满足新闻价值要素排序依次为：消息满足时新性（249,

占比85.3%),消息满足重要性(249,占比85.3%),消息满足接近性(232,占比79.5%),如图7.4所示。需要说明的是,笔者对消息文本进行编码分析时,对消息满足时新性与满足重要性两个元素有各自对应的标准。在获奖消息作品中,时新性、重要性、接近性是最为看重的新闻价值要素,一定程度上评奖也体现了新闻行业在新闻价值观念上的共识①。从年份分布来看,并未发现显著性差异。

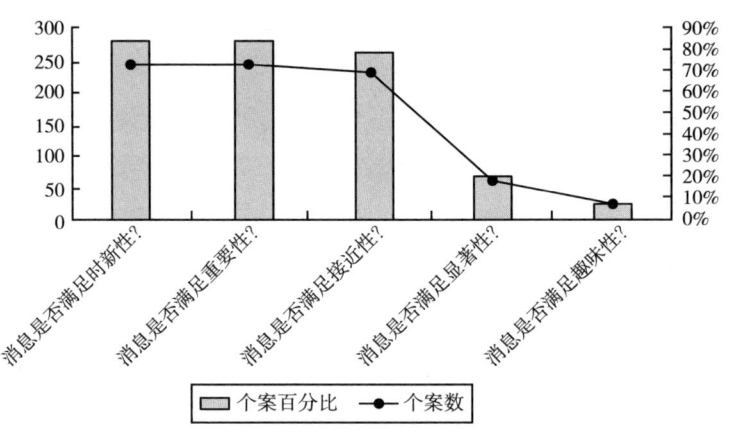

图7.4 新闻价值要素分布图

现代新闻业自诞生以来,新闻作为一种社会信息系统的生成方式,发挥着监测社会最新的重大变动的功能——"社会监测"功能,因而构成了一种普遍的新闻价值观念,即新闻报道的是最新的、值得叙述的重大变动,要能够满足接受者的一种特殊的即时性信息效用。② 社交媒体时代,这一普遍的新闻价值观念尽管遭到一定的冲击,但并未到如一些论者所言的"瓦解"的程度,娱乐化、碎片化、情感化的信息并不能反映当前新闻价值观念的"主潮"。

具体分析消息的时新性的要素:六成文章(60%)的时效为"今天或昨天";近两成消息(17%)没有明确标明时间;写明"近日或日前"的消息占比达13%(见表7.4)。消息是对时效性要求极强的新闻体裁,数据分析发现时新性仍然是新闻价值的首要标准。

---

① 刘明华,徐泓,张征.新闻写作教程[M].北京:中国人民大学出版社,2014:60.
② 陈力丹.新闻理论十讲[M].上海:复旦大学出版社,2008:34.

表 7.4 消息时新性具体表现的分布状况

类型	今天/昨天	一周以内	一周以上	近日/日前	未标明时间
频数	176	21	8	38	49
百分比	60%	7%	3%	13%	17%

笔者也对影响新闻价值要素分布的主要因素进行了分析（见表7.5）。通过新闻价值各要素与其他自变量的交互分析发现，刊播单位与消息所涉新闻价值要素分布的交互关系最为明显。

首先，消息重要性要素与刊播单位的交互关系情况为：九成五（95.1%）的中央级媒体机构刊发的消息满足重要性要素，七成五（75%）的地市级媒体机构刊播的消息满足重要性。卡方检验显示，消息的重要性与刊播单位之间不存在显著关系（p=0.000）。其次，消息显著性要素与刊播单位的交互关系为：超过三成（33%）的中央级媒体机构报送的消息满足显著性要素，而仅有超一成（15.9%）的地市级媒体机构报送文章满足显著性要素。卡方检验显示，消息的显著性与刊播单位之间不存在显著关系（p=0.006）。经过检验发现，消息的时新性、接近性、趣味性与获奖刊播单位之间均没有显著性关系。不难发现，获奖作品的刊播单位影响消息新闻价值要素的选取。地市级媒体机构刊播的消息满足重要性要素和显著性要素的文章明显少于中央级和省级媒体。

表 7.5 消息的新闻价值要素与获奖消息刊播单位交互表

消息的新闻价值要素		获奖作品刊播单位				总计
		中央级媒体机构	省级媒体机构	地市级媒体机构	其他	
消息是否满足重要性？	否	5（4.9%）	24（17.3%）	11（25%）	3（50%）	43
	是	98（95.1%）	115（82.7%）	33（75%）	3（50%）	249
总计		103	139	44	6	292
消息是否满足显著性？	否	69（67.0%）	118（84.9%）	37（84.1%）	5	229
	是	34（33.0%）	21（15.1%）	7（15.9%）	1	63
总计		103	139	44	6	292

注：消息是否满足重要性 * 获奖作品刊播单位：X2=18.351, df=3, p=.000；
　　消息是否满足显著性 * 获奖作品刊播单位：X2=12.315, df=3, p=.006。

近年来，严肃新闻被娱乐化、情感化新闻所"消解"的担忧不绝于耳，"后真相"时代的讨论更引发了人们对于新闻真实性问题的疑虑。总的来说，研究认为互联网时代严肃的新闻报道仍然是新闻的"内核"，消息写作依然是新闻专业的"基本功"，从消息作品所呈现的新闻价值观念来看，消息仍然是"消息"，新闻职业共同体的基本共识并没有被消解。

第二节 新闻价值的变量组合与分析框架

在过往的新闻学研究中，学界关于新闻价值的研究大多从狭义和广义两个方面展开。前者认为新闻价值是基于职业新闻工作者的视角，体现为新闻职业性规范和专业理念的价值要素[1]；后者则从中介的视角出发，认为新闻价值是新闻或新闻业对于社会不同层面和主体的价值[2]。本节所论述的新闻价值是指狭义层面上关于事实价值的讨论。

一、数字新闻生产中新闻价值观念的变化

早在1965年，学者加尔通（Johan Galtung）和鲁格（Mari Holmboe Ruge）两人就对四家挪威报纸展开了一项经典研究。在研究中，他们列出了一则"新闻因素"清单，包括"频率"（frequency）"消极性"（negativity）"接近性"（relevance）"意外性"（unexpectedness）和"精英"（elite people）等价值要素，当"事件越符合上述标准，就越可能被登记为新闻"[3]。然而，这

---

[1] GANS H J. Deciding what's news: a study of CBS evening news, NBC nightly news, newsweek, and time [M]. Evanston, Illinois: Northwestern University Press, 2004: 39.
[2] 杨保军.论新闻的价值根源、构成序列和实现条件[J].新闻记者，2020（3）：3-10.
[3] GALTUNG J, RUGE M H. The structure of foreign news: the presentation of the Congo, Cuba and Cyprus crises in four Norwegian newspapers [J]. Journal of peace research, 1965, 2 (1): 64-90.

一开创性的研究只是将目光聚焦在国际新闻报道，却忽视了受众所更为关切的国内社会新闻①。同时，文章所研究的只是新闻报道内容，并未深入分析事件本身所蕴含的价值要素②。进入数字时代，新闻价值可能面临如下变化。

首先，在数字新闻语境下，新闻生产方式的变革，新闻选择、判断与技术的运作逻辑方式紧密联系在一起。换言之，随着媒体环境不断变化，新闻已经从传统工业生产逻辑转变为数字创新范畴，新闻价值也需要放置在一个更大、更复杂的社会和技术网络中去考量，如学者多明戈（Domingo）提出用行动者—网络理论（Actor-Network Theory）来阐释具体新闻实践中的记者、受众以及不同参与者的关系和作用③。与此同时，不同的生产环境带来了新闻选择多样化，新闻价值概念已经被延伸到包括事件的价值、影响新闻实践的外部因素以及可被视为一般的"新闻写作目标"④。

其次，数字技术赋能下，新闻的职业边界逐渐溢出，新闻价值观念也在发生转变。具体来说，各种智能化的生产设备已经让新闻超越了传统编辑部的样态和定时的存在，逐渐走向"液态化"和"泛在化"。数字时代的新闻生产打破了传统新闻生产中以人为核心的主体性视角，而将作为技术物参与新闻生产和传播的数码物与基础设施纳入考量范围。可以说，数字时代的新闻生产已经实现了人与技术的协同运作，人的逻辑和技术的逻辑共同参与了新闻价值的判断⑤。随着传统的职业新闻生产变得越来越社会化，职业新闻工作者的权威消减，人们对新闻的认识也在发生变化，关于"什么是新闻""什么

---

① HARCUP T, O'NEILL D. What is news？galtung and ruge revisited［J］. Journalism studies, 2001, 2（2）: 261-280.
② STAAB J F. The role of news factors in news selection: a theoretical reconsideration［J］. European journal of communication, 1990, 5（4）: 423-443.
③ DOMINGO D. Research that empowers responsibility: reconciling human agency with materiality［J］. Journalism, 2014, 16（1）: 69-73.
④ CAPLE H, BEDNAREK M. Rethinking news values: what a discursive approach can tell us about the construction of news discourse and news photography［J］. Journalism, 2016, 17（4）: 435-455.
⑤ 吴璟薇. 基础设施与数字时代的新闻价值变迁：对媒介技术、新闻时效性与相关性的考察［J］. 西北师大学报（社会科学版），2022, 59（4）: 94-102.

是好新闻"的观念正在重塑中。

最后,如果说早期新闻价值的研究,只是将技术作为一种生产嵌入物的存在来考量,那么数字时代,研究者则更多地将技术视作新闻产生和传播的主导性因素。例如,比尔·科瓦奇(Bill Kovach)和汤姆·罗森斯蒂尔(Tom Rosenstiel)两位学者在2001年正式提出了新闻透明性概念①,认为新闻工作者应对受众真诚,奉行透明原则,新闻从业者需要"尽可能多地披露信源和方法"。学者菲利普斯(Phillips)更是直接认为,技术所带来的时间和预算的压力正在把新闻机构推向错误的方向,一个负责任的媒体就应该把"透明度"作为价值追求②,而受到积极心理学原则的启发,"建设性"和"解决方案导向"的提出正在试图补救主流新闻对"负面"和"消极"的强调③。近年来,"慢新闻"观点的提出,即强调用超越新闻周期的"慢新闻价值"来取代其"突发事件"中心和"即时性"的概念④。

可以说,在新媒介技术变革的背景下,新闻媒体"传播什么,怎样传播,为谁传播",仍然不可避免地会受到新闻价值观念的深刻影响⑤,而互联网技术和新媒体赋权使得融合传播时代中的新闻业原有的生产模式、传受者关系、价值体系、形象定位都受到了影响⑥,那么只有回归新闻事件本身才能更好地追问新闻内容背后的新闻价值观念变化。

---

① KOVACH B, ROSENSTIEL T. The elements of journalism: what newspeople should know and the public should expect[M]. New York: Crown, 2001: 80.
② PHILLIPS A. Jourtnalists as Unwilling 'Souces': Transparency and the new ethics of journalism[J]. Journalism practice, 2010, 4(3): 373-382.
③ MAST J, COESEMANS R, TEMMERMAN M. Constructive journalism: concepts, practices, and discourses[J]. Journalism, 2019, 20(4): 492-503.
④ LE MASURIER M. What is slow journalism?[J]. Journalism practice, 2015, 9(2): 138-152.
⑤ 杨保军. 新闻价值观念与新闻价值创造[J]. 国际新闻界, 2003(3): 45-50.
⑥ 王侠. 液态社会中新闻生产的变革与延续——基于对新闻客户端M的分层访谈[J]. 国际新闻界, 2019, 41(5): 60-79.

二、内容属性与选择维度的变量组合

不难发现，在数字技术的冲击下，新闻生产场域、组织架构和新闻形态甚至收受情境都发生了转变，关于新闻价值组成要素的新讨论也逐步展开。对于数字时代新闻价值的判断标准而言，学者布赖顿（Brighton）和福伊（Foy）较早指出，从"话题性"（topicality）、"期望性"（expectation）到"组合性"（composition）、"外部影响性"（external influences）等要素，都应成为数字时代新闻价值体系的构成部分[1]。同时，有学者认为数字时代新闻价值的构成要素因媒介形态而异，应该对包括"人类兴趣"（human interest）、"娱乐性"（entertainment）等在内的常见的、宽泛的新闻价值标准进行细分和再定义[2]。还有学者认为，数字时代的新闻价值分析可以包括"物质"（material）、"认知"（cognitive）、"社会"（social）和"话语"（discursive）四个方面[3]。其中，物质维度将新闻价值视为事件的内在或固有的属性，与记者无关，而认知维度则关注新闻工作者和受众对新闻价值的理解和信念。在社会维度中，新闻价值被作为选择标准和新闻常规以及实践来应用，而话语维度则关注语言在新闻价值构建中的作用。

可以说，新闻价值自身的复杂性和语境性导致其具体要素是相对宽泛的。在传统新闻价值研究中，一般认为新闻价值包括五要素：时新性、重要性、接近性、显著性、趣味性。这五个要素就是事实本身包含的引起社会各种人共同兴趣和需求的素质，而目前对数字新闻价值还没有固定的分析框架。笔者参考前人研究，尝试通过构建条件变量和结果变量以探索数字新闻价值要素之间的相互关联。需要说明，条件变量即存在的单个或组合原因，结果变量即产生的结果。具体情况如表7.6所示。

---

[1] BRIGHTON P, FOY D. News values [M]. California: Sage, 2007: 29.

[2] MCINTYRE K. What makes "good" news newsworthy？[J]. Communication research reports, 2016, 33 (3): 223-230.

[3] MAKKI M. The role of "culture" in the construction of news values: a discourse analysis of Iranian hard news reports [J]. Journal of multicultural discourses, 2020, 15 (3): 308-324.

表 7.6 条件及结果变量的赋值与校准①

变量类型	变量名称	统计指标	原始赋值	完全隶属	交叉点	完全不隶属
条件变量	1. 事件类型	强公共性	1	二分变量不须校准		
		弱公共性	0			
	2. 事件常规性	常规性事件	0	二分变量不须校准		
		突发性事件	1			
	3. 地域指向	全国级	1	0.90	0.67	0.45
		省市级	0.67			
		县区级	0.33			
		乡镇级	0			
	4. 情感取向	积极	1	0.73	0.37	0.01
		中性	0.5			
		消极	0			
	5. 消息信源	传统主流媒体	1	0.61	0.23	0
		新型主流媒体（两微一端）	0.6			
		个人社交账号（微博、微信、抖音等）	0			
	6. 首发形式	图文报道	0	二分变量不须校准		
		音视频报道（短视频、直播等）	1			
	7. 报道间隔	天数（≤1天）	1	二分变量不须校准		
		天数（≥2天）	0			
	8. 语境依赖性	强	1	0.79	0.39	0
		中	0.5			
		弱	0			
结果变量	9. 新闻关注度	国内媒体关注度	取三个统计指标百分位数之和	3.90	2.81	1.71
		国内民众关注度				
		国际总体关注度				

1. 条件变量

根据前文梳理，我们将数字语境中新闻相关要素进行了两个维度的提炼，即事件属性和传播属性。事件属性指事件本身的构成要素，主要包括事件指向者、发生地、发生了什么事情。具体来说，事件属性的条件变量可分为：第一，事件类型。即判断事件所牵涉的议题的公共性程度，可分为"强公共性"和"弱公共性"。第二，事件常规性。在经典的新闻定义中凸显了"反常

---

① 注：本研究中的变量赋值校准只针对非 0–1 二分类变量的数值。

性"这一价值要素是新闻的重要存在。因此,在数字新闻价值的研究中,将事实变动的情况具体划分为"常规性事件"和"突发性事件"两种。第三,地域指向。即事件在媒体报道中所直接指涉的地区或区域,参照《中华人民共和国行政区划》等相关规定,将事件报道所涉及的地域属性划分为"国家级""省市级""县区级"和"乡镇级"。第四,情感取向。在数字语境下,情感成为新闻报道中的重要价值倾向,而受众本身也会被事件所体现的情感态度所联结起来,根据其情感倾向性,具体划分为"积极""消极"和"中性"(见表7.7)。

表 7.7 数字新闻语境下新闻价值的条件变量表(X)

价值维度	解释变量	统计指标	变量说明
事件属性	事件类型	强公共性 弱公共性	事件所指涉话题/人物具备的公共议题性
	事件常规性	常规性事件 突发性事件	事件是否具有意外性
	地域指向	全国性;省市级;县区级;乡镇级	事件在媒介呈现中所指涉的地域
	情感取向	积极;中性;消极	事件本身所带有的情绪偏向
传播属性	消息信源	传统主流媒体 新型主流媒体(两微一端) 个人社交账号(微博、微信、抖音)	事件发生和传播的最早发出者
		图文报道 音视频报道(短视频、直播等)	事件第一时间呈现的媒介形式
	报道间隔	天数(是否大于1天)	事件发生到报道传播的时间间隔
	语境依赖性	强;中;弱	事件得以成为新闻的社会语境

传播属性则是指事件传播过程中的渠道、参与者、传播手段、呈现方式等,相关条件变量具体划分为:第一,消息信源。即事件发生和传播的最早发出者,我们将其细分为"传统主流媒体""新型主流媒体"和"个人社交媒体账号"。第二,首发形式。即事件第一时间呈现在受众面前的媒介形式。历史地看,媒介技术不仅塑造着新闻业的运作体系,也影响着新闻价值内在逻辑的变迁。受早期"印刷工人—记者"导向影响,西方所形成的职业术语都来自印刷工作的提炼,如独家新闻、大标题、侧边栏、标题和署名等。后来电报技术

的出现，更是直接导致 5W 和倒金字塔等新闻写作观念的出现。我们结合媒介技术发展现状和融合传播时代特点，将其划分为"图文报道"和"音视频报道"。第三，报道间隔。即从事件发生到新闻报道呈现所间隔的时间。如前文所述，现代新闻业在市场化运作的周期中获得"即时性"这一价值要素，而数字技术的发展更是推动其朝向"及时性"和"实时性"发展。但考虑到部分新闻事件仍存在时间上的滞后性，因此我们将 1 天（24h）作为分析界限。第四，语境依赖性。即事件得以成为新闻的社会语境。具体来说，作为一种文化形式，新闻的选择和报道往往是社会关注的焦点、民众心态的集中反映和呈现。因此，我们将按新闻报道的社会语境依赖性高低进行分别分析讨论。

2. 结果变量

就结果变量而言，本研究并不是基于具体新闻报道进行的新闻价值要素的分析，而是从具体的新闻选择和判断的维度等方面进行探讨。因此，笔者将结果变量从三个维度出发进行判断，即"国内媒体关注度""国内民众关注度"和"国际总体关注度"，通过加权确定最终的关注度情况并进行排序，然后对排序情况进行具体赋值。

其中，"国内媒体关注度"是指该新闻事件受到媒体关注的情况。本研究具体划分为 4 个等级（不区分新旧媒介形式），媒体等级依次为"《人民日报》、新华社或中央人民广播电视总台""其他中央级主流媒体及行业媒体（如《光明日报》《中国日报》和《环球时报》等）"以及"地方级媒体（省市级及以下媒体，如《北京日报》、澎湃新闻等）"。

"国内民众关注度"和"国际总体关注度"是指事件发生和报道后，网民的总体关注情况。结合研究需要，针对国内民众关注度，笔者将采用国内影响较大的三大指数平台（"百度指数""360 趋势"和"头条指数"）[①]；针对国际关注度，则采用"谷歌指数"进行事件关键词指数的采集，通过取

---

① 注："百度指数"指以百度海量网民行为数据为基础的数据分享平台。"百度指数"展示某个关键词在百度的搜索规模有多大，其一段时间内的涨跌态势以及相关的新闻舆论变化。"360 趋势"指以 360 产品海量用户数据为基础的大数据展示平台，可通过搜索关键词，快速获取热度趋势、理解用户真实需求、了解关键字搜索的人群属性。"头条指数"指今日头条算数中心推出的一款数据产品，可作为内容生产、传播、营销、舆情监控的重要工具。

日平均值来判断事件发生后 7 天网民搜索情况。如表 7.8 所示。

表 7.8 数字新闻语境下新闻价值的结果变量表（Y）

相关维度	统计指标	变量说明
国内媒体关注度	媒体联动（中央级/地方级）	事件被相关媒体关注的情况，共分为 3 个等级：《人民日报》/新华社/中央广播电视总台关注→其他中央级主流媒体及行业媒体（如《光明日报》《中国日报》《环球时报》等）→地方级媒体（省市级及以下，如《北京日报》、澎湃新闻等）
国内民众关注度	百度指数、360 趋势、头条指数	事件发生后 7 天内网民的搜索情况（取平均数）
国际总体关注度	谷歌指数	事件发生后 7 天内网民的搜索情况（取平均数）

三、新闻价值的三种典型条件组态

研究首先采用定性比较分析法（QCA）来探讨变量之间的关系，该方法从集合论的角度观测条件和结果的关系，并利用布尔代数算法形式化分析问题的逻辑过程，强调通过实证资料与相关理论的不断对话，从小样本数据中建构研究议题的因果性关系[1]。在 QCA 的必要性条件分析中，常设定一致性水平 0.9 作为判断某一条件是否为必要条件的阈值[2]。前期研究发现，没有任何条件变量的一致性水平大于 0.9，即必要条件没有出现。这表明上述八个条件变量均不独立作为必要条件来影响结果，而是在彼此组合的基础上对最终结果产生影响。因而有必要展开条件组态分析。如图 7.5 所示。

---

[1] 毛湛文.定性比较分析（QCA）与新闻传播学研究［J］.国际新闻界，2016，38（4）：6-25.
[2] RAGIN C C, FISS P C. Net effects analysis versus configurational analysis: an empirical demonstration［J］. Redesigning social inquiry: fuzzy sets and beyond, 2008（240）: 190-212.

	组态1	组态2	组态3	组态4	组态5	组态6	组态7	组态8
事件类型	⊗	●	●		●	●	⊗	⊗
事件常规性	●	⊗	⊗	●			•	⊗
地域指向	●	●	•	●	●	●	●	●
情感取向	⊗		⊗		●	●	●	●
消息信源	⊗	⊗	⊗	⊗	•	•	●	●
首发形式	●			●			⊗	⊗
报道间隔		●	●	●		●	⊗	•
语境依赖性	⊗	⊗		⊗	●	●	●	•
总覆盖度：0.334881 总一致性：0.925421	注：●或•表示该条件存在，⊗或⊗表示该条件不存在；●和⊗表示核心条件，•和⊗表示边缘条件。空白表示该条件可存在也可不存在。							

图 7.5　组态分析结果

以上分析中的 8 种组态一致性均达到充分条件一致性的阈值 0.8，表明这 8 种组态对现有案例具有较强的解释力，证明了数字时代事件关注度的多重因果性。其中 3 种条件组合的覆盖率较高，而这恰好也是原生覆盖率较高的 3 种典型组态。

典型组态一：弱公共性 * 突发性 * 全国/省市级 * 消极 * 社交媒体 * 音视频形式 * 弱语境。在该种组态中，核心条件为弱公共性、突发性、全国/省市报道范围、负面情绪和音视频首发形式，边缘条件为社交媒体信源和弱语境依赖性。

该组态表明，突发性"爆料"信息若发生于全国/省市范围内，以音视频内容形式首发，且附带负面情绪属性，则有可能获得较高热度。此类信息多具有社交媒体首发、弱语境依赖性等特征，与传统媒体经过策划的专业报道相异，这在一定程度上源于新媒体技术对个体表达的赋权，但并不构成热度产生的核心条件。

音视频形式的负面新闻因其生动性、直观性在网络空间更易吸引受众眼球，如"哈尔滨洗车摊男子烧伤身亡"事件发生于黑龙江省会，其现场视频在社交平台首发，燃烧场景具有视觉冲击力，乃至于在事件信息并不充分、未经权威媒体调查核实的情况下，都在短时间内使受众产生高度情感关切，引发媒体报道和舆论关注。

典型组态二：强公共性 * 常规性 * 全国/省市级 * 社交媒体 * 图文形式 *1日以内 * 弱语境。在该种组态中，各条件均为核心条件，无边缘条件。该组态表明，具有强公共性、常规性的社会新闻若发生于全国/省市范围内，语境依赖性低，以图文内容形式首发，且在1日内得到媒体报道，则有可能获得较高热度。

例如，在"刘学州自杀"事件中，刘学州自述在幼年曾遭拐卖，在网络发布寻亲信息后成功联系到亲生父母。部分媒体对刘学州个人生活进行偏向报道，引发网民关注，产生针对其个人的网络暴力，这被认为是其自杀的主要诱因之一。拐卖儿童这一议题涉及社会治安、家庭伦理等问题，公共属性强，且该议题长期受到社会关注，大众对此十分熟悉，常规性强。2022年1月24日，刘学州在社交平台公开发表遗书，直指网络暴力对其造成的心灵伤害，并在当天自杀于海南三亚，其死亡信息得到当地警方证实，引发大规模舆情。

典型组态三：强公共性 * 常规性 * 全国/省市级 * 消极 * 社交媒体 *1日以内 * 弱语境。在该种组态中，核心条件为强公共性、常规性、负面情绪和一天内报道，边缘条件为全国/省市报道范围、社交媒体信源和弱语境依赖性。该组态表明，具有强公共性、常规性、负面情绪的社会新闻若在一天内得到媒体报道，则有可能获得较高热度；作为边缘条件，全国/省市报道范围、社交媒体信源和弱语境依赖性对其亦有影响，但不能起到核心作用。

例如，在"南通城管拎起老人摔地上"事件中，城管这一职业身份的公共性强，且长期受到社会关注，城管执法是大众十分熟悉的议题，具有常规性。该事件情感偏向负面，在一天内被连续报道，受众的情感在短时间内被调动起来，并进一步发展为对事件责任主体的关注与问责。

从单个条件变量来看，在选定的8个条件变量中，没有任何一个条件变量的一致性大于0.8。换言之，影响结果变量的必要条件并没有出现，说明这些变量均不是作为必要条件和充分条件来影响结果的，而是在相互组合的基础上对最终结果产生影响。这也恰恰证明了：尽管媒介技术发生了较大的变化，但事实变动之所以能够成为新闻，并不单纯地依靠某一种因素，而是需要同其他要素相结合来发挥作用。

第三节 数字语境下新闻价值要素变化趋势

一、接近性要素式微与时新性要素强化

就上节所述的几个案例而言，在任一组态中的新闻价值要素中，"地域指向"都出现了且皆作为核心条件要素出现。如前所述，就该条件变量而言，本节将事件所指涉的地域影响范围分为四级。媒体报道中事件的地域性指向越大，赋值越高。数据分析则证明，在数字语境中，媒体对于新闻事件的选择和呈现虽然仍受到事件本身的影响，但在报道取向中却更偏向将其地域性放大。换言之，媒体更偏向于超越事件本身所属的行政区域，将其作为一种全国性的公共议题进行呈现。因此，在数字技术的影响下，虽然发生在县城或乡村的事件也能够被媒体关注，但关注的焦点被转移和放大了。可以说，在数字新闻语境中，传统新闻价值要素中的"接近性"式微，媒体更多地关注和呈现可能具备全国性而非区域性议题的新闻事件。

从事件类型而言，强公共性事件和弱公共性事件受到的媒体和社会关注差异较大。从报道时间间隔来看，传统新闻价值要素中的"时新性"得以强化，并朝向"实时性"发展，而弱公共性的事件，即便受到普通网民的关注，如果没有其他变量的配合（如事件的突发性、音视频报道等），也很难引起媒体的关注和报道。

二、网络化生产与受众的影响

为了探讨数字技术如何影响和改变媒介组织的新闻选择过程，我们设置

了"消息来源""首发形式"和"语境依赖性"三个条件变量进行分析。从组态分析结果可以看到，在前三种典型组态中，不管事件的公共性属性和事件的常规性如何，许多新闻事件最初都是由网民的个体社交帐号发出，进而才引起主流媒体的关注和报道的。虽然这些事件的语境依赖性并不明显，但在网络化、节点化的传播中，传统意义上的新闻受众成为一种新型的"产消者"。这也反映了民众的关注议题成功地反向建构了媒介的报道日程。

而从媒介报道的呈现形式来看，音视频报道有力地放大了事件的"公共性"和"常规性"。具体来说，当事件自身具有突发性和强公共性议题时，事件报道的形式并不会产生较大影响，而当弱公共性和常规性的事件想要进入媒体视野并成为新闻时，音视频这一报道形式则成为有力手段。

三、积极性要素作用更加凸显

与传统新闻业标榜理性、拒斥情感渗入新闻报道的倾向不同，在融合传播时代，一种情感转向（emotional turn）日益成为数字新闻业的一个核心特征，而这为新闻价值的发展提供了新的思考空间[①]。学者兹兹·帕帕克瑞斯（Zizi Papacharissi）更是认为，在数字技术的影响下，公众通过情感的表达而被动员或连接，成为一种情感公众（affective public）[②]。总的来看，数字语境中，情感已经成为数字时代新闻生产和消费的重要动力，而我们在讨论新闻价值要素时也势必需要将其纳入考量范围。

如前所述，"事件的消极性"一直是西方新闻业所追捧的要素，并在商业化、市场化的语境中泛滥成灾。过度消极的新闻忽视了新闻的社会建构性功能，而面对失衡的报道取向，如建设性新闻、慢新闻等带有积极心理学色彩的实践受到广泛关注。因此，本研究把情感指向的"积极情绪"赋值为1（校对后为

[①] WAHL J K.An emotional turn in journalism studies？［J］. Digital journalism，2020，8（2）：175-194.
[②] PAPACHARISSI Z. Affective publics and structures of storytelling：sentiment, events and mediality［J］. Information, communication & society，2016（4）：307-324.

0.99），来探讨在数字新闻业中情感转向（emotion turn）的影响。

可以看到，在所选定的新闻事件中，尽管在前三种典型组态中，事件的正面情绪都处于缺失状态，但在其余五个组态中则处于显著活跃状态。如果结合消息来源来看，积极情绪可能更容易被主流媒体所捕捉、放大，而网民则更多地依靠社交平台进行爆料等具有负面情绪的活动。总的来说，在数字语境下的新闻选择中，事件"消极性"的影响仍在，但拥有积极情绪指向的事件更容易成为新闻。对于这一发现，我们认为这既可能是由于积极性会带来一种弥合社会裂痕的效果，由此被主流媒体放大和关注，这符合我国新闻工作的职责定位，与以正面宣传为主的新闻工作方针相匹配。

四、主流媒体的报道更具语境化与权威性

数字语境中主流媒体的报道更具语境化与权威性。在组态五至组态八中，结合事件常规性、消息信源和语境依赖性三个条件变量进行分析，可以看到：当消息来源是主流媒体时，新闻事件往往具备着某种强烈的社会语境，如对于新闻热点事件的反馈和定性。换言之，尽管数字语境中的新闻选择呈现着一种"社会化"的取向，但在突发性和争议性社会事件的报道中，主流媒体仍然保有新闻生产的权威性，通过选择与呈现新闻事件，影响社会舆论，引导公众的预期心理和情绪。面对具有争议性、热点性的高社会语境事件，主流媒体会更直接地介入，并保持着自身的权威性。虽然数字技术赋能了受众和报道呈现形式，并反向建构和影响着媒体的报道日程。但是作为"把关者"的新闻记者和编辑并的作用没有消失，依然保持着自身的权威性，发挥着社会建构和舆论导向等功能。

最后需要说明，数字时代新闻价值概念、要素及其实践仍然处在张力中，并没有完全定型。但无论数字技术如何更迭，新闻价值都不能完全孤立存在。面对新闻价值要素的语境化、多元化、协商化，我们并不能简单否认或舍弃传统新闻价值标准，而是需要用适度的眼光去审视新的要素变化，新闻价值要素仍然应当"以新闻为中心"。

第七章 新闻生产：什么在决定新闻

第四节 新闻报道中的"调查研究"实践

新闻报道与调查研究之间的关系是一个值得研究的重要话题。穆青曾说："调查研究是我们业务建设上的一个根本性问题，也是记者重要的工作方法。"[①] 在中国新闻学的概念界定上，新闻一般指新近发生的事实的报道，这是唯物主义的新闻观念，也从本源上将新闻活动同调查研究、实事求是相联系[②]。西方新闻界也在一定程度上认为新闻的本质在于保证公众的知情权，因此新闻报道要求记者挖掘事实、报道事实，记者也是调查员[③]。从新闻实践来看，调查性报道是当代新闻工作的一种重要类型。改革开放以来，从传统的报告文学到调查性报道、深度报道、特稿写作，凸显了新闻报道与调查研究之间的密切关系，《焦点访谈》《新闻调查》等调查性栏目声名鹊起，也涌现出一批善于调查研究、擅长调查报道的知名记者。

在中国共产党的历史上，调查研究是一种重要的工作方法和手段。2023年3月，中共中央办公厅印发《关于在全党大兴调查研究的工作方案》，要求各地区各部门结合实际认真贯彻落实。调查研究是中国共产党的"传家宝"，中国共产党高度重视调查研究工作。新民主主义革命时期，毛泽东就提出"没有调查，没有发言权"[④]的重要论断。在全面建成社会主义现代化强国的目标下，习近平总书记强调，调查研究是谋事之基、成事之道，没有调查就没有决策权[⑤]。党的调查研究工作在实践中不断发展创新，具有与时俱进的鲜明特征。

---

① 穆青.新闻散论[M].北京：新华出版社，1996：15.
② 王晓岚.抗日战争时期陆定一的新闻思想[M]//郑保卫.中国共产党新闻思想史.福州：福建人民出版社，2004：258.
③ 伊图尔，安德森.当代媒体新闻写作与报道[M].贾陆依，华建昌，译.北京：中国人民大学出版社，2006：427.
④ 毛泽东.反对本本主义[M]//中共中央毛泽东选集出版委员会.毛泽东选集：第1卷.北京：人民出版社，2008：109.
⑤ 中共中央办公厅印发《关于在全党大兴调查研究的工作方案》[EB/OL].（2023-03-19）[2024-03-30]. http://www.news.cn/2023-03/19/c_1129444703.htm.

一、学术话语

"调查研究"这一学术话语是指社会科学研究方法中的调查法（survey），指借助提问调查对象并对调查对象在统计上加以描述的实证研究方法[1]。调查法可用于描述性、解释性和探索性的研究[2]。中国多用"社会调查（研究）法"一词[3]。调查法，又名社会调查法，常包含"收集和分析社会资料或数据"的过程。根据研究范式的差异，现代社会调查法可大致分为定量的"统计调查"、定性的"田野调查"和将两者结合的"混合调查"[4]。

统计调查通常是以概率抽样、结构化测量、数据统计分析等量化研究手段为主的调查研究方式，多以自填式问卷、结构式访谈与网络调查等方式搜集数据资料，并使用SPSS等统计分析工具定量分析数据资料[5]。比如，社会学研究机构开展的多期横断面大型社会调查、大规模的纵贯社会调查等统计调查活动[6]。再如，经济学学者杜润生开展农村定点问卷调查[7]，或组织调查员开展大规模实地问卷调查等[8]，为中央的"三农"政策研究提供科学的数据支持[9]。

田野调查则是以观察法、访谈法、编码分析等质性研究手段为主的实地调查研究方式，强调研究者进入"现场"[10]，深入描述地方社会状况和社会变

---

[1] 福勒.调查研究方法[M].孙振东，龙藜，陈荟，译.重庆：重庆大学出版社，2009：1.
[2] 巴比.社会研究方法[M].11版.邱泽奇，译.北京：华夏出版社，2009：245-279.
[3] 侯典牧.社会调查研究方法[M].北京：北京大学出版社，2014：2.
[4] 杜智敏.社会调查方法与实践[M].北京：电子工业出版社，2014：21.
[5] 杜智敏.社会调查方法与实践[M].北京：电子工业出版社，2014：66.
[6] 李炜.与时俱进：社会学恢复重建以来调查研究的发展[J].社会学研究，2016，31（6）：73-94，243.
[7] 陈萌山.关于"三农"政策调查研究的认识与思考[J].农业经济问题，2019（7）：4-9.
[8] 王春超.农村土地流转、劳动力资源配置与农民收入增长：基于中国17省份农户调查的实证研究[J].农业技术经济，2011（1）：93-101.
[9] 杜润生.开启了农村改革与发展的新时代：回忆1980年代5个"一号文件"出台过程[J].农村工作通讯，2008（9）：31-35.
[10] 杜智敏.社会调查方法与实践[M].北京：电子工业出版社，2014：341-346，361，389.

动过程，并注重发展人类共同生活的原理、原则①。田野调查是深刻阐释中国现实复杂变化、建立中国特色社会科学的关键。费孝通先生的田野调查就具有典范意义，他的《江村经济》第一次将实地研究应用于现代农村，此后通过调研中国乡镇建设总结出的苏南模式、温州模式和珠江模式②，对学术界和政策界都产生深刻影响。由此，有社会学学者将中国田野调查的方法总结为：从实求知、身体力行，以"志在富民"的学术目标关注中国社会发展的深层结构，注重采用"将心比心"的"局内观察法"的田野调查思路③。

在新闻学领域，记者使用调查法采写新闻的报道类型被称为精确新闻（precision journalism）。在新闻实践中，仅凭对个体言谈的记述和经验性观察不足以报道重大、复杂的新闻事实，于是新闻记者有意引入调查法等社会科学研究方法辅助新闻采编过程，由此形成了精确新闻的报道样式④。精确新闻主张新闻报道用数据说话，记者采用抽样调查法、实验法、数据库搜集法等收集数据资料，并运用计算机软件、统计工具分析数据，得出量化结论，使新闻报道具有更强的客观性和可信度⑤。

二、政治话语

调查研究的政治话语是指中国共产党的党建工作和执政建设中所遵循的科学工作方法。调查研究是党员干部坚持辩证唯物主义和历史唯物主义世界观、方法论⑥，和以获得对客观事物本质和规律的认识⑦为目标的思想方法和工作方法。

---

① 韩明谟.中国社会学调查研究方法和方法论发展的三个里程碑[J].北京大学学报（哲学社会科学版），1997（4）：6-16，159.
② 费孝通.行行重行行：1983-1996[M].北京：生活·读书·新知三联书店，2021.
③ 周飞舟.将心比心：论中国社会学的田野调查[J].中国社会科学，2021（12）：37-54，200.
④ 迈耶.精确新闻报道：记者应掌握的社会科学研究方法[M].4版.肖明，译.北京：中国人民大学出版社，2014：2.
⑤ 丁柏铨.新闻采访与写作[M].3版.北京：高等教育出版社，2014：148-153.
⑥ 李一帆，徐小庆.新时期调查研究读本[M].北京：中国方正出版社，2009：31.
⑦ 马凌.调查研究是马克思主义新闻观的方法论[J].新闻战线，2023（11）：40-43.

马克思和恩格斯创立的唯物史观和唯物辩证法为正确理解社会现象、科学研究社会发展规律奠定了基础。正如马克思所言:"经验的观察在任何情况下都应当根据经验来揭示社会结构和政治结构同生产的联系,而不应当带有任何神秘和思辨的色彩。"① 马克思和恩格斯重视人的社会实践性,强调做好调查研究要全面占有材料。恩格斯说:"即使只是在一个单独的历史实例上发展唯物主义的观点,也是一项要求多年冷静钻研的科学工作,因为很明显,在这里只说空话是无济于事的,只有靠大量的、批判地审查过、充分地掌握了的历史资料,才能解决这样的任务。"② 列宁将调查研究作为马克思主义的普遍真理同俄国革命的具体实践相结合的重要工具,通过广泛搜集和分析历史材料写成的《俄国资本主义的发展》,深刻揭示了俄国资本主义发展的规律③。

调查研究是中国共产党百余年来一以贯之的工作方法④。中国共产党的调查研究思想直接来源于马克思主义经典作家的理论和实践,并结合中国具体实际不断发展创新。在新民主主义革命时期,毛泽东从反对"本本主义"出发,提出"没有调查,没有发言权"的著名论断⑤。毛泽东是调查研究方面的杰出实践者,他曾用32天时间实地考察湖南湘潭等五县情况,有力矫正了针对农民运动的错误态度和处置方式⑥。毛泽东还是调查研究的理论家,

---

① 马克思,恩格斯.德意志意识形态[M]//中共中央马克思恩格斯列宁斯大林著作编译局.马克思恩格斯选集.北京:人民出版社,2012:151.
② 恩格斯,马克思.政治经济学批判[M]//中共中央马克思恩格斯列宁斯大林著作编译局.马克思恩格斯选集第2卷.北京:人民出版社,2012:9.
③ 列宁.俄国资本主义的发展[M]//中共中央马克思恩格斯列宁斯大林著作编译局.列宁选集:第1卷.北京:人民出版社,2012:160-163.
④ 程美东.做好调查研究要运用科学方法[J].中国党政干部论坛,2023(5):29-33.
⑤ 毛泽东.反对本本主义[M]//中共中央毛泽东选集出版委员会.毛泽东选集:第1卷.北京:人民出版社,2008:109.
⑥ 毛泽东.湖南农民运动考察报告[M]//中共中央毛泽东选集出版委员会.毛泽东选集:第1卷.北京:人民出版社,2008:12-13.

他提出调查研究是转变党的作风和改善工作方法的必要条件①②，总结了"调查深切明了社会经济情况的人"③"解剖麻雀"④"定调查纲目"⑤"开调查会"⑥等具体的调研方法。

邓小平同样非常重视调查研究，强调实事求是的重要性。他指出："只有解放思想，坚持实事求是，一切从实际出发，理论联系实际，我们的社会主义现代化建设才能顺利进行，我们党的马列主义、毛泽东思想的理论也才能顺利发展。"⑦江泽民提出"没有调查就没有决策权"，强调"坚持做好调查研究这篇文章，是我们的谋事之基、成事之道"⑧，并将调查研究作为全党同志深刻认识、全面把握"三个代表"要求的重要路径⑨。胡锦涛强调党员干部要弘扬求真务实的作风⑩，要在深入调查研究的基础上提出切实有效的政策措施，使构建社会主义和谐社会成效真正体现到为群众排忧解难，体现到实现和维护群众切身利益上来⑪。

---

① 毛泽东.改造我们的学习［M］//中共中央毛泽东选集出版委员会.毛泽东选集：第3卷.北京：人民出版社，2008：802.
② 毛泽东.大兴调查研究之风［M］//中共中央文献研究室.毛泽东文集：第8卷.北京：人民出版社，1999：233-236.
③ 毛泽东.反对本本主义［M］//中共中央毛泽东选集出版委员会.毛泽东选集：第1卷.北京：人民出版社，2008：116.
④ 毛泽东.我们党的一些历史经验［M］//中共中央文献研究室.毛泽东文集：第7卷.北京：人民出版社，1999：133-134.
⑤ 毛泽东.反对本本主义［M］//中共中央毛泽东选集出版委员会.毛泽东选集：第1卷.北京：人民出版社，2008：117.
⑥ 毛泽东.《农村调查》的序言和跋［M］//中共中央毛泽东选集出版委员会.毛泽东选集：第3卷.北京：人民出版社，2008：790.
⑦ 邓小平.解放思想，实事求是，团结一致向前看［M］//邓小平.邓小平文选：第2卷.北京：人民出版社，1994：143.
⑧ 江泽民.没有调查就没有决策权［M］//江泽民.江泽民文选：第1卷.北京：人民出版社，2006：308-309.
⑨ 江泽民.在新世纪把建设有中国特色社会主义事业继续推向前进［M］//江泽民.江泽民文选：第3卷.北京：人民出版社，2006：129.
⑩ 胡锦涛.求真务实（二〇〇四年一月十二日）［M］//胡锦涛.胡锦涛文选：第二卷.北京：人民出版社，2016：151.
⑪ 胡锦涛.社会和谐是中国特色社会主义的本质属性［M］//胡锦涛.胡锦涛文选：第二卷.北京：人民出版社，2016：524-525.

习近平总书记继承和发扬党的调查研究传统，他指出："重视调查研究，是我们党在革命、建设、改革各个历史时期做好领导工作的重要传家宝。"① 习近平总书记十分重视调查研究的工作方法，他强调："各级领导干部在调研工作中，一定要保持求真务实的作风，努力在求深、求实、求细、求准、求效上下功夫。"② 习近平总书记认为，调查研究"是一门致力于求真的学问，是一种见诸实践的科学，也是一项讲求方法的艺术"，对此，他建议"党员干部要善于掌握科学的调查研究方法来提高调研效率和效益""充分调动社会各界的研究力量，充分利用现代化的信息手段"③。

总的来看，调查研究是实现马克思主义理论中国化时代化的重要工作方法。一代代中国共产党人从客观现实出发，重视并践行调查研究的工作方法，在实践中将马克思主义基本原理同中国具体实际相结合，创新发展了马克思主义理论④。

三、实践话语

调查研究的实践话语一般指的是新闻活动中的调查性报道体裁。西方的调查性报道是一种较为系统、深入地揭露政府、公共机构以及社会中存在的事关公众利益的隐藏问题，并寻求解决方法的新闻报道形式⑤。在西方，调查性报道多为"揭丑"报道，重点揭露政府官员、公司企业领导以及公共机构中管理人员的不法行为和丑闻，这需要记者依据秘密消息进行公开或秘密的采访和调查。新闻史上有名的"扒粪运动"就是一次大规模的"揭丑"调查性报道⑥。

---

① 习近平.谈谈调查研究［N］.学习时报，2011-11-21（1）.
② 习近平.调研工作务求"深、实、细、准、效"［M］//习近平.之江新语.杭州：杭州人民出版社，2007：1.
③ 习近平.调查研究要点面结合［M］//习近平.之江新语.杭州：杭州人民出版社，2007：166-167.
④ 徐松林.调查研究是马克思主义中国化的根本方法［J］.求实，2005（12）：27-29.
⑤ 甘惜分.新闻学大辞典［M］.郑州：河南人民出版社，1993：153.
⑥ 周海燕.调查性报道采访与写作［M］.北京：新华出版社，2003：11-12.

在我国的新闻工作实践中，调查性报道是一种重要的报道体裁，是记者就现实生活中的某一重要的新闻事件，或群众关心的社会问题，或当前改革开放中出现的新情况、新问题，进行深入的调查研究，并把调查的情况和结论向读者"报告"的一种报道形式。中国调查性报道是在改革开放的大背景下开始崛起的，如中央广播电视总台的《焦点访谈》和《新闻调查》栏目、《中国青年报》的《冰点》栏目等。此外，出现了一批知名的调查记者。新闻记者通过调查报道的形式探索和分析改革开放中出现的新情况和新问题，此时调查性报道多被称为"批评性报道"，在一定程度上延续了通讯报道的一些特点。中国的调查性报道的主要任务是以客观、全面、公正的原则探明事件的真相，探讨事物发展规律，推动问题的解决[①]。

四、新闻报道与调查研究的关系

新闻报道与调查研究紧密相关，调查研究是党的新闻舆论工作的基本方法和优良传统[②]。就像刘少奇曾说："报纸工作人员是调查研究的专业人员。"[③]具体而言，新闻报道与调查研究的关系就像两个相交圆，如图7.6所示。虽然广义上说采访的过程就是调查的过程，但在严格意义上，新闻采访不能等同于调查研究，二者之间是有交集的关系。有记者曾说："采访是有题目的调查，调查是无题目的采访。"[④]只有新闻报道的主题在记者深入研究实际、剖析典型的过程中逐渐明确时，记者的采访过程才能算得上调查研究，而从新闻记者的职业角色来看，调查研究是实现新闻记者成为"获知事务的权威"的重要方式之一，是业务建设上的重要工作方法[⑤]。具体从三种话语来看，精确新闻的出现体现了记者有意借鉴社会科学的研究方法提升报道的科学性和客

---

① 汪言海.新闻采写十五讲［M］.合肥：安徽文艺出版社，2013：174-178.
② 王仕勇，贾浩伟."没有调查，就没有发言权"：新闻调查研究观的源起、经验与价值回归［J］.新闻论坛，2023，37（1）：19-23.
③ 陈力丹.刘少奇的新闻思想及其理论意义［J］.新闻与传播研究，1998（2）：67-79，97.
④ 胡国华.探寻事物的本质：调查研究方法论［J］.中国记者，1993（10）：10-12.
⑤ 宣奉华.论穆青的新闻理论观点［J］.新闻与写作，1998（2）：9-12.

观性；调查性报道是直接体现新闻记者践行调查研究的报道形式；在我国的新闻报道实践中，调查研究体现了党的新闻舆论工作的基本要求以及马克思主义新闻观的重要方法论。

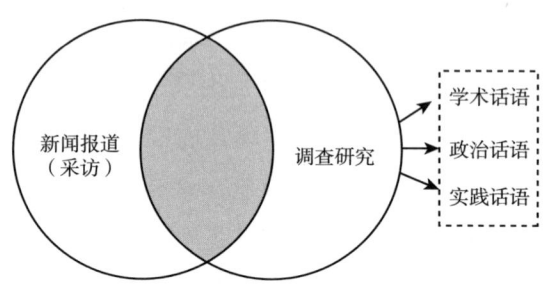

图 7.6　新闻报道与调查研究之间的关系

第五节　调查研究：中国新闻生产的一种实践模式

一、来自新闻一线的经验

本节研究主要选取《实践中的马克思主义新闻观——新闻报道经典案例评析》（第一辑、第二辑）中摘录的记者采写手记①，以及根据近几年中国新闻奖获奖作品搜集记者的采写手记，如《深挖几锹，把监督报道做得更扎实》等，共搜集记者手记 29 篇（见表 7.9）。研究聚焦新闻报道中的调查研究工作，将新闻记者个体作为研究对象。在研究材料的收集与分析上，围绕"重大主题""典型人物""热点引导""突发事件""舆论监督"五大新闻报道类型，收集记者采

---

① 注：参见《实践中的马克思主义新闻观——新闻报道经典案例评析》编写组. 实践中的马克思主义新闻观——新闻报道经典案例评析［M］. 北京：高等教育出版社，2014；《实践中的马克思主义新闻观——新闻报道经典案例评析（第二辑）》编写组. 实践中的马克思主义新闻观——新闻报道经典案例评析：第 2 辑［M］. 北京：高等教育出版社，2022.

写手记作为研究材料。采用"扎根理论"实证研究方法，对收集的经验材料进行开放编码、主轴编码和选择编码三级编码分析，建构关于新闻报道中调查研究的理论框架和工作范式，回答调查研究工作的特征、方式与功能等问题。

表7.9 记者采写手记基本信息

报道类别	新闻机构和记者	采写手记题目	编号
重大主题	新华社中央新闻采访中心	讲述改革蓝图背后的故事——《〈中共中央关于全面深化改革若干重大问题的决定〉诞生记》采写手记	A01
	《人民日报》吴秋余、葛孟超	讲好百姓故事，折射时代大变迁——《在这里，有太多创新创业的故事》采写手记	A02
	《人民日报》徐隽	《管好政府的"钱袋子"——从安徽、四川调研的情况看地方政府行政成本》采写手记	A03
重大主题	《人民日报》	成就报道要有"辩证思维"——《转变，中国道路的历史性跨越——从十六大到十八大（上）》写作体会	A04
	中央广播电视总台经济之声	聚焦改革话题，探寻破解之道——"深水闯关"系列述评采写手记	A05
典型人物	新华社"焦裕禄精神的新时代回响"融媒体报道团队	难忘的追寻 ｜《焦裕禄精神的新时代回响》采写体会	A06
	新华社解放军分社黄明	一个纯粹共产党员的情怀与担当——《绿化将军张连印：青山写忠诚》采写手记	A07
	《光明日报》郑晋鸣	《坚守32年，王继才永远留在了开山岛》采写手记（此处来自记者"好记者讲好故事"演讲）	A08
	中央广播电视总台崔霞、王威等	告诉你一个真实的罗阳——《素描罗阳》采写手记	A09
	《光明日报》严红枫、叶辉	发掘"最美乡村教师"的时代意义——《一位乡村小学校长的承诺——记衢州市衢江区下张小学校长马建红》采写手记	A10
	《光明日报》夏静 光明网 张晶	一位乡村教师的师德情怀——《背篓背出的乡村学校》采访手记	A11
	新华社国内部张严平	《索玛花儿一点点在心中绽放》采写手记	A12
热点引导	中央广播电视总台王琰、陈思聪	一次难忘的调研采访——《一线调研：湖州"不可替代"的启示》采写手记	A13
	《经济日报》佘惠敏	中关村"新"在哪里——《中关村新传——北京国际科技创新中心核心区建设发展纪实》采写手记	A14
	新华社曹国厂	只有荒凉的沙漠，没有荒凉的人生——《从一棵树到一片"海"——塞罕坝生态文明建设范例启示录》采写手记	A15
	中央广播电视总台朱兴建、白璐、汪洁	明知山无路 偏向山上行——《"悬崖村"扶贫纪事》采写手记	A16

续表

报道类别	新闻机构和记者	采写手记题目	编号
热点引导	中央广播电视总台 孙金岭	传统家风，时代之问——《家风是什么》采写手记	A17
	中央广播电视总台 张萍	在需要时发声，在困难处发力——《马子硕的求医路》采写手记	A18
突发事件	新华社 廖卫彬	在全景式记录中彰显人性光辉——《壮哉，大武汉——献给英雄的武汉人民》采写手记	A19
	深圳广电集团 李璨	蹲守：太阳和希望一同升起——《深圳滑坡灾害现场今晨成功救出首位被困者——新闻特写：生命大营救》采写手记	A20
	新华社 孟娜、李志晖	《从汶川到芦山，"变"与"不变"中的民族成长》采写手记	A21
	《经济日报》 王晋	让灾害报道充满情感的温度——《在地震灾区，应急广播声、琅琅读书声、营业网点的叫卖声打动人心——希望伴随着声音传递》采写手记	A22
	新华社 张旭东	运用历史和自然辩证法创作精品——《在历史灾难中实现历史进步——2010年中国自然灾害警示录》采写手记	A23
舆论监督	新华社《经济参考报》 王文志	深挖几锹，把监督报道做得更扎实——《青海"隐形首富"：祁连山非法采煤获利百亿至今未停》采写背后	A24
	人民网 周世玲、唐佳	舆论监督报道要接地气——《人民直击：村民期盼"方便"事能够更方便》采写手记	A25
	《经济日报》产经新闻部崔书文	三个版报道一件事——"石家庄破解水泥产能过剩难题调查"系列报道采写手记	A26
	新华社国内部 刘敏、郑天虹	《"新华视点"会所的秘密》采写手记	A27
	《人民日报》 刘建华、杨明方	把人民群众的呼声作为第一信号——《这里的农田是如何被蚕食的》采写手记	A28
	中央人民广播电视总台朱慧容	变了味的"第一口奶"背后——《变了味的"第一口奶"》采写手记	A29

在开放编码阶段，笔者迅速浏览数据并比较不同数据，尽量使用受访者的原话作为原生代码①，共生成简短、具有分析性的开放式编码174条，后对相同、相似概念进行合并、整理，最终获得19个概念化编码。在主轴编码阶段，研究者通过对开放编码聚类分析，发现概念间的逻辑关系，归纳出更具有概括性的8个范畴，分别是舆论监督、正面宣传、角色投入、调研方法、

---

① 卡麦兹.建构扎根理论：质性研究实践指南[M].边国英，译.重庆：重庆大学出版社，2009：61-70.

价值取向、专业水准、社会治理、社会反响。在选择编码阶段，研究系统分析副范畴，进一步抽象并归纳出 4 个核心范畴，分别是调研目标、调研流程、调研标准和调研结果（见表 7.10）。

表 7.10　扎根理论形成的三级编码体系

开放编码 标签化（部分）	开放编码 概念化	主轴编码 范畴化	选择编码 核心范畴化
舆论推动生态治理、关注农村、缓解医患紧张关系、反思防震救灾变化	改进工作	舆论监督	调研目标
深入调查群众所反映的重大问题和其提供的新闻线索：天津医院奶粉贿赂、新闻线索：政府官员的会所歪风	群众线索		
宣传典型人物精神、挖掘时代意义、重大节点宣传、助力"中国梦"宣传	弘扬主旋律	正面宣传	
典型人物评估、紧跟时政挖掘典型、探索创新典型经验、为脱贫攻坚展现建设性样本	寻找典型		
初步调查确定重大非法采矿案例，多方打听、丰富新闻源，提前划分镜头脚本	前期准备	角色投入	调研流程
3 个月跑 2000 千米还原两位书记事迹、当成企业一员、亲身体验调查，拍摄大量素材	实地调研		
春节严寒海采，调查报道危险、酷暑天翻山越岭、山路危险、日夜寻找理想案例、十易其稿	克服困难		
查阅资料，文献研究，搜集改厕留言和政策要求	文献研究	调研方法	
暗访，暗访和正面碰撞相结合，多方采访，平衡采访，实地采访，专访	采访		
查阅资料，蹲点医院，样本追踪法，一年三上祁连山、深度调研采访	追踪调查		
三个小时座谈多家企业、三天时间走访数十家企业	座谈调研		
辩证思维，吃透中央精神，经得起历史和人民的检验，站定立场、不损公信力，站在天安门城楼上思考问题，既顾全大局、又解决问题	大局意识	价值取向	调研标准
接地气、现实关切，深入基层和生活，生活中寻找创作灵感，真体验真感情，不唯苦唯远、只唯真唯实	群众路线		
客观准确，追求深度，求真求精，独家新闻，追求时效性	报道标准	专业水准	
新闻敏感，不言放弃，面对复杂问题，用心在实践中探究，问题意识，透过现象看本质	记者素质		

续表

开放编码 标签化（部分）	开放编码 概念化	主轴编码 范畴化	选择编码 核心范畴化
审计署负责人要求各地特办，卫健委新闻发言人要求做节目专访，中央领导肯定	批示	社会治理	调研结果
当地公布处理结果，当地相关部门摸排整改，开展问责和整治行动，相关部门提出整改方案并实时跟进	问责整改		
社会援助，社会追捧	社会行动	社会反响	
报道大量转载形成极佳宣传效果，大量网友留言，多家媒体转载，热门话题	舆论场反馈		

在研究中，编码与搜集同步进行，我们通过对手记资料的不断比较分析，思考是否产生新问题，最终实现理论饱和。三级编码之后，我们对另外 7 份手记资料进行理论饱和度检验，再次梳理所形成的编码范畴，确定没有新的重要范畴。研究者尝试建立范畴之间的内在逻辑关系，分析主轴范畴的逻辑次序和脉络联系，最终获得核心范畴的"新闻报道中的'调查研究'工作范式"结构框架，如图 7.7 所示。

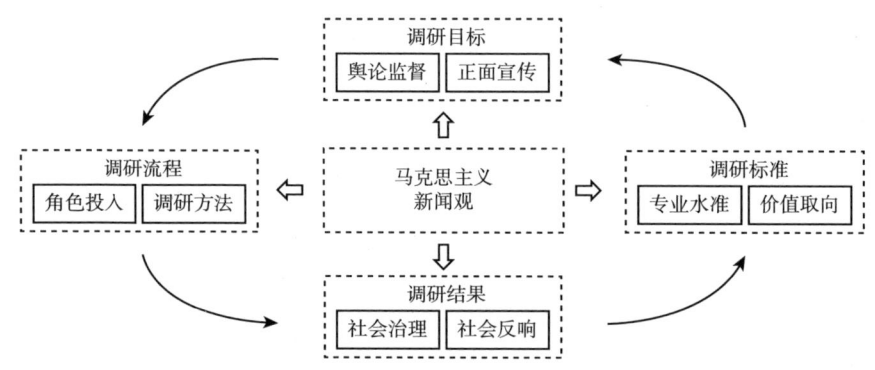

图 7.7　新闻报道中的"调查研究"工作范式

二、具有中国实践特色的新闻工作范式

接下来，我们从调研目标、调研流程、调研结果和调研标准四个维度分析记者的"调查研究"工作。首先，新闻记者的角色决定了其开展调查研究

的目标，主要包括舆论监督和正面宣传两类目标。其次，新闻记者在调研的流程实践中包含角色投入和科学的调研方法，并由此推断调研结果的社会反响。最后，无论是调研目标中的新闻价值衡量、调研流程的投入路径，还是调研结果的反馈，都深刻影响着新闻记者对调研标准的把握，即记者自身的价值取向和专业水准。调研标准也将影响新闻工作者在下一段新闻实践中的调查研究工作的开展。

（一）调研目标

调研目标是记者根据媒体组织的报道任务提出的预期成果。党的新闻舆论工作要坚持正确的舆论引导、坚持以正面宣传为主的方针，并以科学准确的、建设性的舆论监督作为使命责任。具体到新闻实践中，记者从媒体组织的栏目定位和报道选题出发，形成正面宣传和舆论监督两大调研目标。

以正面宣传为调研目标，记者应多关注重大节点、挖掘时代价值、寻找典型案例（人物），做好重大主题、典型人物和热点引导报道。如新华社融媒团队关注重大主题宣传，"在中国共产党引领反贫困斗争取得伟大胜利的重要历史时刻，我们以寻找'新时代的焦裕禄'为题进行典型人物报道，为党的百年华诞献礼"（A06）。

以舆论监督为调研目标，记者多聚焦社会治理领域，调查各领域突出问题，关注群众线索，以此改进党和政府工作，保障人民群众利益。如关注"农村改厕"问题的人民网记者提到"要把目光更多投向农村"；《经济参考报》记者以一篇《青海"隐形首富"：祁连山非法采煤获利百亿至今未停》，要"为彻底治理生态破坏乱象做直接和有益的舆论推动"（A24）。

在我国的新闻舆论工作中，正面宣传和舆论监督是有机统一的，都需要记者坚定党性和人民性相统一的基本原则：无论是反映党和政府的工作成效，展现人民群众的时代风貌，还是激浊扬清、针砭时弊，记者都要秉持根本的新闻宣传工作立场，在调查研究中遵循新闻传播规律，秉持真实、客观和全面的报道立场，以壮大主流思想舆论为最终归宿。

(二)调研流程

调研流程是指记者开展调查研究的工作过程,包含角色投入和调研方法两类范畴。角色投入一般指个体从事某一角色相关活动时牵涉的个人付出,包含时间、物质等资源投入,还有心理能量和认知兴趣的改变①。比如,有学者探讨现代人的角色投入如何影响工作—家庭关系的冲突与平衡②。角色投入主要是指记者为完成新闻报道任务而做出的努力,调研方法则是记者为收集资料采用的科学方法。

首先,在角色投入上,记者会强调"前期准备""实地调研",尤其是通过讲述"克服困难"的工作经历,来说明调查研究相较于普通新闻采写(如简单的网络信息整合)有更高的要求和投入。例如,记者会在前期初步调研,"经与青海省环保、国土资源、税务等多个部门有技巧地初查了解,获知祁连山南麓的木里煤田聚乎更矿区一井田属无证非法采煤,并且开采量极大。对生态环境破坏尤烈"(A24),还会多方打听丰富的新闻源,"我们的调查采访在前往运城的火车上就开始了……这个公园征地、占地的情况,堪称我们在火车上的'意外收获'"(A28)。记者深入实地一线调研,既有亲身体验感,"对每家企业,我们从订单到收款、从供货到出品、从研发到提质等各环节,把自己当成企业的一员,与他们同呼吸,共感受"(A13),又有践行"脚力"的付出,"在5天时间里,行程近2500千米"(A22)。记者面临的困难有恶劣的自然条件,"这次面临的却是生理上的极限挑战。只身闯入这个地表只长草不长树的边远之地"(A24);有生命威胁,"不仅没有采访对象提供便利条件,还要独自面对利欲熏心、铤而走险的不法利益集团"(A24);还有写作过程中对笔力的考验,"文章数易其稿,几度推倒重启。切磋苦想之中,每一个经典故事的选择,每一个精彩金句的涌出,团队小伙伴们都殚精竭虑"(A19)。

---

① 唐汉瑛,马红宇,王斌.工作—家庭界面研究的新视角:工作家庭促进研究[J].心理科学进展,2007(5):852-858.
② 王永丽,叶敏.工作家庭平衡的结构验证及其因果分析[J].管理评论,2011,23(11):92-101,109.

其次，在调研方法上，记者会采用多种方法收集一手资料。比如，借助"文献研究"的方式查阅权威资料以掌握更多事实，记者谈到他"调阅了长达十几万字的新华社各类中英文报道"（A21）。又如，记者总结了"采访"中暗访、专访、平衡采访等技巧方法，采用"先暗访了解情况、掌握证据，再正面接触主管部门的思路，迂回采访与正面碰撞结合的方式"（A27）。此外，"追踪调查"与"座谈会"也是记者常用的调研方法，如"用'样本追踪'的方法，全程记录一名有代表性的患儿看病求医的真实过程"（A18），"五年不到、九次上岛，才知道真正的开山岛和真实的王继才"（A08）。

总之，调查研究的过程，是记者在调研中坚持马克思主义新闻观的方法论、把握新闻规律的过程。新闻报道的真实性意味着记者要全面反映事实，既要把握整体真实，也要准确反映局部真实。由此，记者深入实地调研，克服调研困难，一步步掌握事实，并利用科学的调研方法开展科学调研，完成真实准确的报道。

（三）调研结果

调研结果是指发布新闻报道后收到的结果反馈，包含"社会治理"和"社会反响"两大范畴。对记者而言，调研结果是新闻报道产生社会影响力的具体体现，是对调查目标的实现，与调研流程的投入正相关。

"社会治理"多是指媒体在报道揭露社会某一领域的问题后，推动政府开展"问责整改"，促进相关问题的改善或者解决。如"北京市政府要求市属公园内的私人会所和高档娱乐场所一律关停"（A27），更有影响力的报道甚至会收到上级部门或中央领导的批示，如"卫健委新闻发言人要求新闻频道做节目专访"（A29）。

"社会反响"既有来自媒体同行和受众的"舆论场反馈"，如"被240家媒体采用，48家媒体头版刊载"（A15）；也有来自社会各界开展的"社会行动"，如"部队、国企和多家社会组织、企业主动联系中央人民广播电视总台记者，表示愿意帮助当地建设村民出行道路和货物索道"（A16）。

(四)调研标准

调研标准是指记者对开展调查研究工作的评判尺度。调研标准的形成与记者职业的角色规范和专业认同有关,包含"价值取向"和"专业水准"两大范畴。

角色概念来自符号互动论与功能主义社会理论,是指角色的规范性期待和这种期待的"社会共识"。角色规定是一种规范性概念,是根据社会身份的区分而组织起来的各种规范性规则。而且,角色规定是通过资源的使用实现的,并与现实实践紧密关联①。

"价值取向"来自马克思主义新闻观赋予中国新闻工作者的角色规范。中国的新闻记者是"党和人民的耳目喉舌",要坚持党性与人民性相统一的原则。故记者在"价值取向"上要树立"大局意识",如记者在舆论监督报道方面要拿捏有度,"不能偏移立场站位,损害党和政府的权威性和公信力……要站在天安门城楼上看问题"(A28);还要坚持"群众路线"思想,如"'走基层'应不唯苦、不唯远、只唯真、只唯实"(A18)。

"专业水准"来自记者对新闻职业的专业认同②,这里主要指从事新闻工作的职业素质和报道的评判标准。如记者强调个体要具备"透过现象看本质"(A13)、"新闻敏感"(A09)、"问题意识"(A04)等专业素质;还指出好的新闻报道应"追求深度"(A24)、"挖掘独家新闻"(A15、A22)、"求真求精"(A10)。

调查研究是马克思主义新闻观的方法论在新闻报道中的具体体现。有学者认为,调查研究是贯穿党的新闻舆论工作的方法论,是马克思主义新闻观的重要组成部分③。新闻工作者在调查研究中要坚持马克思主义新闻观的基本原则,坚持党性和人民性相统一。践行群众路线,把握新闻真实性和新闻规律理念的根本方法路径,是做好调查研究的重要参考标准。从调查研究的工

---

① 吉登斯.社会理论的核心问题:社会分析中的行动、结构与矛盾[M].郭忠华,徐法寅,译.上海:上海译文出版社,2015:126–129.
② 丁汉青,苗勃.网络时代新闻从业者职业认同危机研究[J].当代传播,2018(4):19–23.
③ 马凌.调查研究是马克思主义新闻观的方法论[J].新闻战线,2023(11):40–43.

作范式来看，记者要树立大局意识和群众路线的价值取向，吃透中央精神、把握大局，重视人民群众的意见，彰显党性和人民性相统一的鲜明特征；记者从实际出发，要以敢于吃苦的工作作风找真问题和典型案例，运用科学的调研方法全面掌握材料，保证新闻的真实性和事实的准确性；记者在分析问题时要运用唯物辩证法，透过现象看本质、抓住主要矛盾，力图解决新问题，有效改进党和政府工作，并使报道真正经得起历史的检验[①]。

---

① 胡国华. 探寻事物的本质：调查研究方法论［J］. 中国记者，1993（10）：10-12.

第八章 新闻泛化：数字时代的传播伦理与内容治理*

引　言　平台化的影响与新闻泛化现象

人类社会正在步入一个平台社会（platform society）的新阶段，数字平台成为公共基础设施，促进了新闻业平台化转型，平台型媒体成为数字新闻业格局中的重要力量。平台型媒体既是互联网平台化的产物，也是传统媒体转型的体现，其流量本位的运作逻辑深刻影响着传统新闻媒体的新闻本位逻辑。在社会平台化的大背景下，包括新闻业在内的诸多信息传播行业在结构和运作机制上正在发生巨大的变革。兼具内容生产专业性和用户服务多样性，且依托于互联网平台进行信息的聚合和分发的平台型媒体的崛起，正在重塑新闻业生态，成为数字新闻生态系统的重要组成部分。平台型媒体成为各种传

---

* 本章主要内容分别原载于：涂凌波.互联网传播中"标题党"现象的根源、影响与规范[J].编辑之友，2017（4）：44-48；涂凌波.网络视频传播再反思：伦理主体、伦理失范与传播伦理的重构[J].新闻与写作，2019（12）：30-37；涂凌波，刘梦青.平台型媒体内容生产的新闻泛化现象反思[J].青年记者，2023（16）：20-24；涂凌波，李晓娟，张正.短视频平台虚假信息研究：分类、特征与治理逻辑[M]//中国记协新媒体专业委员会.中国新媒体研究报告2021.北京：人民日报出版社，2022：210-229。收入本书时，略有删改。

受关系的中介枢纽，构筑起新闻生产与信息流通的社会化传播网络①。平台广泛而深入地涉足新闻业的运作，很多人认为新闻生产正在由"新闻"向"内容"转型，这一方面促进了新闻生产的数字创新，塑造了新的新闻生产模式；另一方面则引发了新闻泛化乃至"去新闻化"等新问题，海量的、碎片化的、低劣的内容充斥在平台上，这不得不令人对"新闻"本身的品质产生忧虑。

在平台运作机制的塑造下，平台型媒体的运作逻辑主要表现为通过泛内容生产与传播，绑定用户与平台的关系，并通过用户数据流量，最终实现平台型媒体的流量变现。总的来说，平台经济产生于其支持各边参与者交往的中介价值。与通过吸引受众注意力盈利的传统新闻机构不同，平台型媒体通过促进不同端点的信息共享和交流，获得比受众注意力更具有商业价值的用户黏性，进而实现平台运营的整体价值变现②。进一步说，平台型媒体的关注重心不在于内容本身，而在于如何促进平台端点间的交互行为，即如何增加平台数据流量和保持用户规模。

然而，不同于平台型媒体的"流量本位"逻辑，传统新闻机构遵循的是"新闻本位"的内容生产逻辑。因此不难发现，平台逻辑正在深刻影响并冲击传统的新闻逻辑。

一方面，在专业新闻机构的新闻生产中，新闻从业者围绕新闻事件价值建立起"新闻网络"③，形成了独特的新闻时间制度和工作节奏。例如，新闻机构通过建立稳定的社会性工作机制来预测和应对突发性事件④，如夜班编辑制度、报纸号外等，以确保对重大新闻和关键事件的随时采集与报道。但数字平台的永久在线和连接，促使数字新闻业加速升级，使得"24小时营

---

① 张志安，汤敏.新新闻生态系统：中国新闻业的新行动者与结构重塑[J].新闻与写作，2018（3）：56-65.
② 宋建武，黄淼，陈璐颖.平台化：主流媒体深度融合的基石[J].新闻与写作，2017（10）：4-14.
③ 塔克曼.做新闻：现实的社会建构[M].李红涛，译.北京：中国人民大学出版社，2022：22-36.
④ 塔克曼.做新闻：现实的社会建构[M].李红涛，译.北京：中国人民大学出版社，2022：58-59.

业""每日推送10次"等为适应平台信息流推送的高强度工作成为常态[1]，也造成新闻时间逻辑的异化，并由此引发了新闻传播主体间关系、新闻本体的危机[2]。

另一方面，传统新闻机构为控制工作流程，一般会采取新闻类型化的方式来应对事件过剩的情况，如编辑会按照新闻内容区分软新闻和硬新闻，并优先发布硬新闻[3]，这反映着专业新闻机构的新闻生产是一种严苛的择优机制。对比之下，平台似乎多采用末位淘汰机制：算法模型解析内容信息并归类分发，又根据用户反馈（如点击量、点赞数、评论数）进行再分发，并将数据量不好的内容淘汰，使其沉没于平台的内容池中。因此，不少新闻媒体为维持其在平台中的内容曝光度，选择量化投放的方式与算法博弈，这也使得大量不具备传统新闻价值的内容涌入平台。

辩证地看，数字语境下的平台化也推动了传统新闻业态的整体创新。平台的开放性和扩展性使新闻业从较为封闭的专业生产系统走向杂合化的新闻业[4]，也有学者称之为杂合体新闻业，其中大数据、人工智能、算法等技术要素为核心的非人类实体与人类实体紧密互动、交互融合[5]。应当说，新闻生产与传播的过程日益呈现着无限联结、开放性和过程性等特征，平台化带来了新闻实践与业态的创新。

新闻泛化，是指新闻与其他信息之间的边界的模糊化。具体而言，新闻与其他类型信息相互杂糅，呈现着形式上的信息资讯化、内容上的日常生活化等特征[6]，甚至沦为扭曲新闻价值的"伪新闻"。新闻泛化现象在当前平台型

---

[1] 陈阳.每日推送10次意味着什么？——关于微信公众号生产过程中的新闻节奏的田野观察与思考[J].新闻记者，2019（9）：23-31.
[2] 涂凌波，赵奥博.新闻时间研究：基本概念、运作逻辑与制度化结构——兼论数字时代新闻业的"加速"及其异化[J].国际新闻界，2022，44（10）：24-49.
[3] 塔克曼.做新闻：现实的社会建构[M].李红涛，译.北京：中国人民大学出版社，2022：51-54.
[4] 史安斌，朱泓宇.杂合化新闻：理念演进与全球实践[J].青年记者，2022（8）：12-16.
[5] 姜华，张涛甫.传播结构变动中的新闻业及其未来走向[J].中国社会科学，2021（8）：185-203，208.
[6] 杨保军，张博.新闻泛化与当代新闻理论研究的"下沉"[J].中州学刊，2021（4）：164-172.

媒体中比较普遍，虽有填补多元信息需求的客观需要，但值得警惕的是，新闻媒体在实践中淡化职业的、专业的新闻理念，"鸡毛蒜皮成为流量新闻"，在微博、微信和短视频平台上，一条娱乐新闻被广泛转载、一条心灵鸡汤冲上热搜、一条普通公告被冠以"重磅新闻"……此类案例不胜枚举。此外，还有新闻评论泛滥的现象：媒体过度关注娱乐热点，见"热搜"就发表快评、短视频评论，反而失去了新闻评论的公共性和辩证理性。

虽然平台化的技术驱动带来新闻业的创新行动，但是需要特别注意的是，平台的流量本位逻辑在一定程度上弱化了传统新闻生产的专业规范和职业精神，造成新闻泛化乃至平台"去新闻化"的现象和问题。究其原因，海量的信息流通使得平台呈现信息过载状态，大量娱乐信息和日常生活片段泥沙俱下，自然稀释了平台的"新闻浓度"。再加上平台的社交娱乐属性和个性化算法推荐机制，使得用户对严肃性新闻的感知和态度也发生了变化。在平台运作机制下，用户的行为进而影响内容供给者的内容生产：一方面为迎合用户情绪、碎片化阅读习惯和争取稀缺的注意力资源，内容生产者将娱乐八卦、生活琐事、服务类信息泛化为新闻，平台的内容生产中出现新闻信息与其他信息混杂交融的新闻泛化现象甚至伪新闻现象；另一方面，由于缺少固定受众和稳定盈利模式，平台内容供应者的新闻生产意愿有所下降，尤其是严肃的、深度的原创性新闻或调查性报道受到影响，新闻泛化问题令人担忧。

第一节　数字传播伦理主体的变化

大众传播时代，媒介伦理主体一般指的是职业新闻传播者及其媒体机构，媒介伦理又名新闻传播伦理，新闻记者和新闻媒体的伦理道德表现为制度化、职业化、专业化的伦理道德规范。进入数字时代，随着公众参与信息传播的地位和角色发生改变，公众作为信息传播者的伦理主体的身份日益凸显。正如传播学者埃弗里特·E. 丹尼斯（Everette E. Dennis）和梅尔文·L. 德弗勒

（Melvin L. DeFleur）所指出，今天数字媒介的伦理问题不仅是专业人士的问题，而且主要集中在一些普通个人或者说媒介本身上。[①] 在算法推荐、机器人写作、人工智能等新的媒介技术蓬勃发展的当下，算法以及智能技术本身是否成为媒介伦理的主体，是否应当承担相应的伦理道德规范和社会责任，成为当下学界、业界关注的焦点。简而言之，人类正在进入智能传播时代，从新闻学的视角来看，传播伦理主体已经发生了很大的变化，"三元"伦理主体（职业新闻传播主体、个体传播主体、数字平台主体）正在或者已经形成。

第一，职业新闻传播伦理主体，即职业新闻传播者及其媒介组织。在互联网传播中，职业新闻传播主体仍然具有举足轻重的地位。尽管互联网技术具有"去中心化"的趋势，但是专业媒体仍然是信息网络中具有强社会影响力的节点，扮演着暂时还无法被取代的主体角色。当然，数字技术的应用正在改变传统新闻行业的运作逻辑，专业媒体与用户展开合作、采用新型的社交媒体平台和媒介技术，是"全民视频"时代重要的内容提供者或分享者，以《人民日报》、新华社为代表的传统主流媒体开设的抖音等短视频账号即例证。

第二，个体传播伦理主体，即数量庞大的、分散的、具有自我表达风格的普通用户。过去记者与受众之间存在明确的界限，而如今这一界限正在模糊，专业从业者与业余参与者并肩作战。[②] 以网络视频为例，其中就包括平台制作的视频节目、以实时表演与互动见长的网络直播、短小而富于创意的短视频、高品质风格化的 Vlog 等。普通个体用户在网络视频传播中成为越来越具有影响力的参与主体，这就要求个体承担相应的伦理责任与义务，"使个人的伦理道德观念与行业、组织的价值观与实践保持一致"[③]。当前，数字新闻传播中出现的伦理失范问题，突出表现为个体或者自媒体的传播伦理问题。

[①] 丹尼斯，德弗勒. 数字时代的媒介：连接传播、社会和文化[M]. 傅玉辉，卞清，刘琛，等译. 北京：中国人民大学出版社，2019：395.

[②] MORTENSE N，TAR A. Comparing the ethics of citizen photojournalists and professional photojournalists: a coorientational study[J]. Journal of mass media ethics，2014，29（1）：19-37.

[③] LIPSCHULTZ J H. Social media communication: concepts, practices, data, law and ethics[M]. New York：Routledge，2020：288.

第三，数字平台伦理主体，即互联网信息平台公司及相关的从业者。已有学者注意到，人工智能时代显著地增加了一个重要的机构行动者，互联网信息平台公司成为伦理主体。① 起初，互联网信息平台公司以第三方机构或者"技术中立"为理由，宣称对平台上所传播的内容不负有伦理责任。然而，因为平台采用的算法推荐技术本质上仍体现了算法工程师及其平台的价值偏好，以及平台在监管内容的发布和传播中负有不可推卸的企业主体责任，所以互联网信息平台作为伦理主体是显而易见的。正如有学者指出，智能新闻的责任主体是人不是机器，也不是人—机主体。② 因而，各种网络视频平台理所应当加强对视频内容的监管，并承担相应的传播伦理责任。③

在传统的媒介伦理规范中，大众媒体（报纸、广播、电视等）和互联网新闻媒体在处理新闻内容时有着比较明确的职业伦理规范。比如，媒体在报道悲剧事件时应当对悲剧画面进行处理，不应追求感官的刺激而是要出于理性的思考④，应当具备人文关怀，尊重人的生命、尊严与隐私，尽量减少报道带来的伤害。又如，关于隐性采访的伦理争论，业界已经达成一定的伦理共识，即符合公共利益（且满足唯一手段）、遵守程序规范、合理使用影像素材等。

不过，过去关于新闻传播的传统媒介伦理主要是一种职业伦理，规范的是大众传媒的内容生产与传播。当前，数字新闻生产已进入全民化和社交化的新阶段，这与智能移动终端的普及和 4G/5G 技术的发展息息相关。长视频、短视频、直播、Vlog 等多种网络视频形态，构成了一种被称为图像社交实

---

① 赵瑜. 人工智能时代的新闻伦理：行动与治理［J］. 人民论坛·学术前沿，2018（24）：6-15.
② 杨保军，杜辉. 智能新闻：伦理风险·伦理主体·伦理原则［J］. 西北师大学报（社会科学版），2019（1）：27-36.
③《互联网直播服务管理规定》《互联网新闻信息服务管理规定》等规范性文件已明确规定了互联网信息平台应当承担的平台责任和义务。2018 年 8 月，在国家网信办的专项治理行动中，梨视频、抖音、快手等短视频平台表示将严格遵守相关法律法规，切实履行企业主体责任。
④ 陈力丹，李跃群. 如何处理新闻中的血腥、灾难、痛苦画面：传媒图像伦理规范初探［J］. 新闻记者，2007（2）：29-31.

践①的新型网络参与方式，内容的"制作者、销售者和消费者这三个概念之间的界限不再泾渭分明"②，任何参与其中的主体都能在这三种角色中任意转换。换言之，媒介伦理规范的边界不再固定，而是随着新的传播形态发生"游弋"和变动，加之网络信息纷繁复杂，哪些传播内容应该被媒介伦理所规范还不是特别清晰，需要进一步观察。

在全民参与图像社交实践的当下，新闻传播的职业伦理正迈向一种普遍意义的社会伦理，即过去适用于职业新闻传播主体的传播伦理规范，同样适用于个体传播伦理主体和数字平台伦理主体。简言之，新闻传播职业伦理逐渐成为一种社会意义上的伦理规范。有学者指出，网络社会几乎所有的传播行为都已经社会化，伦理问题的社会化就更为突出。③建构公民网络影像传播伦理原则是对传播主体从职业记者扩大到广大公民的现实回应，其目的是探讨现已成为网络影像传播主体的公民如何行使传播权的问题。④

如果说作为一种社会伦理并带有职业伦理色彩的新型传播伦理正在形成，那么对于职业新闻传播主体的伦理要求则应更加严格。在讨论职业新闻传播主体、个体传播主体、数字平台主体之间的伦理关系时，三者既共同承担伦理责任，又有所区别。比如，有学者在分析"上海卢浦大桥少年跳桥自杀事件"的影像传播时发现，一些新闻媒体也参与了传播，违背了新闻伦理和相关法规。⑤在全民参与视频传播的背景下，职业媒体在行使把关人角色时需要更加谨慎、更具智慧，更加严格地审视其传播的视频内容，严格遵守媒介伦理规范。

总的来说，过去我们一般是在狭义层面（新闻传播层面）讨论媒介伦理，而人类进入网络社会之后，数字传播伦理或者更宏观层面的信息伦理成为一

---

① 刘涛.图像社交的兴起及其"视频转向"[J].教育传媒研究，2019（2）：4.
② 王晓红.新型视听传播的技术逻辑与发展路向[J].新闻与写作，2018（5）：5.
③ 彭增军.从把关人到公民新闻：媒介伦理的社会化[J].新闻记者，2017（4）：5.
④ 周建青，邓惠玲.公民网络影像传播伦理原则分析框架的建构[J].现代传播（中国传媒大学学报），2018（7）：6.
⑤ 魏永征.发布少年自杀影像顶级媒体何以违背新闻伦理[J].新闻界，2019（8）：10-14.

种全新的伦理思考路径。信息伦理学（information ethics）认为，要以一种与信息相联系的方式分析所有实体及其变化、行动与互动，将其视为信息系统所属的信息环境本身或者信息圈的一部分。① 从这一意义上来说，数字传播伦理没有固定的边界，一切与网络信息传播关联的行动、互动都是数字传播伦理所规范的对象。

第二节 "标题党"现象的原因、影响及其治理

"标题党"现象是一种典型的新闻伦理失范现象。一般指的是传播者通过捏造、夸张、歪曲、拼接等手法，刻意改造传播文本（标题、内容、图片、链接等），以吸引受众关注的行为。"标题党"起源是广告业，起初有正当的一面，之后发展到一切需要市场的文化业。② 我们现在批评的"标题党"现象，主要指的是在新闻信息的传播中各种不符合新闻专业规范和伦理道德的行为。"标题党"的生产者熟谙新闻价值的运用方法，但缺乏真实、客观的职业理念。③ 从这种意义上讲，"标题党"现象类似20世纪初美国的黄色新闻潮。因此，大多数研究者都认为其根源正是在于网络媒体之间的不正当竞争，包括单纯追求点击率、盈利模式单一以及职业道德素养缺乏等。本节对"标题党"现象产生的原因、影响及对其的治理展开讨论。

一、原因：新闻生产变革的"副作用"

从根本上讲，"标题党"的泛滥与信息传播结构的变化息息相关。有学者很早就注意到，传媒市场的"过剩时代"已经到来，初级加工的资讯已经不

---

① 弗洛里迪.信息伦理学[M].薛平，译.上海：上海译文出版社，2018：35-39.
② 钟靖，雷启立.点击的诱惑与媒介素养："标题党"现象再议[J].新闻记者，2013（2）：60-64.
③ 陈力丹，李林燕."标题党"用歪了新闻价值理念[J].传媒，2014（19）：8-10.

再是市场的稀缺资源，而社会的注意力资源则成为竞争的对象。① 人类进入互联网时代，稀缺的注意力资源与丰富的传播资源之间的矛盾，已经成为信息传播活动的一个主要矛盾。注意力资源的稀缺突出了时间成本的重要性，争夺注意力资源也就是争夺时间。同时，信息的注意力结构发生了变化，即信息出现在互联网的哪一个空间以及如何出现，将成为能否被受众注意、接触、转发、互动的关键。就新闻内容而言，这在很大程度上提升了标题和图片的重要性。社会化媒体、移动终端、大数据这些新的媒介技术，更深刻改变了新闻生产和消费的模式与时空观。②

互联网时代新闻生产的变革是全方位的，不仅涉及生产的技术与手段，而且改变了生产的内容与模式。可以看到，传统新闻报道的倒金字塔结构和版面编辑等传统都发生了极大的变化。一种基于人工智能和机器生产的新闻正在兴起。有学者认为，机器新闻写作正在重新定义新闻业，内容的生产与编辑、出版或发布、推送等方面都深受影响。③ 当然，机器能不能取代人是一个重要的前沿问题，现阶段人类的新闻传播活动无疑是需要人来主导的，但这些变化至少提示我们，"标题党"既是人的问题，也是传播技术、传播结构、传播环境的变化带来的问题。

如果对未来的展望还比较遥远的话，那么社交媒体的发展使得新闻内容早已不再是"网络发布—传播—收受"这样一种简单的链条，而是被社交网络所不断地"传播—收受—再传播"。不仅新闻标题在社交网络中经常被再创造，甚至连新闻内容都被再创造。一定意义上，"标题党"也是新闻再生产过程中的产物。"从结构上讲，新媒体时代的一大变化是，传播者与收受者之间正从主客体关系朝着主体间关系转变。"④ 因此，我们必须审慎地评估受众的主体性与能动性，评估传播者、受众、信息之间的互动关系。互联网时代，同样的内容会被编辑成不同的形式，发布在不同的媒介平台（网站、微博、微信公众

---

① 喻国明.变革传媒：解析中国传媒转型问题[M].北京：华夏出版社，2005.
② 彭兰.社会化媒体、移动终端、大数据：影响新闻生产的新技术因素[J].新闻界，2012（16）：3-8.
③ 金兼斌.机器新闻写作：一场正在发生的革命[J].新闻与写作，2014（9）：30-35.
④ 杨保军，涂凌波.新时期中国新闻系统的结构变迁解析[J].兰州大学学报（社会科学版），2014（1）：77-84.

号、客户端短视频平台等），这已经成为互联网信息传播的一种常规模式。

值得关注的是，"标题党"的泛滥还与数据挖掘、用户分析、机器学习、算法推送等技术在新闻传播中的运用有关。也就是说，"标题党"的出现不只意味着改变一个标题、添加一张图片这么简单，而是意味着互联网传播中信息的生产、筛选、编辑和把关的整个链条发生了变化。以前主要依靠专业的人来决定写什么、传什么、怎么传，现在这些工作大部分可以被信息技术所取代。近年来个性化信息服务的崛起就是最显著的表现。这些新的技术将信息变得个性化，也将信息变得更加封闭化，信息的品质令人忧虑，"信息茧房"效应也更加凸显。这种封闭的"信息茧房"效应与强大的算法机制相结合，则可能深层地塑造受众的信息土壤。有学者研究 Facebook 的动态算法机制，发现该算法可能会产生算法审查、信息操纵与平台偏向，从而影响受众的态度。[①]

媒介技术变革对新闻生产的影响至关重要，注意力资源的稀缺和新闻传播模式的变化则加剧了媒体竞争环境的复杂性，这在客观上形成了利于"标题党"生存和泛滥的土壤。如果沿着舒德森提出的三种新闻生产社会学[②]的思考路径做一个简要的小结，那么不难发现：在政治经济层面，"标题党"反映了互联网传播条件下媒体之间激烈的经济竞争关系；在社会学层面，"标题党"不只是新闻失范和伦理道德问题，也与新的传播技术及新闻生产者的变化相关；在文化层面，则是我们接下来要讨论的问题，即"标题党"在一定程度上折射出互联网文化与网络交流的方式。

二、影响：多元网络文化的"折射"

"标题党"现象与网络文化密切关联。"标题党"这一称号最早就是网民的"发明"，具有很强的网络草根气质。"党"本来是一个严肃的政治术语。

[①] 方师师. 算法机制背后的新闻价值观：围绕"Facebook 偏见门"事件的研究[J]. 新闻记者，2016（9）：39-50.

[②] 舒德森. 新闻生产的社会学[M]//库兰，古尔维奇. 大众媒介与社会. 杨击，译. 北京：华夏出版社，2006：175.

历史地看,"党"在古代中国常用作贬义,如党同伐异、结党营私、朋党之争。近代西方政党概念、社会组织概念引入中国后,政党、党派、党国等概念产生,"党"成为指代政治组织的中性词。今天,在政治意义之外,"党"还有更多的社会意义,如形容一种亲密的社会关系或社会网络——"死党",形容一种网络行为——"五毛党"。甚至有学者认为,网络空间中的戏谑文化是当代中国文化复调的重要组成部分,释放着某种创造性力量。① "标题党"这一说法,最初便具有调侃、戏谑、恶搞、解构、反抗等网络文化特征,此后才被用来指代信息的不正当竞争行为。现在还能在网上找到诸如"标题党大全指南""标题党白皮书""标题党大揭秘""万能微信标题党"等网络文章,不难发现互联网对"标题党"本身的戏谑、恶搞与解构。

我们还需要基于网络文化来分析受众与"标题党"的关系。在虚拟和现实交织的网络世界中,既有严肃、正经、理性的内容,也有大量的内容与人的感官欲望、好奇心理、心灵慰藉、情绪发泄相关。因此,不难解释,为何一些传播者相信"标题党"能够吸引受众而不会引起受众的流失。在微信朋友圈中,"标题党"文章的层出不穷也与这一点有关系。那么,"标题党"究竟会产生哪些危害? 2012年《中国青年报》的一项万人调查数据显示,六成受访者表示曾受到"耸人听闻式"新闻的误导。②

我们不能想当然地认为"标题党"之于受众有着"魔弹论"般的效果,当然也不能假设受众对此毫不关心。一项针对全国受众的问卷调查显示,我国受众信任传统媒体超过互联网,但互联网在批评监督方面的表现优于传统媒体。③ 对于受众而言,海量的网络信息或许缺乏权威性和可信度。网民在使用互联网时,对互联网的特征和功能并非完全没有意识。前几年的研究表明,我国的受众构成中,电视主导型占近60%,电视—网络型占近10%,多种媒

---

① 杨国斌.连线力:中国网民在行动[M].桂林:广西师范大学出版社,2013:98.
② 冯雪梅.谁都可能是"标题党"幕后推手[N].中国青年报,2012-05-31(01).
③ 张志安,沈菲.新传播形态下的中国受众:总体特征及群体差异(上)[J].现代传播(中国传媒大学学报),2014(3):27-31.

介对受众日常生活的实际情况产生着复合影响。①

按照比尔·科瓦奇和汤姆·罗森斯蒂尔的说法，现在人们成为"新闻游牧者"，不再依靠某类把关者提供信息，"一种按需消费新闻的文化正在形成"。② 这种新闻文化带有理性的色彩，科瓦奇等人相信通过新闻素养的训练，公民自身可以培养出怀疑性认知的方法，从而在互联网时代判断、寻找到真正重要的信息。前些年就有不少研究者提出了信息"产消者"（prosumer）这一概念，强调受众的主动性和传播技术的赋权。当然，这一概念还是基于单向传播的思维，但无疑已经反映了互联网时代传播的多样性，特别是社交媒体对于传播文化的改变。娜塔莉·芬顿（Natalie Fenton）更是明确指出传播的情感维度的重要性，社交媒体就是"一种受交流引导的形式，而不是受信息驱动的媒介形式，它突出的是互动和参与的心理动机与个人动机，为公众消费的媒介内容的政治色彩则退居其次"。③

从这个角度来看，"标题党"有时巧妙地利用了受众的心理期待和传播想象，主要从情感上打动受众，而且重点利用了话语和视觉的感官刺激。一定程度上讲，"标题党"现象反映着互联网传播的碎片化、浅层化、娱乐化、游戏化等弊端。当然"标题党"与网络文化之间的关系可能比我们想得更为复杂，网络文化是一种多元的存在，而"标题党"也有可能是一种互联网过渡时期的阶段性现象，尤其是在考虑到人工智能、虚拟现实、人机交互等互联网新技术革命的背景之下。

三、治理：发挥行政规定的"他律"

如何治理"标题党"是令新闻管理者和公众感到比较头疼的一个问题。

---

① 沈菲，陆晔，王天娇，等.新媒介环境下的中国受众分类：基于2010全国受众调查的实证研究[J].新闻大学，2014（3）：100-107.
② 科瓦奇，罗森斯蒂尔.真相：信息超载时代如何知道该相信什么[M].陆佳怡，孙志刚，译.北京：中国人民大学出版社，2014：179-180.
③ 柯兰，芬顿，弗里德曼.互联网的误读[M].何道宽，译.北京：中国人民大学出版社，2014：144.

2017年年初，国家网信办制定印发了《互联网新闻信息标题规范管理规定（暂行）》（以下简称《规定》）。

《规定》中有三点值得注意：第一，监管、治理的主要对象是网络媒体而非传统媒体，治理的主体则是网络管理部门，包括平台型媒体和传统媒体的新媒体端等；第二，治理的重点是内容的把关与标题制作的规范，《规定》的要求很细致，包括严禁标题中使用"网曝""网传"等不确定性词汇，明确了严格的审核校对程序，具体要求转载重大时政和重大突发事件时不得擅自修改标题等。这些细致的管理要求使得大多数条款能够具体执行，但是否涵盖了"标题党"的各种技巧和策略？怎样预防"标题党"改头换面后重新出现？第三，《规定》提出要落实"先审后发"要求、明确信息内容安全问责制度、责任明确到人，特别是要求稿件需要详细、真实的署名，这意味着对"标题党"有了清晰的惩罚措施。

不过，"标题党"的泛滥并非"一日之寒"，治理的成效也需要持续跟踪观察。尤其需要指出的是，《规定》背后还有两个不容忽视的关键词。

首先是版权之争。这是传统媒体与网络新媒体之间长久以来的一大问题。互联网兴起之初，传统媒体尚未意识到网络带来的巨大冲击，网络媒体可以廉价地甚至无偿地使用传统媒体的原创内容，加之互联网快速发展过程中缺乏对原创内容的有效保护，这使得传统媒体面临的版权问题日益突出。在法律法规方面，根据《著作权法》制定的《信息网络传播权保护条例》（2006年颁布，2013年修订）明确规定了保护信息网络传播权，但第六条第二款和第七款同时规定了报道时事新闻、提供已发表的时事性文章"可以不经著作权人许可，不向其支付报酬"。"时事新闻"因此成为版权侵权案件中被告的主要抗辩理由。那么，"标题党"的行为是否构成一种侵权行为呢？根据《最高人民法院关于审理侵害信息网络传播权民事纠纷案件适用法律若干问题的规定》（2013年施行）第九条，法院应当根据网络用户侵害信息网络传播权的具体事实是否明显加以综合判断，其中就包括"网络服务提供者是否主动对作品、表演、录音录像制品进行了选择、编辑、修改、推荐等"。可见，网络媒体如果主动编辑、修改了原新闻作品，并且使得原作面目全非，显然侵害了信息网络传播权。但是，在具体的诉讼案例中，关于对题目的修改是否侵犯修改权，则要根据具体案情进行认定①。这就使得"标题党"问题很难通过版权诉讼渠道加以解决。

其次是空间之争。信息传播的自主空间是传统媒体与新媒体之间的重要分歧。传统媒体的内容监管归宣传部门负责，而网络媒体的内容监管则归网信办负责，它们分别属于两个不同的监管系统，这造成了传统媒体与新媒体在内容生产方面自主权限的差异。传统媒体尤其是主流媒体承担着很重的政治宣传和舆论引导任务，而且长期以来处于系统的、严密的监管系统之下，因而自主空间较小，内容创新也很难。网络媒体尤其是层出不穷的新媒体平台（如微博、微信、客户端等）则在传统的媒介管理体制之外，在市场和政治的交叉地带开拓着空间。由于新媒体的监管主要采用与传统媒体不同的管理和处罚手段（如罚款），而且监管措施常常滞后于快速更新的媒介技术，新媒体因而拥有特别的空间。即使是在时政新闻报道领域，新媒体一直无法获得独立的采编权，它们也依然可以在转载、编辑和推送方面大做文章。两者在监管系统和自主空间上的差异，促使管理部门加紧出台行政法规，完善网络媒体的监管体系。

目前，《规定》等管理措施的出台明确了治理"标题党"的主要依据，也加大了治理的力度。在治理过程中，还有一些问题需要探索和解决，如监管对象是否只局限于商业网络媒体，如何建立长效的预防机制，行政规定与职业伦理道德建设之间如何同步推进等。

---

① 高健，张沛. 传统媒体告网媒侵权案猛增 新旧媒体争论五大焦点［N/OL］. 北京日报，（2015-10-14）［2024-03-30］. https://www.chinanews.com/cul/2015/10-14/7568235.shtml.

第三节　网络视频传播的媒介伦理问题

数字时代是一个以视听传播为表征的时代，人人都可以参与视听内容的生产与传播，这使得传播伦理的问题日益突出。网络视频在生产、制作、传播过程中如果存在人为的或者技术性失实与遮蔽，使得影像呈现与事实偏离，"有图有视频但无真相"，这实际上是对事实的歪曲和主观建构。尤其是在网络新闻视频的传播中，虚假影像、虚假视频问题值得特别关注。

一、制作或传播虚假视频影像

首先，自媒体发布的视频出现造假情况，一般采用的手段包括摆拍导演、影像合成、"移花接木"等。例如，2018年一则由自媒体发布的"高校女生把寝室改装成 KTV"视频，是将两个无关的影像组合成一起新的事件。视频发布者采用音视频编辑技术，如画面的组接、采访的呈现、音响的处理、字幕的运用等，使得普通用户难以辨别视频的真假。此外，"移花接木"也是一种常见的影像造假，即采用另外一则完全无关的影像来"印证"某一事件的社会影响力。比如，2019年9月，网上出现了一则"千岛湖引水工程进水口"的短视频，视频显示湖水不停涌入湖中一个大洞，引发部分网民对千岛湖引水工程的误解与担忧，经过查证发现，该视频是美国加利福尼亚州伯耶萨湖的溢洪道，与千岛湖毫无关联。[1] 诸如此类"移花接木"的视频在社交媒体中并不少见，有时还成为谣言的源头，产生了不良的社会影响。

其次，专业媒体在报道时，盲目采用自媒体发布的视频影像，缺乏对影像的核实和验证，"把关人"角色缺位，导致虚假网络视频被广泛地扩散。比

---

[1] 澎湃新闻客户端.辟谣：网传"千岛湖巨型引水口"航拍视频是假的！[EB/OL].(2019-09-28)[2019-10-01]. https://m.thepaper.cn/baijiahao_4561751.

如，上述"高校女生把寝室改装成KTV"案例中，梨视频作为专业媒体并未核实该视频的真实性，只是对该视频简单加工后就以《会玩！高校女生把寝室改装成KTV，同学们串门嗨歌》的标题发布。新闻的生产进入"目击媒体"时代的新流程，即作为目击者的普通人用智能手机拍下新闻性的瞬间，经专业媒体采纳并用作报道或故事陈述后，使内容产生较大的影响力。① 经过专业媒体的报道，虚假影像不仅得以加速扩散，而且使得纠错和辟谣的成本变得高昂。还应该注意到，网络视频传播中虚假影像的扩散经常是自媒体、专业媒体与网络平台合力的结果。专业媒体在视频的再生产环节未对信息进行核实，以及网络平台基于算法等智能技术进行热点推荐等，都可能加速虚假影像的传播。

我们从中国互联网联合辟谣平台（http://www.piyao.org.cn）2019年月度发布的十大热点谣言可见，由虚假影像的传播所引发的谣言占有相当的比重，这反映了网络视频传播中存在的违背真实性伦理规范的问题。（见表8.1）

表 8.1　中国互联网联合辟谣平台 2019 年部分热点谣言分析表

月份	典型案例	伦理失范原因
1月	"复兴号与和谐号飙车"视频	未经证实
	"高铁上教训霸座男获4个月拘役罚6万"视频	移花接木
	"趵突泉为风水养海豹"图片	未经证实
	"私家车不喷字无法上路"图片	摆拍导演、未经证实
2月	"玩手机导致黄斑变性进而失明"图片	未经证实
	"疟原虫治疗癌症"视频	摆拍导演、未经证实
	"留守姐妹一路狂追倒地哭喊'妈妈别走'"视频	摆拍导演
	多地出现"锦绣花园的小孩又丢了"图片	移花接木
3月	"博鳌年会期间，海南高铁票全面停售？"图片	影像合成、未经证实
4月	"网络热传寺院招聘和尚的信息"图片	摆拍导演、影像合成
	"女学生因血型罕见被强行多抽一百毫升"图片	移花接木、未经证实
	"牺牲消防烈士家属上街游行"视频	移花接木

---

① 黄雅兰，陈昌凤．"目击媒体"革新新闻生产与把关人角色：以谷歌新闻实验室为例［J］．新闻记者，2016（1）：42-49．

续表

月份	典型案例	伦理失范原因
5月	"查网龄送流量限制携号转网？"图片	影像合成、移花接木
	"护眼视频能治疗近视？"视频	未经核实
6月	"毕节、凯里有未成年儿童被性侵"照片	移花接木
7月	"上海垃圾分好类，最后一车拉走？"视频	移花接木、未经核实
	"三峡大坝已变形？"视频	影像合成
	"马鞍山一市民长期被骚扰报警无人管？"视频	摆拍导演
8月	"亚马逊雨林火灾现场"部分照片	移花接木
	"××地凤凰山路漏电"视频	移花接木、未经核实
9月	"三峡有水怪出没"视频	未经核实
	"狂犬病发作会学狗叫、狗爬"视频	影像合成

最后，网络视频技术的发展，可能引发技术性虚假影像的产生。2019年，一款名为ZAO的"换脸"APP火爆一时，用户上传自己的照片后，该应用通过AI技术在视频中实现用户与明星的"换脸"，并生成新的虚假影像。该技术的成熟使得视频影像可以做到"以假乱真"，随之引发人们对于肖像权、名誉权等人格权的法律担忧，同样包括媒介伦理问题。据称，该APP的"换脸"技术与国外的"deepfakes"（深度造假）技术非常相似，而早在2017年12月"deepfakes"技术就被运用，随后因法律问题被Reddit等网站封杀。近年来，随着人工智能等新技术在网络视频生产与传播中的广泛应用，可能使得"deep fake news"（深度假新闻）泛滥，会对正常的新闻传播秩序带来影响。技术性虚假影像还可能侵犯个人的法律权利，影响当事人正常的工作、生活和社会交往。

二、个人隐私画面和影像缺乏保护

在海量的网络视频内容中，很大一部分影像曝光了个人肖像、身份或不愿公开的行为，因而个人隐私的保护成为当前网络视频传播的焦点问题。这里不讨论侵犯人格权方面的法律问题，只分析网络视频传播中泄露个人隐私的伦理争议。

第一，普通用户在拍摄、制作、发布视频或者从事网络直播时，比较缺乏隐私保护的观念，也不具备必要的视频处理技术。这带来了两方面的后果：一是用户个人隐私的曝光；二是他人隐私的曝光。比如，用户在拍摄短视频时，未经他人的同意或许可，有意或无意地在影像片段中呈现他人的隐私，短视频平台上出现的"意外隐私画面"曝光即属此例。尽管有些案例并非故意，但是因隐私画面的曝光对自己或他人的生活造成了困扰，这就违反了尊重和保护他人隐私的媒介伦理规范。进一步分析不难发现，这种不良现象的发生一方面是因为用户缺乏基本的媒介素养、欠缺媒介伦理的认知，另一方面则是由于视频平台对内容审核把关不严。

第二，专业媒体在采用自媒体视频作为新闻源时，未充分保护视频中的个人隐私，造成新闻源的隐私被曝光。以2019年4月发生的"脆皮安全帽"事件为例，一名工人拍摄了反映工地安全帽隐患问题的视频，此事后被《新京报》"我们视频"、澎湃新闻等专业媒体报道。然而，由于一开始专业媒体对这位工人的视频影像未进行面部遮挡与变声处理，该工人的个人信息被公开，对其工作与生活均产生了消极的影响。专业媒体将自媒体拍摄视频作为新闻源时，仍须遵循隐私保护的伦理要求，不能以自媒体视频作为免责理由。

第三，在网络视频传播中，普通用户以维护公共利益、揭露社会问题为目的，使用智能手机等便携设备拍摄、传播他人的个人信息，这也会导致个人隐私的曝光。这一情形的伦理争议与隐性采访类似。对于专业媒体而言，在职业伦理上对于隐性采访已有明确的约束与内部规定，如"信息对公众的利益非常重要""获取该信息的所有其他手段都已穷尽""编辑部的同意和许可"等。然而对于普通用户来说，如何平衡公众利益与个人隐私保护，如何保证在公众场合拍摄视频影像，如何保证视频的公正与客观，这些问题都是当前网络视频传播中亟待解决的伦理难题。

三、传播低俗、暴力、悲剧画面等不适当视频影像

在网络视频平台尤其是短视频平台上，存在传播色情、低俗、暴力、悲剧等视频影像的问题。除了违法内容的监管和处理之外，网络短视频的治理

工作主要针对的是"三俗"内容，采用包括平台自查自纠、依法约谈、依法查禁等方式。

2019年年初，由中国网络视听节目服务协会发布的《网络短视频平台管理规范》及《网络短视频内容审核标准细则》，对宣扬不良、消极颓废的人生观、世界观和价值观的内容，对渲染暴力血腥、展示丑恶行为和惊悚情景的内容，对展示淫秽色情、渲染庸俗低级趣味、宣扬不健康和非主流的婚恋观的内容等，都作出了明确的限定。这一行业规范性文件的出台，目的是加强行业自律，提高网络平台和用户的媒介伦理自觉。

网络视频中传播不适当的影像画面，比较典型的案例是2017年极限运动爱好者吴咏宁的坠楼视频。吴咏宁在拍摄自己徒手攀爬高楼的视频时不慎坠亡，媒体未经其家属同意，就将手机中保存的吴咏宁生前失手坠楼影像公开传播，引发了公众的质疑和新闻业界的批评。学者魏永征指出，不应以图像展示尸体、死亡场面是国际传媒界的通行准则，融媒时代任何图像都可以上网，但是专业媒体应该有专业的要求。①进一步讲，在全民参与网络视频传播的背景下，不单是专业媒体要遵守这样的伦理要求，普通用户也不应上传或传播不适宜的影像画面，这是出于人的生命尊严和人道主义的普遍社会伦理要求。

呈现血腥、暴力、恐怖的画面，也是网络视频传播中伦理失范的一种表现。在此前一段时期，网络上出现了打着"公平正义"旗号的"以暴制暴"短视频，这些视频"伪装"成纪实的拍摄风格，对观众产生误导，点击量大多超过10万，然而其呈现的粗口、暴力画面已经触犯了《网络安全法》。这类暴力视频的传播，一方面因为影像容易刺激感官、吸引用户的关注和转发；另一方面则表明用户对于视频内容缺乏判断力，网络视频生态的整体格调和水准都需要提升。

四、未成年人视频影像的呈现与保护

未成年人是网络视频的主要用户人群之一。CNNIC第53次《中国互联

---

① 咏宁坠落视频警示，媒体不应以图像展示死亡［EB/OL］.（2017-12-12）［2024-03-30］. https://mp.weixin.qq.com/s/11U8pHVnwxmj4rCa9CPGxQ.

网络发展状况统计报告》显示，截至2023年12月，我国手机网民规模达10.91亿人，网民使用手机上网的比例为99.9%。尽管无法获取细分的数据，但是低龄化无疑是网络视频传播的特征之一。因而，涉及未成年人的内容是网络视频传播伦理规范的重要问题。

第一，在短视频和网络直播中，容易出现未成年人的个人隐私、肖像等人格权未被充分保护的情况。比如，幼儿园老师将幼儿园课堂教学和课间娱乐内容拍摄后上传至短视频平台，尽管拍摄者称没有强迫儿童参与短视频拍摄，但如果未得到监护人的许可，仍可能涉嫌侵犯未成年人的肖像权或个人隐私。① 即使得到监护人授权，在视频中公开未成年人的学习和生活细节，是否会对其未来的生活造成影响、影像是否可能被其他人不当使用等，都存在媒介伦理上的风险，因此拍摄或传播未成年人视频影像时需要特别谨慎。

第二，在未成年人参与的网络视听节目中，有的是为了流量和利益，过度消费未成年人，甚至用成年人的话题进行"包装"，侵犯未成年人的合法权益。2019年4月，国家广播电视总局发布《未成年人节目管理规定》，明确在创作、制作与传播的各个层面都要保护未成年人隐私，不得要求未成年人表达超过其判断能力的观点、不得宣扬童星效应、不得炒作明星子女等。未成年人节目中传递的"尽早出道、尽快成名、尽量变现"等急功近利的价值导向值得警惕，内容生产者和传播者必须承担起社会责任。②

第三，当未成年人作为视频拍摄者或传播者时，网络平台需规范准入机制与内容的监管，避免未成年人合法权益和身心健康受到侵害。比如，2018年引发高度关注的"未成年妈妈"视频直播事件，"杨青柠""王乐乐"等未成年网络主播直播早恋、早孕、哺育、私奔等内容，其中一些主播甚至未满14周岁。针对该事件产生法律和伦理争议，违规的未成年人账户被封禁，网络视频平台也按照相关规定整改了准入机制，强化了UGC用户的年龄审核。

---

① 有幼师在抖音上传学生短视频，抖音：接家长投诉核实后会删除［EB/OL］.（2017-11-25）［2024-03-30］. https://www.thepaper.cn/newsDetail_forward_1879714.
② 涂凌波. 将"未成年人节目"纳入法治轨道［N］. 人民日报，2019-04-16（5）.

不过，在实践中还需要探讨如何引导未成年人正确拍摄、使用和传播网络视频，规范相关视频内容，加强对未成年人合法权益的保护。

第四节 从个人到平台的传播伦理主体规范重构

一、从个体美德到数字伦理

上一节已经讨论和分析了网络视频传播中的诸多伦理失范行为。在思考解决这一问题时，一般会采用美德伦理学或者康德的绝对命令伦理原则，寄希望于个体传播者的良善、诚实、正直与负责。从个体层面提高传播美德，要求视频制作者、发布者、传播者都要遵守社会公德、承担社会责任，这当然是一种可行的伦理规范要求，有助于减少伦理失范行为。"对于民间新闻传播者来说，当你准备向社会大众传播新闻时，你的身份就公共化了，因此你应该对公众负责，你应该遵守公共道德。"①

然而，除了倡导个体传播的美德外，我们还应思考更普遍的数字伦理原则。有学者指出，媒体的道德问题和伦理问题应该加以区分，"伦理"是建立在某些得到普遍接受的准则上的理性过程。②在一个互联网无处不在、社会媒介化以及全民参与视频传播的时代，建立能够得到普遍认可的视频传播伦理准则是合理的。媒介伦理规范需要区分"私德"（个人品德）与"公德"（媒介群体道德），用个体道德规范群体行为或用群体道德规范个体行为，都可能造成道德沦丧。③个体传播美德固然重要，群体传播的伦理规范或许更加紧迫。

笔者认为，应该呼吁从网络视频行业层面建立具有普遍意义的视频传播

---

① 杨保军.认清假新闻的真面目［J］.新闻记者，2011（2）：4-11.
② 展江，彭桂兵.媒体道德与伦理案例教学［M］.北京：中国传媒大学出版社，2014：6.
③ 陈绚.论记者的私德与媒介的公德［J］.山西大学学报（哲学社会科学版），2016（1）：69-75.

伦理规范,并将之作为一种数字伦理原则加以推广并实施。近年来,由全球15名知名学者发起的《在线生活宣言》倡导重构超连接时代的诸多概念。他们认为,非但不能放弃在复杂系统中的责任,还需要对个体和集体的责任观进行重新评估;他们相信,公与私的区分比以往任何时候都更加意义重大,每一个人都既需要避开公众的视线,又需要适时展现自我。①《在线生活宣言》可以为网络视频传播伦理的构建提供重要参考。

二、从职业伦理到平台伦理

一方面,包括网络视频传播伦理在内的数字伦理可以将新闻传播的职业伦理作为基础。在全民参与图像社交的时代,网络视频传播已形成一个广义的专业领域,产生比较大的社会影响,加之网络视频中大量的内容与新闻信息有关,新闻传播的职业伦理依然重要。准确性、可信性和透明度仍然是数字时代网络新闻伦理(online journalism-ethic)的核心原则。② 从职业伦理来看,传播者要坚持真实性原则,坚持"再现真实"的基本要求,认真核实影像来源和其准确性。在"后真相"(post-truth)时代,情绪的表达似乎让真相变得"次要"了,很多人对本体论上的新闻真实失去了信心,甚至出现了"相对真实""建构真实""制造真实"等观点。然而,从源头上看,网络视频传播引发的诸多伦理问题正是有关视频影像的真实性问题。因此,我们需要回到"再现真实"这一最基本的要求,即新闻传播应该是对客观存在的、具有新闻性的事实的反映与再现。③ 网络传播同样应该坚持以真实性为根本的伦理契约精神④,不得故意制作或传播虚假视频影像,同时,职业新闻传播主体

---

① 弗洛里迪.在线生活宣言:超连接时代的人类[M].成素梅,孙越,蒋益,等译.上海:上海译文出版社,2018:12-15.
② 丹尼斯,德弗勒.数字时代的媒介:连接传播、社会和文化[M].傅玉辉,卞清,刘琛,等译.北京:中国人民大学出版社,2019:397.
③ 杨保军.新闻真实需要回到再现真实[J].新闻记者,2016(9):6.
④ 陈绚,李伟.论网络传播真实性为根本的精神契约:从新闻伦理视域看网络传播伦理的构建[J].青年记者,2017(12):20-22.

要对用户生产内容进行严格的信息核查（verification）[1]。

另一方面，应构建一种新型的数字平台伦理。过去我们谈媒介伦理时，一般将技术作为中立的工具，而非伦理主体。然而，当虚拟现实、算法推荐、智能传播等技术具有宰制性的力量时，互联网平台已成为一个信息的"黑箱"，平台的伦理问题、价值观问题等已经得到学界、业界的关注。在信息技术的影响下，大多数的伦理已经成为计算机伦理，而道德政策则成为一种公共政策。[2] 换言之，包括网络视频传播平台在内的各种互联网平台，实际上应该从公共利益的角度出发，将伦理规范作为一种具体的、可实施的传播政策加以运用。如果按照约翰·罗尔斯（John Rawls）的"无知之幕"原则或者社会契约论原则，网络平台的伦理规范应当是一种传播权利与道德规范的共识，应该为传播者和用户提供一种公平、正义的"原初状态"。"原初状态的观念旨在建立一种公平的程序，以确保任何被一致同意的原则都将是正义的。其目的在于用纯粹程序正义的概念作为一个理论基础。"[3] 换言之，它是一种能保证在任何传播者或者用户都不清楚传播的资源、途径以及后果的前提下，可以达成一种普遍意义的传播伦理准则。基于此，数字平台的伦理责任主要在于完善内容的准入、审核、发布等监管机制，制定并维护内容传播的伦理公约，加强用户、平台与专业媒体之间的连接，使信息可溯源、内容可交互验证，及时处理违反法律法规和伦理上不适宜传播的内容。

三、从道德自律到交往伦理

在平台化时代的内容生产和传播中，伦理主体应该主动承担社会责任，使内容符合主流社会价值观的要求。当前关于媒介伦理的前沿研究中，国际知名

---

[1] 申金霞.事实核查新闻：内涵、实践与挑战［J］.新闻与写作，2017（11）：44-49.
[2] 奎因.互联网伦理：信息时代的道德重构［M］.王益民，译.北京：电子工业出版社，2016：76-78.
[3] 罗尔斯.正义论［M］.何怀宏，何包钢，廖申白，译.北京：中国社会科学出版社，1988：131.

伦理学者克利福德·G. 克里斯琴斯（Clifford G. Christians）倡导，真实（truth）、人类尊严（human dignity）和非暴力（non-violence）应当作为全球媒介伦理的"原生规范"（protonorms）。[1] 这三个基本的伦理标准实际上类似底线共识，是一种基于社会伦理价值的基本要求，是一种道德自律。自由与自律之间存在一种辩证的智慧——"自律的媒介最自由"。[2] 数字化时代的传播要注意保护个人的隐私，维护人格尊严和权利，秉持诚实、正义、谦虚、非暴力等传播美德。

在数字时代，道德自律或者美德当然是不可或缺的。诚如尼克·库尔德利指出，至少有三种美德是希望从事媒介实践的任何人必须表现出来的：准确（accuracy）、诚信（sincerity）与谨慎（care）。[3] 国内学者也认为，无害原则和知情同意原则是网络视频传播道德伦理的两个基本原则。[4] 当然，网络视频传播的各个主体在遵守法律法规、维持道德自律的基础上，还应有更高的精神追求，应树立社会责任意识，追求人类的美德和尊严，传递向上向善的价值导向。

这实际上就涉及网络交往伦理的问题。有学者在讨论短视频的伦理困境时指出，简单将之归咎于短视频平台的管理缺失是有失妥当的，对于急速扩张的短视频平台来说保持高度警惕也必不可少。[5] 当新的传播技术和传播方式生成之时，它们就会深刻地改变我们的交往行为与交往观念，一些情况下还会引发交往革命。从互联网技术的发展来看，互联网的交往本性及其公共性建构带来了伦理建构的可能性，但共同体并不等同于伦理实体，网络共同体自身建构过程亦呈现着"个体主义"和"精神真空"的伦理难题。[6] 这样的交往伦理悖论，反映在网络视频传播的失范现象中，即表现为虚假、低俗、暴

---

[1] 甘丽华，克里斯琴斯. 全球媒介伦理及技术化时代的挑战：克利福德·克里斯琴斯学术访谈[J]. 新闻记者，2015（7）：4-14.

[2] 陈力丹，王辰瑶，季为民. 艰难的新闻自律：我国新闻职业规范的田野观察/深度访谈/理论分析[M]. 北京：人民日报出版社，2010.

[3] 库尔德利. 媒介，社会与世界：社会理论与数字媒介实践[M]. 何道宽，译. 上海：复旦大学出版社，2014：196-203.

[4] 李良荣，方师师. 网络空间导论[M]. 上海：复旦大学出版社，2018.

[5] 顾杨丽，吴飞. 短视频平台的伦理困境[J]. 当代传播，2018（5）：98-100.

[6] 蒋艳艳. 互联网交往的伦理悖论[J]. 东南大学学报（哲学社会科学版），2019，21（3）：24-31，146.

力、色情、悲剧影像、侵犯个人隐私等视频影像的传播，其完全受到个体主义或者消费主义的支配，无法达成理性的、对话式的互联网交往。笔者赞同这样一种观点，即互联网社会需要建设与其交往潜能相适应的对话伦理，一是培育对话的程序伦理（包括可理解性、真实性、正当性和真诚性等），二是构建对话的实质伦理（成就自我、互蒙其惠、促进公共利益和公共之善等）。① 建构一种基于网络视频传播与社交的对话伦理，是我们应当追寻的目标。

第五节　短视频平台虚假信息的分类、特征与治理逻辑

互联网传播中的虚假信息研究是学界、业界关注的热点话题。2018 年一项著名的量化研究发现，在社交媒体上假新闻的扩散显著性高于真新闻，虚假故事会激发人们的恐惧、厌恶和惊讶，而真实故事会激发期待、悲伤、喜悦和信任。② 这项研究的启示在于，互联网平台的虚假信息及其传播会影响传播环境，但也取决于受众的接受心理和参与度等因素。

一、短视频平台的虚假信息界定

当前，短视频传播已经变得越来越平台化（platform），是平台经济 / 资本的一部分，构成了一种新的平台生活方式，具有平台生产的属性，而非仅仅为一种信息的中介。短视频传播中强烈的视听体验、戏剧性文本价值、算法推荐等，将公共与私人的界限模糊化。个体所生产的短视频内容，可以在短视频平台走向公共传播，与文字相比，视觉力量在唤起情感方面更直接、快

---

① 胡百精，李由君. 互联网与对话伦理［J］. 当代传播，2015（5）：6–11.
② VOSOUGHI S, ROY D, ARAL S. The spread of true and false news online［J］. Science，2018，359（6380）：1146–1151.

速①。作为一种独立文本形态，短视频成了人们即时交流的"口语"。②

有一些学者则对短视频的发展持悲观态度，认为会导致虚假信息泛滥、个体理性衰落、信息茧房、民粹主义等。还有研究发现，短视频虚假信息呈现着两种信息偏向：专业团队制作的PGC技术性造假视频和用户生产的具有UGC阐释性（语境置换）偏向的造假视频，此两者将"真实的视频"转变成"不实的信息"。③随着音视频拍摄和编辑技术的普及，短视频生产已经大众化、海量化，客观上给专业把关带来了困难。虚假信息治理也面临技术与内容的双重挑战，智能算法不易核查"原子化"的短视频④。此外，网络平台在把关过程中的"缺位"也是一大原因。

从虚假新闻/信息的概念上看，目前使用较多的几个中英文概念大致有如下区分："fake news"，一般被翻译为"假新闻"，指具备特定传播意图、被验证为不实信息，且极易对公众造成误导的"新闻"；"misinformation"，通常指错误消息的传播，传播者并非有意通过欺骗、操控或其他方式得到某种结果；"disinformation"，一般指故意传播的并且常常是秘密传播的信息（deliberately and often covertly spread），以影响舆论或掩盖真相；"false information"，常与"fake news"互用，多用于新闻报道中，学术性较弱。当前，学者们对"假新闻"和"虚假信息"的研究重点集中在其形成机制、危害、治理等方面，"（虚）假新闻"从属于"虚假信息"基本成为共识。因此，在考察互联网传播尤其是社交媒体传播平台时，使用外延更大的"虚假信息"较为合适。

---

① 彭兰.短视频：视频生产力的"转基因"与再培育［J］.新闻界，2019（1）：36.
② 王晓红，任垚媞.我国短视频生产的新特征与新问题［J］.新闻战线，2016（17）：72—75.
③ 陈昌凤，陈凯宁.网络视频中的虚假信息偏向及其治理.新闻与写作［J］.2018（12）：59-63.
④ 陈昌凤，师文.智能化新闻核查技术：算法、逻辑与局限［J］.新闻大学，2018（6）：42-49，148.

本章不专门讨论上述关于虚假信息/假新闻概念之间的差异①，而是基于相关文献，主要分析短视频传播中的公共化信息（个体化的、私人化的短视频信息不在本章研究范围内），将其分为假新闻（fake news）、错误信息（misinformation）、误导信息（disinformation）、谣言（rumor）四种基本类型，并展开相关的研究。（见图 8.1）

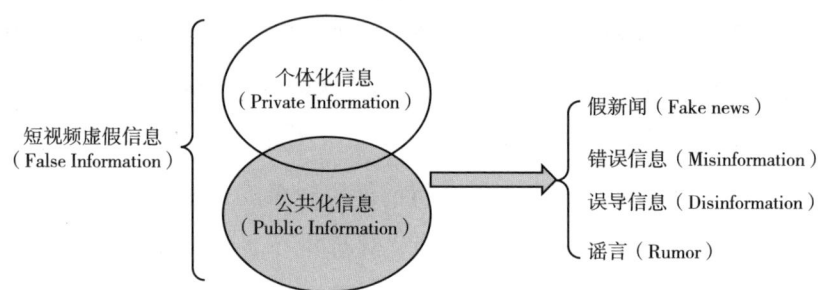

图 8.1　本章使用的基本概念示意图

二、短视频虚假信息的主要分类与传播特征

（一）研究方法与研究假设

本节主要采用内容分析方法，通过对短视频数据的分析，回答虚假信息产生的相关因素及其特征等问题。

其一，样本来源与编码过程。本节的样本来源于新浪微博平台，选取#微博辟谣#话题"视频"板块中 2018 年 1 月至 2020 年 12 月三年间的所有案例，由两位编码员逐条核对，寻找符合条件的虚假短视频，以及原始短视频信息和辟谣信息。

---

① 相关研究可参照：汝绪华. 国外假新闻研究：缘起、进展与评价［J］. 新闻与传播评论，2019（9）：58—70. 此外，在《新闻记者》杂志的年度虚假新闻报告中也指出，"假新闻"包含了"错误信息"（无意）和"虚假信息"（故意）两个层面，"虚假新闻中既有生产者因未经查证、道听途说而发布的错误信息（misinformation），也不乏生产者主观上就有意欺骗他人而发布的'虚假信息'（disinformation）"。

其一，两位编码员对所有案例逐条筛选和核对，去掉重复性的内容，最终获得 342 条有效样本数据。其次，确定试编码和编码条目。我们通过共同编码最终确定本研究所选用的编码表，编码维度包含四方面：生产过程、内容分析、原因分析、类型。最后，两位编码员分别对 2018 年 1 月—2019 年 6 月和 2019 年 7 月—2020 年 12 月两个时间段进行编码，并在编码结束后，交换案例表和编码表进行核对和修改。

需要说明，虽然编码过程中尽量保证科学性和准确度，但是编码中也遇到了一定困难。比如，"问题出现阶段（首发、转发、不明）"编码维度，一些短视频虚假信息的源头无法查明，个别判断可能不够精确；对"发布动机（无意、有意、故意、不明）"的判断可能带有一定的主观色彩；此外，一些原始视频素材来源已无法准确查证。研究者经过反复研讨，对一些模糊的编码进行了多次核对。

其二，研究假设。根据前文文献及编码，提出以下研究假设并验证。

H1：短视频生产中 UGC 比 PGC 更可能出现虚假信息。

H2：短视频虚假信息中，错误信息和误导信息的比重较大。

H3：短视频虚假信息的主题比较集中，符合人们对于主题的期待与想象。

H4：内容剪辑，环境缺失，音乐、音效等音视频特征是虚假信息生成的原因。

H5：在短视频虚假信息传播中，情绪因素的影响较大。

H6：新闻性更强、公共属性更强的短视频更可能产生虚假信息。

（二）短视频虚假信息的基本分析

经过数据分析，发现短视频虚假信息的产生和传播具有一些最基本的特征。

其一，虚假信息类别分析：误导信息占较大比重。分析显示，误导信息（disinformation）在短视频虚假信息中占比超过一半，而谣言的比重则为近两成。对于虚假信息的进一步分析发现，因对视频画面、声音、文字等元素的故意（deliberately）加工，各种原始素材被重新整合在一起，形成了具有主观

意图、误导性强的虚假短视频，传播者的主观意图也由此直接或者间接地被体现。（见表8.2）

表8.2　四种类型的短视频虚假信息统计表

类别	假新闻	错误信息	误导信息	谣言	合计
数量（条）	43	32	200	67	342
比例（%）	12.6	9.3	58.5	19.6	100

进一步分析诉诸情绪维度发现，情绪反应强烈的是恐惧（35.1%）和愤怒（34.5%），相比其他情绪，虚假信息唤起人们的恐惧诉求和愤怒情感，更可能使得用户难以辨别信息的真伪。（见表8.3）

表8.3　短视频虚假信息中四种情绪的分布统计表

类别	喜	怒	哀	惧	合计
数量（条）	42	118	62	120	342
比例（%）	12.3	34.5	18.1	35.1	100

其二，虚假信息生产者与首发平台分析。如表8.4所示，视频拍摄内容以UGC为主（占比高达85.9%），其次为PGC/OGC、自然类（如监控影像等）。由此可见，在短视频传播中，PGC/OGC的信息把关功能得到体现，而UGC视频则更可能出现虚假信息。

表8.4　短视频虚假信息的视频生产来源统计表

类别	UGC	PGC/OGC	自然类合计	其他（不明）	合计
数量（条）	294	28	16	4	342
比例（%）	85.9	8.2	4.7	1.2	100

如表8.5所示，从能够判别的样本来看，短视频虚假信息的首发平台排序为：首先是朋友圈等个人社交平台，其次是微博等平台，而短视频平台占比并不高。当然，已经无法准确识别37.7%的虚假信息的首发平台。以个人用户为代表的UGC较依赖于朋友圈等社交平台的首发传播，PGC则多依靠自有或官方平台定向发布相关内容，而自然类视频主要指监控视频、行车记录

仪等非人为主观拍摄内容。

表 8.5　短视频虚假信息的首发平台统计表

类别	官方平台	朋友圈	微博	短视频平台	其他（不明）	合计
数量（条）	27	120	48	18	129	342
比例（%）	7.9	35.1	14	5.3	37.7	100

如表8.6所示，短视频虚假信息的生成阶段主要在首发阶段，占比达76.6%，后续不加核实的转发则使得虚假信息进一步蔓延。

表 8.6　短视频虚假信息的问题阶段统计表

类别	首发问题	转发问题	其他（不明）	合计
数量（条）	262	61	19	342
比例（%）	76.6	17.8	5.6	100

其三，虚假信息主题分析：大多呈现"伪新闻"样态。在主题分布上，本研究将短视频虚假信息分成了十类：政治、经济、军事、法律、科技、文教、健康卫生、体育、娱乐、社会新闻，其中社会新闻的比例最高，为98.25%。不难发现，短视频是一种嵌入日常生活的传播平台，与社会生活相关的内容出现虚假信息的可能性较高。在短视频虚假信息的生产路径中，即便其原初并不是新闻样态的，但在传播过程中会被赋予人为制造的"新闻价值"和"新闻要素"，以"伪新闻"的形式进行传播。叙事性分析发现，虚假信息中参与主观判断的比例高达78.7%，客观记录仅有21.3%，参与性和共情性使得虚假信息容易被接受，同时导致虚假信息在社交媒体中快速、广泛传播。

陈力丹教授认为文学的叙事内容表面上看多种多样，但实际上都可以被归纳为有限的"母题"，如寻宝母题、灾变母题、死亡母题、情欲母题、英雄母题、撒旦母题等。[①] 根据这一分类，本章发现短视频虚假信息呈现的叙事如表8.7所示，内容母题以灾变母题和撒旦母题为主，信息的模糊性和不确定性是造假的重要条件。灾变母题往往具有超自然性、不可控性，同时具有一定

---

① 陈力丹.文学的叙事和"母题"[J].东南传播，2016（9）：30-34.

的周期性。比如 2019 年的初利奇马台风等，在该事件周期中，出现了较多关于台风的短视频虚假信息。可见，信息的不确定性和模糊性，使得灾变母题中可能出现虚假信息（见表 8.8）。撒旦母题出自人们的一种集体无意识心理，体现了对撒旦的愤恨和恐惧心理，同时具有一定的偶发性和频发性，反映了人们厌恶邪恶、渴望正义的朴素正义观。

表 8.7 短视频虚假信息的六大母题统计表

母题类型	寻宝母题	灾变母题	死亡母题	情欲母题	英雄母题	撒旦母题	其他	合计
数量（条）	34	114	46	11	17	119	1	342
比例（%）	9.9	33.3	13.5	3.2	5.0	34.8	0.3	100

表 8.8 短视频虚假信息母题与发布动机交叉表

			内容母题					
			寻宝母题	灾变母题	死亡母题	情欲母题	英雄母题	撒旦母题	总计
发布动机	有意	计数	14	26	16	4	12	43	115
		占发布动机的百分比（%）	12.2	22.6	13.9	3.5	10.4	37.4	100.0
	无意	计数	12	20	4	2	2	23	63
		占发布动机的百分比（%）	19.0	31.7	6.3	3.2	3.2	36.5	100.0
	恶意	计数	5	47	9	2	3	30	96
		占发布动机的百分比（%）	5.2	49.0	9.4	2.1	3.1	31.3	100.0
总计		计数	31	93	29	8	17	96	274
		占发布动机的百分比（%）	11.3	33.9	10.6	2.9	6.2	35.0	100.0

其四，音视频信息分析。景别单一且以远景、全景为主，这是短视频虚假信息的主要画面特征。PGC 中的远景、全景占比 75.7%，而 UGC 中的远景、全景比例则更大，占比为 91.8%。可见，因画面内容缺乏细节，使得虚假信息有了可乘之机，一些猜测性的文字也随之出现。

画面的环境缺失是虚假信息的重要表现（比例高于 37.5%）。环境或语境的缺失使得内容更可能引起误解，而个人用户群体由于拍摄环境、设备、技术的限制，相比之下内容生产的专业性不高，容易缺失对环境的完整呈现

（占比为 62.6%）。

值得注意的是，后期技术处理并不是主要问题。对样本视频是否采用了剪辑、声音处理等后期技术处理进行分析后发现，UGC、PGC、自然类三种分类中产生问题的比例均较低（低于 7.5%）。

不过，背景音乐和音效加剧了情绪化传播。数据显示，38.8% 的虚假短视频添加了背景音乐和音效，以强化主观情绪的引导作用。如图 8.2 所示。

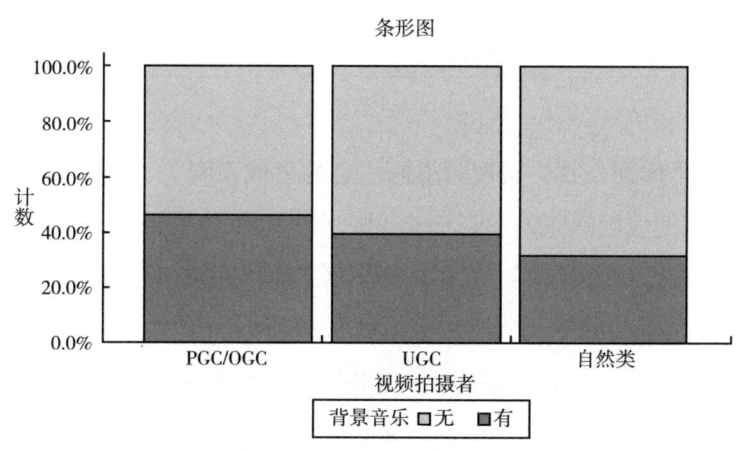

图 8.2　不同类型的视频拍摄采用背景音乐的柱状图

其五，虚假信息的辟谣情况。数据分析发现，近 2/3 的虚假短视频信息较快得到辟谣和澄清。在辟谣时间上，辟谣时间在 1—3 天的比例最高，为 37.3%；其次为 1 天之内，比例为 27.2%。有 64.6% 的虚假信息在 3 天以内得到澄清，辟谣时间相对较短（见表 8.9）。

表 8.9　短视频虚假信息的辟谣时间分布

类别	1天内	1—3天	3天以上	其他（不明）	合计
数量（条）	93	128	46	75	342
比例（%）	27.2	37.4	13.5	23.9	100

辟谣者构成中，权威机构、主流媒体是主要的辟谣者。在官方澄清和媒体澄清以外，个人辟谣也发挥了一定的作用。权威机构辟谣比例最高

（69.3%），尤其以警察（包括网警）为主，可见通过融媒体建设，各政府机关、企事业单位的媒体政务平台起到重要的作用；其次为主流媒体（23.4%），发挥了媒体"澄清谬误"的作用；而个人辟谣者往往需要一定的时间才能辟谣成功，并且需要与其他辟谣者合力才能发挥更好的作用（见表8.10）。

表8.10 虚假信息的辟谣者统计图

类别	个人	媒体	机构	其他（不明）	合计
数量（条）	22	80	237	2	342
比例（%）	6.4	23.4	69.3	0.6	100

（三）从个体到公共：短视频虚假信息的生成表现

虚假信息的成因一直是学界研究的热点，媒体或平台的未加核实、"伪传信息"（主观蓄意传播的虚假信息）的出现、混合型媒介系统加大把关难度等因素都导致了虚假新闻的生成。① 短视频虚假信息的成因有相似因素，但也有其个性特征，需要从其生成表现中加以分析。短视频虚假信息可以按照个体与公共、新闻与非新闻进行区别，如图8.3所示，便于分析具体的案例。

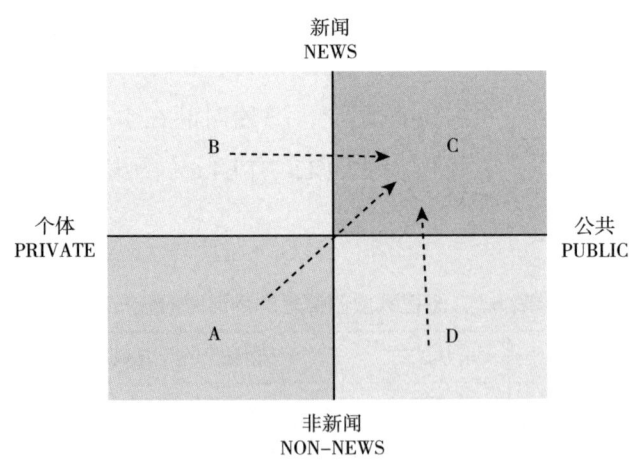

图8.3 短视频虚假信息生成示意图

---

① 年度虚假新闻研究课题组. 2020年虚假新闻研究报告. 新闻记者［J］, 2021（1）: 33-34.

个体信息主要指个人生活类短视频。平台上此类信息数量庞大，不乏摆拍、合成、造假等情况，但考虑到其普遍未对公共利益造成危害，因而不对其展开进一步分析。本章分析的公共信息主要包含两类情况：一类涉及公共问题，二类是个人的、私人的问题经过传播后影响到公共利益。对虚假短视频信息进行分析后发现，大部分在首发阶段不属于C象限（公共、新闻）的短视频，经由网络传播，呈现了向C象限转化的趋势。同时，短视频从A、B、D三个象限向C象限转化的过程中，虚假信息往往更容易出现（见表8.11）。

表8.11 短视频虚假信息的象限分布统计表

象限	A	B	C	D	合计
数量（条）	15	43	251	33	342
比例（%）	4.4	12.6	73.4	9.6	100

属于A象限区间的视频是个人的、非新闻性的短视频信息，所占比例最少（4.4%）。但是通过字幕、文本、音乐等附加信息，可能引导公众情绪，"设置"公共性社会话题。比如，2020年11月2日，"电焊专业学生在宿舍赶作业"的短视频冲上热搜，但随后当事人提供原视频辟谣，称当时是后勤师傅在维修衣架和床。当公众对此事形成关注后，个人的影像便成为公共话题，虚假信息由此产生社会影响。

属于B象限区间的视频是个人产生的视频，但具有一定的新闻性，所占比例为12.6%。例如，2020年8月15日，一条微博视频"转发等同报警！西南地区被拐卖的汉族女子（媳妇）逃跑被发现"引发舆论关注，视频中一名年轻女子被一名穿着传统服饰的年长女子殴打。然而8月16日青海警方核实情况后发现，真相是藏族女子因家庭矛盾被丈夫送回娘家后，被母亲教训。因该短视频涉及"妇女拐卖"这一社会问题，加之"转发等同报警！"的情绪诱导话语，使该条信息被迅速关注和转发，形成新闻热点，由个体话题转变为公众议题，引发群体的关注。

属于D象限区间的视频是带有公共性质的内容，但是不具有新闻性，所占比例为 9.6%。例如，2020 年 10 月 23 日，湖南"天空之镜"景点网络虚假宣传，因与实景严重不相符而被处罚。广告宣传不是新闻，但因为相关话题成为热点，导致当地相关部门介入，反而具有了新闻性。可见，部分公共信息尽管不属于新闻范畴，但是可能在传播过程中成为一条"虚假新闻"。

根据动机主观意图的强烈程度进行编码后发现：此类视频意制造虚假信息的比例最高（33.6%），此类视频主观意图明显，如吸引流量、警示或提醒他人等，但并不具备威胁性意图或贬损他人等恶性意图，所造成的伤害相对较小。恶意制造虚假信息的比例为 28.1%，表现为主观恶性意图明显，有贬损他人或制造伤害的意图，辟谣后往往被予以处罚。关于动机的分析，未来可以结合问卷调查和深度访谈进一步探究（见表 8.12）。

表 8.12　短视频虚假信息传播动机统计表

动机	无意	有意	恶意	其他（不明）	合计
数量	63	115	96	68	342
比例（%）	18.4	33.6	28.1	19.9	100

（四）短视频虚假信息的主要传播特征

数据分析初步发现，短视频虚假信息有如下传播特征：

第一，情绪性信息传播特征。从个体化影像、私人化传播到公共传播的转换过程中，语境（context）置换导致虚假信息的产生，而背景音乐则强化公众的情绪，通常表现为误导信息（disinformation）或错误信息（misinformation）。

短视频虚假信息的一个重要特点是，从个体化影像、私人化传播到公共传播的转换过程中，受情绪化影响，缺乏准确的语境信息，加之背景音乐等煽情因素，就可能产生虚假信息。当公众个体的、私人的意见表达与情绪通过短视频进入公共空间时，就不可避免地会产生公共参与性质。[①] 相比客观中

---

① 邓若伊，余梦珑. 短视频发展的问题、对策与方向［J］. 西南民族大学学报（人文社科版），2018（8）：129-134.

立、不夹带感情倾向的新闻，带有强烈情绪、观点和煽动力的标题及内容更容易引起人的关注。情感和立场往往先于理性与客观①。本研究发现，情绪性信息传播在虚假短视频中所占比重较高，为78.7%，尤其以UGC传播最为突出，其中94.4%存在认知偏误。

第二，冲突性视觉文本呈现特征。虚假信息案例中大量使用第一视角或监控画面营造"真实感"，虽然缺失完整信息链条，而且部分影像素材粗糙、细节失真，但冲突性故事文本得以建构，导致普通用户很难发现。

2020年6月19日，"一大爷无健康码徒步千里走到浙江打工"的视频引发大量网友关注。据报道，"大爷是安徽亳州人，无儿无女，打算去浙江黄岩投奔亲戚打工。一路上因为没有手机，无法出示健康码多次想要乘车被拒。无奈之下，大爷便从安徽亳州徒步走到浙江，已经走了半个多月"。23日，事情出现反转，经核实，大爷是坐火车到浙江的，而杭州铁路部门也回应说，没有健康码可以坐火车。真相一出，舆论哗然，有网友调侃道"整件事情里，除了大爷是真大爷，没有一处是真的"。

该视频以第一视角呈现拍客与老汉的现场问答，现场感强。尽管本身只是个人化、私人化的事件，但是经过短视频平台传播，就被补充了一些信息，进行了语境化的处理，强化了视觉文本的冲突性。这条信息由个人化的不完整信息，经由传播链条的补充、加工后，变成一条虚假新闻，引发公众对老年人"数字鸿沟"问题的关注。

数据分析发现，76.3%的短视频虚假信息存在较高的视觉文本冲突问题，短视频中出现字幕问题占比高达69%。短视频画面本身的多释性特点使得其新闻要素不齐备，发布者必须通过音频、字幕或文本等手段对其进行解释，其中字幕和文本是主要形式，也使短视频成了造假的重灾区。在短视频虚假信息传播中，用户通过对原视频有意或无意地重新阐释（语境置换），将"真实的视频"转变成"不实的信息"。②冲突性视觉文本的呈现，是值得关注的

---

① 胡翼青.后真相时代的传播：兼论专业新闻业的当下危机[J].西北师大学报（社会科学版），2017（11）：30.
② 陈昌凤，陈凯宁.网络视频中的虚假信息偏向及其治理[J].新闻与写作，2018（12）：61.

重要特征之一。

第三，伪"现场新闻"式呈现特征。数据显示，短视频虚假信息多以伪"新闻现场"的形式呈现，造成虚假的"现场感"，以手机拍摄长镜头为主、全景景别、景别单一，或有同期声和解说词等，不同的镜头景别反映了传播者的不同情绪诉求，如表 8.13 所示。

表 8.13　短视频虚假信息的情绪与景别交叉表

			诉诸情绪				合计
			喜	怒	哀	惧	
景别	远	计数	4	6	11	24	45
		占景别的百分比（%）	8.9	13.3	24.4	53.3	100.0
	全	计数	25	90	44	78	237
		占景别的百分比（%）	10.5	38.0	18.6	32.9	100.0
	中	计数	2	8	0	0	10
		占景别的百分比（%）	20.0	80.0	0.0	0.0	100.0
	近	计数	4	7	5	3	19
		占景别的百分比（%）	21.1	36.8	26.3	15.8	100.0
总计		计数	35	111	60	105	311
		占景别的百分比（%）	11.3	35.7	19.3	33.8	100.0

在短视频虚假信息中，事实往往无法确证，最多只是一个"新闻"线索，却能唤起人们的恐惧和愤怒之情。2020 年 10 月 10 日，"山东两男子酒后调戏火锅店老板娘，不料被反击"的短视频在网上传播。视频显示，火锅店里两名醉酒男子对一名女服务员举止轻浮，随后被这个女子击倒，之后该女子接受媒体采访，称自己是火锅店老板娘，曾为跆拳道冠军。然而此事实际上发生于 10 月 8 日，短视频中的场景是情景重现的摆拍。该视频以全景长镜头形式拍摄，呈现了"伪新闻"现场的形式，塑造"真实感"，借以打消网民对新闻真实性判断的疑虑，增强其传播的力度和广度。因而，如何判别视听画面的真实性，是提高网民媒介素养需要进一步探索的问题。

第四，"狂欢"的视觉景观特征。在短视频平台，一些很快被证实为虚假信息的短视频,却因其与公众诉求/期待一致,从而得以被广泛传播,公众参与了错误信息(misinformation)传播。母题分析显示,在母题归类上,PGC 和 UGC 的虚假信息体现了明显的差异性。PGC 视频以寻宝母题(28.6%)、英雄母题为主,而 UGC 视频以灾变母题(36.5%)、撒旦母题(33.4%)为主,自然类视频则大部分为撒旦母题(68.8%)。可见,UGC 为了吸引流量、更多传播恐惧类短视频,借以引发人的恐慌心理,增强对信息的关注。

在短视频兴起前的长视频时代,视频的制作和发布主要依赖于媒体,但是短视频却使道格拉斯·凯尔纳(Douglas Kellner)所称的制造"媒体奇观"(media spectacle)①的权利交给了普通网民,网民享有了制造"视觉景观"的能力。比如,2020 年 6 月,朋友圈流传一段"蒙古国送中国的羊入境了"的视频。视频中数以千计只羊组成的羊群,在几位牧羊人的驱赶下,浩浩荡荡向远处走去。视频所配文字称:"30,000 只羊的方队向我们走来,好不壮观。"辟谣随之而来:事件发生地点不在国内;蒙古国捐赠的 3 万只羊暂时没被运往中国。其实根据常理推断,考虑街道实景、羊的饲养情况等情况,蒙古国羊都不可能入境,但是在网民参与转发的"洪流"下,这一错误信息被广泛传播,甚至催生了平台上的一种视觉"狂欢"。

第五,私人事件公共化过程中的视觉阐释特征。在短视频制作或传播中,对视频画面进行有意的阐释,从而将一些本不存在的事实或者私人化的事实变为公共事件,这是虚假信息的一个特征。

在私人事件的公众化演进过程中,近景景别、情绪化语言和视觉形象都成为共同促成视觉化阐释的必要手段,成为吸引公众注意力的重要砝码。在信息过载的今天,相比客观中立、不带情绪的事实,传播者主动输出情绪性强、煽动性强的视觉信息,明显会获得更多的关注度。

---

① 凯尔纳. 媒体奇观:当代美国社会文化透视[M]. 史安斌,译. 北京:清华大学出版社,2003:2.

三、短视频虚假信息的传播形态及其治理逻辑

2018年4月以来,国家网信办等部门集中开展对短视频平台的专项整治活动,出台了一系列相关的政策文件和规范性文件。2020年1月,国家网信办正式施行《网络音视频信息服务管理规定》,对网络音视频信息服务提供者、平台、使用者的权利与义务做了明确规定;2020年3月,《网络信息内容生态治理规定》的出台,进一步明确了网络信息治理中的各个主体责任与义务。本章进一步考察短视频虚假信息的传播形态,尝试对虚假信息传播链条中的本源态、传播态、接收态三种信息形态展开分类阐述,解析其传播链条的多种诱因和影响因素,从中探寻治理逻辑。

(一)本源态的虚假信息

数据分析发现,76.6%的短视频虚假信息在本源态阶段出现了问题,包括原素材获取问题,加工剪辑造成的虚假问题等。从视频拍摄者角度来说,95.3%的短视频虚假信息来源于UGC,其中朋友圈等个人社交平台是高发平台;其次是微博等平台,社交传播成为虚假信息裂变的主要途径。

从内容上看,虚假信息中既有生产者凭空恶意虚构的谣言(rumor),也有道听途说、未经核实、断章取义等产生的错误性信息(misinformation),或因主观猜测、添油加醋、张冠李戴而产生的误导性信息(disinformation)。从本源态分析可以发现,传播动机不一而足,既有主观恶意和有意也有无意造成的,这体现了短视频虚假信息生产原因的多样化特性。不管基于何种原因,虚假信息客观上确实在网络空间乃至社会上造成了一定的负面影响。

如2020年8月初"富婆出轨快递小哥"的案例。郎某拍摄了一位年轻女子取快递的视频,之后与朋友何某分别饰演快递小哥和对面小区独自在家带孩子的"小富婆"在微信上聊天,编造了"富婆出轨快递小哥"的剧情。8月13日,警方对两人行政拘留9日。该视频对当事人及其家人造成了恶劣的社会影响,随后,郎某和何某两人被告上法庭。此案例属于恶意编造谣言,郎

某表示自己是"出于虚荣心,吹吹牛皮的想法……只是为博大家一笑,没想到被人把聊天记录传了出去"。

针对造假的动机性和危害性,相关部门对虚假信息生产者采取了不同的治理措施。《网络信息内容生态治理规定》的第四条至第七条,规定了网络信息内容生产者的限制性行为,第三十四条明确规定"网络信息内容生产者违反本规定第六条规定的,网络信息内容服务平台应当依法依约采取警示整改、限制功能、暂停更新、关闭账号等处置措施,及时消除违法信息内容,保存记录并向有关主管部门报告。"

从治理的角度来看,当前对生产者的处罚以行政处罚为主,民事诉讼和赔偿有一定的难度,主要原因在于对造假动机的判定存在一定困难。法律学者对相关法条进行解释,"虚假信息应当被理解为没有根据的信息,应具备无根据性、具体性、可信性和关联性……造成公共秩序严重混乱的……"[①]。可见,主观故意性和损害程度是虚假信息的两个重要判定因素。此外,从传播形态来看,很难追溯错误信息的生产和传播的全链条(尤其是本源态信息),所以短视频平台和其他网络平台,在信息发布阶段对内容生产者或传播者进行有效监管和处理,是破解短视频虚假信息传播的比较关键的一环。

(二)传播态的虚假信息

短视频虚假信息传播形态呈现多元、复杂等特点:传播主体单一和多元并存;传播内容碎片化和完整性并存;传播过程经过了多次转发与再加工;短视频"生命周期"短,事实不完整,所以在传播过程中容易产生变形。

治理虚假短视频传播的难点在于,一条短视频需要达到一定的传播热度、得到一定的关注、引发社会影响后,才可能被迅速辟谣,所以辟谣的时间对于传播态的虚假信息的"生命周期"而言至关重要。数据发现,PGC/OGC、UGC、自然类的虚假视频信息被辟谣的时间周期之间存在一定的差异,UGC

[①] 孙万怀,卢恒飞.刑法应当理性应对网络谣言:对网络造谣司法解释的实证评估[J].法学,2013(11):3.

和自然类视频被辟谣的时间相对较短。

从 PGC 和 UGC 的辟谣时间可见，PGC 的谣言往往需要更长的辟谣时间。PGC 内容的制作、传播方式相比其他类别更为精良，因而需要公众具有较高的识别能力。比如，2020 年"最美援鄂护士"于鑫慧事件，最初的短视频拍摄者为自媒体，后来被主流媒体转引和肯定，似乎得到媒体的"确认"后，就少有人去核实视频的细节了。最终该事件的反转时间接近半年，直到后来事实真相被报道出来。可见，包括主流媒体发布内容在内的 PGC 在信息传播中具有相当的权威性和公信力，因而相关传播主体对短视频信息的把关要十分严格。

从传播态来讲，针对 PGC 加大审核力度和提高信息质量，从传播态角度辟谣可以起到积极作用。《网络信息内容生态治理规定》的第八条到第十七条明确规定了网络信息内容服务平台应当履行信息内容管理主体责任，在人员设置、治理细则、技术保障、处置措施、账号信用管理等多个方面做了详细规定。其中值得注意的是，与传播平台的治理问题相关的规定体现了人工与技术相结合、处置与预防相结合、平台监管与公众参与相结合的逻辑，这是比较符合当前网络平台化阶段特征的。《网络音视频信息服务管理规定》要求音视频信息服务提供者，需要配备与服务规模相适应的专业人员，建立健全用户注册、信息发布审核、信息安全管理、应急处置、从业人员教育培训、未成年人保护、知识产权保护等制度，具有与新技术、新应用发展相适应的安全可控的技术保障和防范措施等。2020 年《中华人民共和国民法典》施行，其中对虚假信息相关的约束条款值得注意，如第一千零二十五条规定，捏造、歪曲事实的要承担民事责任。

（三）接收态的虚假信息

从短视频虚假信息的接收态来看，视觉化信息会带给用户一定的情绪性和情感性引导，由此，可能造成认知偏误、确认偏误、恐惧唤醒等情况。另外，长时段的短视频使用沉浸（加之算法推荐的作用），可能会导致过滤泡效应，进而削弱用户对虚假信息的判别能力。

《网络信息内容生态治理规定》第四部分规定了网络信息内容服务使用者的责任与义务,规定了使用者在以发帖、回复、留言、弹幕等形式参与网络活动时的限制性条款,并且鼓励网络信息内容服务使用者积极参与网络信息内容生态治理。《网络音视频信息服务管理规定》第十一条规定,网络音视频信息服务提供者和网络音视频信息服务使用者不得利用基于深度学习、虚拟现实等的新技术、新应用制作、发布、传播虚假新闻信息。从治理逻辑上看,对于信息使用者在接收态层面的限制性规定,相关政策文件和规范性条款提出了比较具体的要求,但如何有效处罚或者遏制接收者对于虚假信息尤其是错误信息(misinformation)的二次转发,则是治理中的难点。

第九章　数字交往：节点与圈层*

引　言　媒介革命与数字交往

人类社会进入数字时代，媒介技术的变革深刻影响着人类文明交流的规模与方式，并在根本上塑造了一种新型的世界交往与文明交流形态。文明的交流互鉴离不开媒介，媒介与文明之间是一种历史性的关系。历史上人类发明的诸多媒介技术、媒介符号和媒介系统，既是文明交流互鉴的介质（中介力量），也是文明的构成性元素，媒介本身也是文化技艺。文明交流是一种媒介化的世界交往活动。人类社会普遍性的交往活动及其展开，与生产力的发展包括交往工具的进步之间是一种辩证关系。马克思和恩格斯从历史和社会的宏观视角，用交往概念阐述主体间的实践活动与联结关系，涵盖了物质的、精神的、符号的一切交往形态，并扩展到民族交往和世界交往的范畴。这为我们分析当今世界的信息传播活动提供了十分重要的概念基础，超出了狭义的传播学视角。实际上，20 世纪以来兴起的传播学在理论关怀上逐渐"收缩"，

---

* 本章主要内容分别原载于：涂凌波. 草根、公知与网红：中国网络意见领袖二十年变迁阐释[J]. 当代传播, 2016（5）：84-88；涂凌波. 数字时代的世界交往与文明交流新图景[N]. 中国社会科学报, 2022-08-31（7）；涂凌波, 王子薇. 数字区隔与交往鸿沟：数字交往视野中的数字鸿沟现象[J]. 青年记者, 2022（22）：12-16；涂凌波, 郑石, 蔡雨. 构建美美与共的网络文化景观[N]. 光明日报, 2020-12-04（11）。收入本书时，略有删改。

偏重信息、符号的传播过程及其效果，一方面将交往关系简化为主客体二元关系，另一方面则抽离了历史向度和生产实践，呈现着以信息/媒介为中心而非交往为中心的研究面貌。

当数字交往革命不断深入，数字技术不再仅仅是一种传播媒介，而是成为丰富的社会生活实践。信息基础设施的普及使得数字媒介深度嵌入人们的日常生活，人们精神交往和物质交往的数字化程度大大加深，传统意义上的"信息匮乏者"不得不主动进入或被动卷入数字化社会，一种基于数字交往的社会形态正在到来。然而，技术变革似乎并没有如预想那样弥合数字鸿沟，反而使社会生活的诸多方面出现了新的"鸿沟"，如圈层化、视频化的交往模式导致新的区隔，网络传播中意见领袖的变迁，家庭传播中的数字反哺，以及老年人的媒介使用与社会融入等问题。这些新的议题，超出了传统意义上数字鸿沟研究所聚焦的"信息和知识"的范畴，亟待用新视角展开讨论与研究，也是中国新闻学研究应当关注的重要议题。

第一节　交往节点：网络意见领袖及其认识

本节将首先从新闻传播研究中的一个基础概念——意见领袖入手展开分析，从交往的角度来看，意见领袖在交往关系中扮演着十分关键的角色。当人们的交往活动从传统媒体时代的交往过渡到互联网兴起后的数字交往阶段时，交往关系变得更为复杂、多样，意见领袖的内涵和作用也在发生变化。准确地讲，并不是任何在互联网上具有影响力的个体都可以被称为网络意见领袖。一般把有影响力的网络人士分为两种：一是网络名人，他们与一般意义上的社会名人不同，主要是由互联网赋予知名度和社会地位；二是网络意见领袖，他们是互联网信息传播的重要节点，主要通过意见表达来影响公众。前者产生影响的重点在于互联网的社会功能，其理论脉络可追溯至拉扎斯菲尔德和默顿提出的大众传播具有的社会地位赋予功能。比如，有研究者认为互联网时代媒介已成为社会资源配置的重要环节，可以帮助社会行动体实现阶层流动。① 后者则关注政治传播和社会行动，尤其是网络中崛起的个体或群体，如何影响其他公众的认知、态度和行为。近年来关于微博意见领袖的讨论就属于此类。比如，有研究者很早就发现网络社区是一个无向有权网络，少量核心用户节点左右了整个网络社区的言论。②

网络名人与网络意见领袖有时毫不相干，如芙蓉姐姐、凤姐、天仙妹妹等人，就是典型的网络"生产"出来的名人，但他们并不被看作意见领袖；一些网络意见领袖则几乎毫无名气，如报道重庆"最牛钉子户"事件的博客写手。然而更多的时候，网络名人与网络意见领袖相互重叠，网络意见领袖靠意见表达获得名气，同时凭借网络知名度来增加意见表达的影响力。实际上，正如下文将谈到的，大多数的网络意见领袖正是一般意义上的社会名人，网络不过是其意见表达与产生社会影响的放大器。

从概念上看，网络意见领袖其实是传统意见领袖概念的延伸。拉扎斯菲尔德、伯纳德·贝雷尔森（Bernard Berelson）和黑兹尔·高德特（Hazel Gandet）在《人民的选择》中提出了意见领袖（opinion leader）的概念，即社会领域和公共问题上那些关心这些问题并谈论得最多的人，他们是次级社区中活跃的那部分人。③ 意见领袖是 1940 年伊利调查中的意外发现，但这项发现从此奠定了两级传播（two-step flow of communication）的基本模式：大众传播中信息从广播和印刷媒介流向意见领袖，再从意见领袖传递给那些不太活跃的人群。之后，卡茨和拉扎斯菲尔德展开迪凯特调查，验证了在市场消费、流行时尚、公共事务和观看电影等方面意见领袖的广泛影响，十年后，这一研究发现被写进《个人的影响》一书中。随着罗维雷研究、迪凯特研究、药品研究等相继开展，两级传播理论和意见领袖得到进一步验证，意见领袖

---

① 隋岩，陈一愚. 论互联网群体传播时代媒介成为资源配置的重要环节［J］. 中国人民大学学报，2015, 29 (6): 128–133.
② 肖宇，许炜，夏霖. 网络社区中的意见领袖特征分析［J］. 计算机工程与科学，2011 (1): 150–156.
③ 拉扎斯菲尔德，贝雷尔森，高德特. 人民的选择：选民如何在总统选战中做决定［M］. 唐茜，译. 北京：中国人民大学出版社，2012: 43–44.

比其他人更多接触大众传媒、主动寻找信息、关注群体之外的世界。①

然而，意见领袖的概念从一开始就是不明晰的。施拉姆和威廉·波特（William Potter）就指出了四点：许多信息直接抵达受众，不必通过意见领袖；意见领袖之上还有意见领袖；意见领袖可能只作用于了解情况和作出决断的阶段；存在多种多样、层次不同的意见领袖。②两级传播理论被批评过于简单、粗糙和模式化，而意见领袖的内涵、边界和作用也都是模糊的，因而施拉姆和他的伙伴更愿意用多级流程、系统流程来描述信息传播流。实际上，两级传播模式和意见领袖概念在随后的研究中不断被修正，如1976年有学者就区分了三种受众：意见提供者（opinion givers）、接收者（opinion receivers）和讨论缺席者（non-discussants）。③从国外的研究来看，政治传播研究（主要是选举研究）是意见领袖理论的重要推动力量。2003年后，意见领袖的应用研究突然升温，涉及市场营销、创新扩散、医学研究、公共决策、外交、管理等多个领域。④

概而言之，目前关于网络意见领袖的概念界定，深受早期两级传播和意见领袖理论的影响，但存在较多的问题，网络意见领袖与传统意见领袖绝非等同或者延伸的关系。第一，过分突出网络意见领袖在信息传播流中发挥的作用，实际上忽略了互联网对传统的传播模式的颠覆。第二，互联网上的信息传播不能简化为"媒体—意见领袖—受众"的单向流程，也不能简单地区分意见领袖和追随者，更不能简单地判断意见领袖和网民之间的影响关系。第三，只在网络热点事件、公共事务、社会运动中谈网络意见领袖，将概念局限于政治传播领域，忽视了理论的开阔维度，尤其忽视了社交媒体上的人际影响与信息传播。正如芬顿所言，社交媒体是一种受交流引导的媒介形式，

---

① KATZ E. The two-step flow of communication: an up-to-date report on an hypothesis [J]. Public opinion quarterly, 1957, 21 (1): 61-78.
② 施拉姆, 波特. 传播学概论 [M]. 何道宽, 译. 北京: 中国人民大学出版社, 2010: 123-125.
③ 麦奎尔, 温德尔. 大众传播模式论 [M]. 祝建华, 译. 2版. 上海: 上海译文出版社, 2008: 58-59.
④ 朱洁. 中西方"意见领袖"理论研究综述 [J]. 当代传播, 2010 (6): 34-37.

而不是受信息驱动的媒介形式,它突出的是互动和参与的心理动机和个人动机,为公众消费的媒介内容的政治色彩则退居其次。①

互联网时代的传播结构已突破了大众传播时代的传统范式,因此对网络意见领袖的分析也需要突破传统的意见领袖范式。其实,在意见领袖概念提出之初,卡茨和拉扎斯菲尔德就运用和借助了当时方兴未艾的小群体研究思路,讨论了大众传播过程中个人之间关系所发挥的重要影响。②初级群体、小群体、人际影响研究是意见领袖研究的悠久传统,而这与互联网的信息传播结构有着天然的关联,只是我们需要以更加开阔的视野去审视个体、群体与互联网传播结构之间的关系,而不能再回到大众传播和人际传播的简单区分法之中。

第二节　网络意见领袖的变迁

一、BBS 与博客时期的网络意见领袖

从 1995 年中国内地第一个 BBS(Bulletin Board System,电子公告板)"水木清华"创办,到 2009 年年底新浪微博上线,在这十五年的时间里,网络意见领袖主要活跃于 BBS 和博客上。其间,中国网民人数从 1997 年 CNNIC(中国互联网络信息中心)第一次统计的 62 万人增长到 2009 年年底的 3.84 亿人,增长了 619 倍,博客作者数量增长到 2.21 亿人。2003 年被称为"网络舆论元年",网络舆论直接推动了刘涌案、宝马案等事件的进展,网络意见表达发挥了民主参与平台、社会减压阀、社会晴雨表等作用。③同年,"木子美事

---

① 柯兰,芬顿,弗里德曼.互联网的误读[M].何道宽,译.中国人民大学出版社,2014:144.

② 洛厄里,德弗勒.大众传播效果研究的里程碑[M].刘海龙,译.北京:中国人民大学出版社,2004:174-176.

③ 彭兰.中国网络媒体的第一个十年[M].北京:清华大学出版社,2005:302-303.

件"使得博客、网络红人成为热门话题,方兴东创办的博客中国网站一举成名,博客作为自媒体所产生的舆论影响力开始逐渐凸显。

2003 年也是网络意见领袖在互联网上发挥作用的关键年份。在此之前,水木清华、天涯社区、强国论坛、西祠胡同等 BBS 社区已出现比较活跃的网友。随着网络舆论产生的社会影响力越来越大,在众声喧哗的网络意见表达中,这些活跃的个体开始具备意见领袖的特征,他们是积极的信息获取者、信息转发者和意见表达者。根据拉扎斯菲尔德提出的二级传播和意见领袖理论,BBS 社区中产生了最早的网络意见领袖。

总体上,在 BBS 和博客时期,网络意见领袖表现了较强的"草根"属性,但在话语表达上有着激进和浪漫主义色彩。一方面,网络社区的匿名性和扁平化隐藏了网民真实的社会身份,减少了现实生活中不同社会阶层的表达隔阂,使得网络意见领袖在网络上大多以"草根"身份出现。比如,作为意见领袖的强国论坛"十大网友",他们虽然没有公布个人信息,但我们可以推测其大多为勤于笔耕、富有社会责任感、来自工薪基层的中年人。[1] 另一方面,网络社区的开放性和话题性,使得网络意见领袖必须凭借吸引眼球的话题资源和表达方式,以获取并维持关注度。因而,语出惊人、语气强烈、表达抗议、关注社会不公就几乎成为早期网络意见领袖的集体标签。

随着博客的兴起,社交媒体和 Web2.0 时代完全到来,这既使得人人都拥有了麦克风、拥有了表达的通道,但又使得网络意见领袖的"草根"色彩逐渐发生变化。博客是一个公域和私域的混合空间,它既是个人的网络日志,又是一个共享的言论平台,加之博客所具有的社交特征,都突出了网络意见领袖的个体属性。与 BBS 和个人主页相比,博客在建构网络身份上更具有优势,主要因为博客兼具私人性、自由度、互动性、普及性等特点。[2] 短短几年间,博客的发展经历了从精英写作、大众写作到全民写作的三个阶段[3],但

---

[1] 周裕琼. 网络世界中的意见领袖:以强国论坛"十大网友"为例[J]. 当代传播,2006(3):49-51.
[2] 莫颖怡. 博客与网络身份建构[J]. 国际新闻界,2006(5):48-52.
[3] 博客发展进入第三个阶段:精英写作、大众写作到全民社区[EB/OL].(2008-07-16)[2024-03-30]. https://net.blogchina.com/blog/article/572920.

是全民写作同样意味着精英博客比草根博客拥有更多的关注度和话语权，因为信息超载日益加剧的环境使得注意力资源变得更为稀缺。一些网络意见领袖的身份与其现实身份是分不开的。博客在身份建构上的这一特征为后来的"微博加V"提供了经验。随着社会化媒体的兴起，草根的博客写作越来越难以进入公共讨论、影响网络舆论，网络意见领袖开始以一种新的方式出场。

21世纪的第一个十年，互联网的发展进入Web2.0时期。人与人的连接、个体作为主体的社会关联成为互联网Web2.0传播的主要特征。① 在这样一种媒介技术和形态变革中，BBS和博客平台上的意见领袖发挥了一定的社会作用，互联网对公民信息获取、意见表达、社会参与的赋权越发引人关注。正是在此背景下，有学者称"新意见阶层"正在崛起，成为我国舆论监督的重要新力量②。至少从频发的网络热点事件中可以看到，网民通过意见表达形成网络舆论，进而影响社会事件与公共政策的现象愈加普遍。

二、微博意见领袖的兴起与网络社会行动

2010年左右，微博的能量得以迅速释放，并通过两三年的时间发展成网络舆论的主要平台。从传播形态上看，微博的特征是信息的即时性、共享性以及动态信息传播网络，即时信息的发布与获取是其核心功能。③ 微博的兴起带来了两个深远的影响：第一，构建了一个开放的网络公共空间，在公共事务中公民的信息获取和参与能力都得到极大的增强，由此引起的网络舆论的发酵、裂变和社会影响远远超过了BBS和博客时期；第二，网状化的信息传播特点更为突出，传播节点对于网络舆论的影响增大，互联网的"去中心化—再中心化"特征重塑了网络意见领袖。有研究者指出，新的意见领袖群

---

① 高钢. 物联网和Web3.0：技术革命与社会变革的交叠演进［J］. 国际新闻界，2010（2）：68-73.
② 周瑞金."新意见阶层"在网上崛起［J］. 炎黄春秋，2009（3）：52-57.
③ 喻国明. 微博：一种新传播形态的考察：影响力模型和社会性应用［M］. 北京：人民日报出版社，2011：5-9.

体（new opinion leader）具有巨大的社会动员能量，在网络热点事件中发挥着左右舆论的作用。[①] 简言之，粉丝多、影响大、信息节点、公共参与、社会动员被认为是微博意见领袖的主要特征。

微博意见领袖是互联网"再中心化"后的信息节点，是嵌入网络信息传播的行动者（agency）。它事实上打破了传统的人际传播、群体传播和大众传播的分野，因而不能简单地说信息是经过微博意见领袖传给受众或者是由意见领袖来引导舆论的。互联网条件下的意见领袖兼具过滤与控制机能中的输入和输出机能，并在输入和输出之间架设、强化自己的影响力。[②] 如果说互联网传播已没有传播者、收受者之分，而只有产消者（prosumer），那么微博意见领袖更像是活跃的网络行动者而非意见中介者。

除了从功能主义视角分析微博意见领袖发挥的社会作用，还应当注意微博意见领袖自身的特点和变化。微博意见领袖社区逐渐出现并形成三个圈层的结构，该社区具有媒体人驱动、跨越阶层和职业区隔的特点。[③] 相比BBS和博客的意见领袖，微博意见领袖同样包含传统意义上的精英与草根，但其社区化趋势形成了新的精英圈层，使得任何社会议题如果没有进入这一精英圈层则难以引发网络舆论。其实在对博客的研究中，有人就发现博客的根本力量来自长尾效应，博客意见领袖的影响力有很大一部分来自其他跟随者博客的影响力聚合。[④] 微博充分发挥了及时、动态和社交的属性，大大增强了信息的长尾效应。进而言之，微博意见领袖越来越具有一定的"媒体"属性，承载着信息源、信息桥和意见提供者等多种属性。[⑤]

[①] 李良荣，张莹.新意见领袖论："新传播革命"研究之四［J］.现代传播（中国传媒大学学报），2012（6）：31–33.
[②] 童希.微博上的公共事务意见领袖［D］.上海：复旦大学，2013.
[③] 曾繁旭，黄广生.网络意见领袖社区的构成、联动及其政策影响：以微博为例［J］.开放时代，2012（4）：115–131.
[④] 陈先红，潘飞.基于社会网理论的博客影响力测量［J］.现代传播（中国传媒大学学报），2009（1）：117–121.
[⑤] 李彪.微博意见领袖群体"肖像素描"：以40个微博事件中的意见领袖为例［J］.新闻记者，2012（9）：19–25.

不但个人可以成为微博意见领袖，新闻媒体和其他社会组织也可以成为微博意见领袖。传统新闻媒体在微博平台上不但没有衰落反而强势崛起，如《人民日报》、央视新闻、新华视点、《解放军报》、中国之声、《中国日报》等媒体的微博号都拥有千万级的粉丝数。此外，中华社会救助基金会大爱清尘基金通过微博发起的公益行动已进行了 5 年，"随手拍照解救乞讨儿童"微博公益行动也持续了 5 年，诸如此类不胜枚举。如果按照前述微博意见领袖的界定，那么这些微博大号也可以被看作微博意见领袖。在微博的研究中，有研究者混用意见领袖和议程设置两个概念，但其实两者仍有所差别。社交媒体上，任何一个用户都可能成为意见领袖，包括媒体本身，这就使得互联网上议程设置与意见领袖的二级传播共同存在。① 换言之，因为社交媒体改变了新闻的大众传播模式，传统的议程设置受到挑战，所以传统的新闻媒体通过社交媒体嵌入网络传播，试图建构新的网络行动者的角色，来影响网络舆论。从这一视角，就可以部分地解释为何新闻媒体在社交媒体上呈现着两个特点：一方面是话语形态上的个人化和风格化，另一方面则是内容运营的专业化和组织化。实际上，这也是微博意见领袖的显著特征。

微博意见领袖群体呈现着一定的"知识精英"色彩。在微博平台上，具有较好的知识素养、表达能力、网络参与积极性的博主往往更能获得关注，他们通过对于社会热点议题的传播，逐渐成为某个领域的微博意见领袖。实际上，这些博主很多都是各个专业领域中的知识精英，比如律师、医生、教师、企业家等。实际上，在 BBS 和博客时期，一些知名的博主就是现实生活中各个领域的专业人士，既熟悉专业知识领域，又擅长公共表达，有的还活跃于传统媒体上，拥有传统的意见领袖身份。到了微博时期，由于更多的知识精英在微博平台发声，成为微博大 V，他们针对网络事件或社会议题发表公共意见，推动信息的及时、公开传播和网络社会行动。一时间，微博成了知识界眼中理想的公共平台，微博意见领袖也几乎与社会精英画上等号。许多研究者认为，意见领袖必须是一位思想者，具备专业素质与能力，是超越

---

① 周巍.数字媒体时代的意见领袖研究［D］.上海：复旦大学，2013.

利益的、代表社会良知的公共事务的介入者和公共利益的守望者。①

然而，微博意见领袖社区的精英色彩遭遇很大的挑战。面对一些争议性事件，一些微博意见领袖在讨论问题时逐渐从理性交流演变为谩骂乃至人身攻击，大大减损了微博意见领袖社区的公共性和公信力。一段时间内，微博意见领袖的论辩演变为意气之争，裹挟着个人私利，弥漫着粗暴的语言和阴谋论，"微博大V"这个符号一定程度上也被污名化。在这样一种氛围下，微博意见领袖社区内部出现了严重的分裂，微博意见领袖的形象也与专业、理性、负责的知识精英形象相去甚远。考虑到大众文化生产的商业性，微博意见领袖的知识精英色彩不可避免地出现了危机，因为微博意见领袖常常面对的不是专业领域的问题，他们参与对更广泛的社会话题的讨论，有的远远超出了他们的专业范畴。不过，知识精英的污名化也有另一面，即构成了大众对于传统知识精英的"祛魅"，从这个意义上来说，微博意见领袖的变迁也是整个互联网知识领域变迁的缩影。网络意见领袖知识精英色彩的污名化也好、祛魅也罢，意味着互联网新一个阶段的网络表达和网络舆论将会有所不同。

三、"后微博时期"的网络意见领袖

这里所谈的"后微博时期"，并非指微博作为一种公共议题讨论和网络舆论生成的平台已经被取代，而是认为随着移动互联网的快速普及和微信的崛起，网络舆论的生态正在发生巨大的变化。CNNIC第53次《中国互联网络发展状况统计报告》显示，截至2023年12月，我国手机网民规模达10.91亿人，网民使用手机上网的比例为99.9%，移动互联网塑造了全新的社会生活形态。智能手机的普及速度加快，各种类型的客户端正在改变用户的上网习惯。与此同时，腾讯发布的2015年微信用户数据报告显示，微信每月活跃用户数量已达5.49亿，微信公众号超过800万个，近80%用户关注微信公

---

① 胡泳.我们需要什么样的网络意见领袖？[J].新闻记者，2012（9）：8-13.另参见蔡骐，曹慧丹.何种意见？何种领袖？——对网络意见领袖的几点思考[J].新闻记者，2014（8）：21-25.

众号,其中企业和媒体公众号的关注比达 73.4%。微信不只是一个移动端的新信息传播平台,它集合了即时通信、信息发布、社交、消费、公共信息服务、金融支付、游戏等多种功能,已经变成人们信息化生存的重要工具和关键"入口"。

目前尚无法对"后微博时期"的网络意见领袖作出准确的判断。一方面网络意见领袖广泛分布在 BBS、博客、微博、微信和其他社交媒体上,微博作为重要的公共传播平台仍然发挥着相当的作用,一些网络意见领袖同时活跃在不同的网络社区,呈现着多样化的特征;另一方面,传播技术变革正在重塑网络舆论的形态,网络意见领袖的社会功能和作用方式都在发生变化。一定程度上,在互联网逐渐成为信息社会基础架构的时代背景下,"意见领袖"这个大众传播时代的概念范式是否还有解释力,都存在疑问。然而,我们还是可以简要分析网络意见领袖可能呈现的变化态势。

首先,网络意见领袖兼具人际传播和大众传播的双重属性,兼具公共性和商业性的双重色彩。相比微博的弱连接特征,微信一开始是以强连接的特征出现的。微信朋友圈就是一个基于现实社会交往的强连接网络社区,其中意见领袖产生的影响看起来与大众传播时代的小群体的人际影响相似。但是微信公众号与微信朋友圈大不相同,它依靠订阅、推送、互动等方式传播信息和提供服务,是一个典型的自媒体,并且具有大众传播的特征,传播者的把关能力也强于 BBS 和微博上的传播者。

正因如此,传统媒体的微信公众号取得相当的成功。新榜发布的《2015年度中国微信 500 强报告》显示:人民日报微信公众号综合影响力排名第一(总阅读数 10.38 亿,平均每条阅读数 21 万,单条最高阅读数 380 万);央视新闻微信公众号则排名第四(总阅读数 6.28 亿,平均每条阅读数 13 万,单条最高阅读数 178 万)。① 当然,这一榜单上更多的是非媒体公众号,其中一些公众号在总阅读数、平均每条阅读数、点赞数等指标上都超过媒体公众号,显示着自媒体的强大传播力。那么,这些具有影响力的公众号是网络意见领

---

① "2015 年中国微信 500 强"[EB/OL].(2016-01-17)[2016-10-01].http://www.newrank.cn.

袖吗？一些公众号的言论不仅产生了广泛的影响，而且遭到删除内容甚至封号的惩罚，可见其之于网络舆论的重要性。同时，微信公众号具有很强的商业属性，广告、软文、流量导入是微信公众号的主要营利模式，而商业组织的微信推广已经成为一种重要的营销方式。一定程度上，BBS、博客和微博意见领袖都缺乏直接的商业变现渠道，而微信意见领袖的盈利可能性则大得多，这使得其商业色彩比较浓厚。据三个不同的微信公众号运营者介绍，目前市场行情是根据公众号的订阅数和文章阅读数来对广告定价，一些阅读数超过 10 万人次的文章可以卖出 5 万元甚至更高的广告价格。微信自身的进化同样值得注意，它不断延伸、扩展功能，如微信群组就逐渐成为网络舆论重要的生成和扩散空间。

其次，网络视频网站经过十余年的运营得到长足的发展，尤其是近几年网络视频与社交媒体、电子商务的广泛结合以及网络视频直播的兴起，催生了一种新的网络符号——网红。表面看起来网红与十年前的网络红人大同小异，都是网络赋予普通人资本与社会地位。然而网红的兴起有着不同的互联网时代背景：网红的内容生产以短视频、直播和电商为主，有专业的制作团队和多样的变现模式，通过社交媒体连接粉丝从而获取商业利益。换言之，网络红人的制造过程从后台走向前台，从隐蔽的商业目的转向公开的商业诉求。尽管一些网红依然凭借恶俗、低俗、庸俗来博取眼球，迎合网民的审美、审丑、偷窥等心理动机，然而诸如 papi 酱等新一代网红，不仅是网民的观看对象，而且在社会话题和生活方式上有一定的引导力。在互联网经济的驱动下，一些微博大 V、微信公众号也被认为是网红。

因而，网红这一符号所指的宽泛可能意味着"后微博时期"网络意见领袖和网络名人的界线越来越模糊，网络意见领袖的公共性和商业性结合更加紧密。以网络视频节目获得较高关注度的一些意见领袖绝大多数既是微博意见领袖，也运营着微信和视频网站的自媒体大号，可以说兼具网络红人和网络意见领袖身份。有意思的是，他们并不避讳网络表达背后的公共性和商业性，甚至经常强调自己是内容创业者和生意人。值得注意的是，直言不讳地将网络表达与商业运作相结合，这样的自媒体反而成功地获得一部分网民的认可。

最后，知识型网络社区培育了一批专家型网络意见领袖。这里的专家型网络意见领袖不是指现实中的学术专家，而是互联网中的知识专家。戴维·温伯格（David Weinberger）指出，互联网正在改变着人类的知识形态，形成一个全新的专家网络，提供不同的价值、丰富的意见、透明的数据、开放的链接，使得专家网络比其他所有参与者加起来都更为智慧。① 维基百科、百度知道、豆瓣、知乎等网络社区，就是一种新型的专家网络，其中的网络意见领袖值得关注。以社会化问答社区——知乎为例，它鼓励用户分享知识、经验和观点，因而催生了大批草根意见领袖，认真负责的态度、积极主动的参与以及专业优质的答案是判定知乎社区意见领袖的关键。②

根据上述分析，我们大致可以勾勒出中国网络意见领袖的变迁路径。变迁主要指的是两个方面：一是由媒介技术变革与传播平台演进引起的网络意见领袖身份、表达、功能等方面的变化，此外发生的还有网络意见领袖向新网络社区的迁移。已有实证研究发现，技术驱动、舆论关注、信息红利、圈群认同以及可用性感知是影响迁移的五大要素。③ 显而易见的是，不同网络社区和平台的竞争非常激烈，网络意见领袖的迁移、停留或者同步使用都会对网络舆论和网络行动产生影响。二是互联网背后的政治权力、公共利益和商业资本之间的关系变动，塑造了网络意见领袖个体或群体与互联网结构之间的关系，从而制约了不同时期网络意见领袖的意见表达、网络行动和生存空间。恰如某学者指出，互联网上的意见表达依赖于权力和资本的强力推动，否则很容易淹没于互联网的海量内容之中。④ 中国网络意见领袖二十年变迁过程见表9.1。

---

① 温伯格.知识的边界［M］.胡泳，高美，译.太原：山西人民出版社，2014：100-108.
② 王秀丽.网络社区意见领袖影响机制研究：以社会化问答社区"知乎"为例［J］.国际新闻界，2014，36（9）：47-57.
③ 沈阳，杨艳妮.中国网络意见领袖社区迁移影响因素及路径分析［J］.国际新闻界，2016，38（2）：6-22.
④ 李永刚.我们的防火墙：网络时代的表达与监管［M］.南宁：广西师范大学出版社，2009：60-62.

表 9.1　中国网络意见领袖二十年变迁过程简表

		BBS与博客时期	微博时期	"后微博时期"
互联网发展阶段		Web2.0初期 个人发布 社会协作	Web2.0成熟期 自媒体 社交媒体	Web2.0向Web3.0转变自媒体/社交媒体物联网/智慧网络
互联网与社会的主要关系		新媒体	社会化媒体	信息社会的基础架构
网络意见领袖	身份和群体特征	草根色彩 精英涌入 意见中介者	意见领袖社区 社区呈精英化（知识精英色彩） 媒体作为网络意见领袖 网络行动者	意见领袖社区的停留与迁移 网络名人与网络意见领袖界限模糊（网红） 意见领袖的专家网络
	传统媒体的介入	较弱	增强	较强
	言论表达特征	激进和浪漫主义色彩 表达大众化	不确定的理性表达和对话 表达个人化与风格化	理性对话较缺乏 表达娱乐化与个性化
	商业性	较弱	增强	较强

网络意见领袖变迁的总体特征还包括以下几点：

首先，随着互联网逐渐成为信息社会的基础架构，网络意见领袖的生成机制也发生了变化。不能只从信息流的角度来分析网络意见领袖，它事实上兼具人际传播、群体传播和大众传播的属性。网络意见领袖不再是意见的中介者，而是嵌入网络传播结构中的关键节点，是活跃的网络行动者。在人们数字化生活的接入端口，网络意见领袖扮演了重要的角色。

其次，越来越多的网络意见领袖不再是个体，而是包括媒体在内的社会组织，一种"非人格化"的特征出现，商业组织的影响力大大增加。即使个体也越来越不依赖于网络平台，网络意见领袖的社区迁移成为一个重要现象。网络意见领袖的身份和群体特征更加多元，其内容生产除了公共议题，也涵盖各种娱乐、生活、时尚、体育、健康等社会议题，网络名人与网络意见领袖的界限日益模糊。

最后，网络意见领袖变迁过程中商业性影响加大、公共性遭遇挑战，这一方面使得网络意见领袖的精英色彩和启蒙意识消退，大众色彩和娱乐风格

突出，理性的网络表达和对话较为缺乏，网络行动的动力正在下降；另一方面，网络意见领袖的商业化趋向表明社会的开放和多元化，尤其是通过商业化将影响力变现也在客观上拓展了网络意见领袖的生存空间。然而，同样需要警惕和深入研究的是，在权力主导、资本合谋、公共性稀缺的互联网世界，我们应该呼唤怎样的网络意见领袖、网络表达和网络行动。

第三节　数字交往与数字鸿沟

一、数字鸿沟：从接入使用到交往实践

1995年以来，数字鸿沟（digital divide）作为一种社会现象被广泛关注，逐渐成为全球性的议题，然而这之间也产生了许多的争论和误解。① 数字鸿沟关注的重点一直围绕着ICT（信息和通信技术）或数字媒体（digital media）在接触和使用上的不平等以及其影响因素。一般认为，"信息富有者"和"信息匮乏者"之间的信息落差导致了知识分割、贫富分化等问题。② 皮帕·诺里斯（Pippa Norris）则将数字鸿沟划分为全球鸿沟、社会鸿沟以及民主鸿沟。③ 保罗·阿特维尔（Paul Attewell）从微观层面将其分为两道鸿沟，即（计算机）接入差距和使用差距。④ 2020年，简·梵·迪克（Jan Van Dijk）基于接入和使用两个维度，进一步提出了数字鸿沟的四个层面：动机（motivation）、物理

---

① VAN DIJK J. The digital divide [M]. Cambridge：Polity，2020：1.

② 丁未，张国良. 网络传播中的"知沟"现象研究 [J]. 现代传播（中国传媒大学学报），2001（6）：11-16.

③ NORRIS P. Digital divide：civic engagement，information poverty，and the internet worldwide [M]. Cambridge：Cambridge University Press，2001：3-6.

④ ATTEWELL P. Comment：the first and second digital divides [J]. Sociology of education，2001（3）：252259.

接入（physical access）、技能（skills）以及使用（usage）。①

继19世纪世界范围的交通和通信革命之后，随着数字技术的革命性发展，我们正在经历又一次马克思和恩格斯曾说过的"新的交往革命"，即数字化成为推动物质交往和精神交往的主要动力，社会生产结构、资源结构、劳动力结构等方面都发生了巨变。迪克在21世纪初就认为，信息和网络社会中获取信息和交流渠道的相对差异比历史上任何一个社会都更能决定一个人的社会地位。②

随着全球信息基础设施不断完善，"接入沟"不断缩小。就中国而言，据2022年7月工业和信息化部公布的数据，十年来我国信息基础设施实现了跨越式发展，建成了全球规模最大的光纤和移动宽带网络，全国已实现村村通宽带、县县通5G、市市通千兆。③ 不断完善的信息基础设施以及提速降费等国家政策的实施，显著地弥合了由信息基础设施接入差距带来的"接入沟"问题。

从研究来看，近年来逐渐从关注"接入沟"转向"使用沟"以及互联网传播中的"知识沟"④等第二、三道数字鸿沟带来的问题，如有学者将数字鸿沟的使用问题与数字素养相联系，提出具有社会包容性的数字素养教育是弥合社会不平等的重要手段⑤；还有学者聚焦智能传播中的算法，研究不同教育程度人群中存在的算法知识沟，认为媒体报道、用户卷入度和算法编辑能力正向影响用户的算法知识及算法自我效能⑥。

---

① VAN DIJK J. The digital divide [M]. Cambridge：Polity，2020：2.
② VAN DIJK J，HACKER K. The digital divide as a complex and dynamic phenomenon [J]. The information society，2003，19（4）：315-326.
③ 第50次《中国互联网络发展状况统计报告》[R/OL]. (2022-08-31) [2022-11-01]. http://www.cnnic.net.cn/n4/2022/0914/c88-10226.html.
④ 韦路，张明新. 第三道数字鸿沟：互联网上的知识沟 [J]. 新闻与传播研究，2006（4）：43-53，95.
⑤ 卜卫，任娟. 超越"数字鸿沟"：发展具有社会包容性的数字素养教育 [J]. 新闻与写作，2020（10）：30-38.
⑥ 陈逸君，崔迪. 用户的算法知识水平及其影响因素分析：基于视频类、新闻类和购物类算法应用的实证研究 [J]. 新闻记者，2022（9）：70-85.

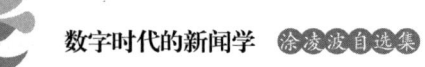

无论是知识沟理论还是数字鸿沟研究,都基于一个共享的前提:信息的分配不平等,特别是严肃新闻等公共信息的分配不平等产生的社会性影响。在这一前提下,学者们更多地论证数字鸿沟"是否存在"(各个地区、人群、不同媒介之间)、"为何存在"(教育、年龄、性别、社会经济地位、地区、个人兴趣取向等因素)[1]以及"如何弥合",却很少分析数字鸿沟出现的前提是否已经发生了一些变化。实际上,人们对ICT的使用已经远远超过了获取信息的范畴,数字技术使用已经变成一种生活实践。

数字技术的影响早已超出传统意义上信息的范畴,其改变的不仅仅是人们对公共信息的获取方式,它已全方位嵌入日常生活。有学者将数字传播的转型看作一种新的文明形态——数字文明,媒介场域不再是单向的信息模式,而更多涉及相互关系的改变,如人的认识行为、人的社会关系网络以及社会结构。[2]还有学者借助安东尼·吉登斯关于社会系统脱域的讨论,认为数字时代的本质之一就是人、信息、媒介与社会的脱域融合,数字实践也不再是单纯的信息流动,而是一种交流—行动复合体,进而提出"数字交往论"。[3]

具体来看,医疗卫生、交通出行、物流运输、消费购物等人们日常生活领域的数字化,都促使信息匮乏者不得不主动进入或被动卷入数字化社会。在此背景下,我们可以看到一对略显矛盾的社会现象同时出现:一方面,以往的信息匮乏者如老龄群体、社会弱势群体等已积极地使用数字媒介;另一方面,信息匮乏者在数字媒介使用中却形成了相对封闭的交流模式和圈层,使其与其他群体相"区隔"。比如,近年来在老龄群体中泛滥的虚假信息、养生信息成为热门话题,"网瘾老人"现象也受到越来越多的关注。

二、数字交往中的"鸿沟"现象

从数字交往视野出发,我们需要超越接入、使用、效果等传统的分析维

---

[1] 闫慧,孙立立. 1989年以来国内外数字鸿沟研究回顾:内涵、表现维度及影响因素综述[J]. 中国图书馆学报,2012,38(5):82-94.
[2] 吴飞. 数字传播与数字文明的兴起[J]. 传媒观察,2022(1):1.
[3] 杜骏飞. 数字交往论(1):一种面向未来的传播学[J]. 新闻界,2021(12):79-87,94.

度去分析数字鸿沟现象,而作为"交往"的传播观和媒介观是一个有所启发的视角。从学术史来看,这一传播观念可以追溯到前数字时代的诸多研究成果。社会学家约翰·杜威(John Dewey)将传播视为"沟通之果实会成为共同参与、共同享受",沟通的工具性的作用(也就是中介性)即作为一种社会行动建立合作、统治和秩序。① 詹姆斯·凯瑞继承杜威等人的思想,提出传播的仪式观,传播是建构并维系一个有秩序、有意义、能够用来支配和容纳人类行为的文化世界,具有分享、参与、共同体等意义。② 此外,传播学研究中的"对话理论"从马丁·布伯(Martin Buber)的"我与你"③、巴赫金(Bakhtin Michael)的对话哲学④中汲取养分。帕罗阿尔托小组对个人与其他个体之间的关系网络作出了基本的分析,而格雷戈里·贝特森(Gregory Bateson)对"元传播"中的关系也作出了基本讨论⑤。上述基于关系、仪式、对话的传播观念,为数字交往的理论探讨提供了基本的参考。

随着技术哲学和媒介学研究的发展,以表征为主的媒介研究逐渐转向以媒介为本体的视角。技术哲学视野下的媒介观尽管常常是去人类中心主义的,但同样关注对话的问题,如西比尔·克莱默尔(Sybille Krämer)提出"媒介性"概念,认为媒介使信息能够感知和看到,媒介是"交往"的中介。⑥ 相较而言,约翰·杜伦·彼得斯(John Durham Peters)则将具有基础性作用的媒介视为"后勤型媒介"(logistical media),与记录型媒介压缩时间、传输型媒介压缩空间不同,后勤型媒介则是在前两者的基础上将人和物置于网格之上,既能协调关系,又能发号施令。⑦ 如果我们将数字媒介看作一种后勤型媒

---

① 杜威.经验与自然[M].傅统先,译.南京:江苏教育出版社,2005(6):108,130-133.
② 凯瑞.作为文化的传播[M].丁未,译.北京:中国人民大学出版社,2019(1):18,78-79.
③ 王怡红.关系传播理论的逻辑解释:兼论人际交流研究的主要对象问题[J].新闻与传播研究,2006(2):21-26,94-95.
④ 钱中文.巴赫金:交往、对话的哲学[J].哲学研究,1998(1):53-62.
⑤ 罗杰斯.传播学史:一种传记式的方法[M].殷晓蓉,译.上海:上海译文出版社,2012:95,97.
⑥ 吴薇,曾国华,吴余劲.人类、技术与媒介主体性:麦克卢汉、基特勒与克莱默尔媒介理论评析[J].全球传媒学刊,2019,6(1):3-17.
⑦ 彼得斯.奇云:媒介即存有[M].邓建国,译.上海:复旦大学出版社,2020:42-43.

介、一种基础设施的话，那么基于数字媒介的传播则显然具有鲜明的交往关系取向。

从媒介本体出发的讨论，实际上指向了人通过媒介与世界交往这一宏观问题。马克思与恩格斯基于人的本质是"一切关系的总和"提出"交往"这个宏观的社会性概念，他们认为，人在积极实现自己本质的过程中创造、生产人的社会联系和社会本质，这也是人的精神交往得以产生和发展的内在动因。① 马克思与恩格斯的交往观为理解数字时代的交往问题提供了坚实的理论基础。当我们跳出传统大众传播思维的框架，所关注的就不仅仅是信息的传递过程，而是物质交往、精神交往的实践过程，是主体间关系的创造、维系和发展过程。

在基于数字媒介的交往实践中，我们可以从交往媒介、交往关系以及交往场域三个方面进一步考察数字鸿沟问题。

其一是交往媒介。数字媒介不同于以往的媒介技术，它触及到社会的每一个可以想象的部分，也可以被看作是对日常生活全方位的嵌入。② 考虑到数字生活的领域是方方面面的，在"接入沟"和"使用沟"缩小的同时，信息匮乏者和信息拥有者的数字实践可能并不趋同，数字交往中亦会产生新的区隔，如有学者提出我们正迎来"智能鸿沟"，即核心智能技术引发的社会不平等和不公正，数据、算法与社交媒体在使社会更广泛的连接互动的同时，暴露了更多的社会排斥、边缘化和脆弱性。③

其二是交往关系。首先是交往主体的问题。网络社会中行动者的交往不仅存在于人与人之间，还存在于人与物之间。比如，在数字交往中我们更加频繁地与算法、平台等非人行动者进行"互动"，用户行动与算法机制形成了相互塑造的共生关系。④ 其次是交往距离问题。不论是知识沟理论还是数字鸿

---

① 陈力丹.精神交往论：马克思恩格斯的传播观（修订版）[M].北京：中国人民大学出版社，2016（5）：82，90–91.
② VAN DIJK J. The digital divide [M]. Cambridge：Polity，2020：5.
③ 钟祥铭，方兴东.数字鸿沟演进历程与智能鸿沟的兴起：基于50年来互联网驱动人类社会信息传播机制变革与演进的视角[J].新闻记者，2022（8）：34–46.
④ 陈逸君，崔迪.用户的算法知识水平及其影响因素分析：基于视频类、新闻类和购物类算法应用的实证研究[J].新闻记者，2022（9）：70–85.

沟研究，实际上都注意到交往主体之间存在的差距，特别是现实社会和虚拟社会中的阶层差异问题。传播的对话观强调一种"平等的交流"①，而数字交往中关系的不对等及其导致的问题值得关注，如当这种关系发生在家庭场域时所引发的代际反哺现象。

其三是交往场域。空间维度，或者说区域视角一直以来是分析数字鸿沟的重要框架之一。当数字鸿沟被视为一种全球性现象时，许多研究聚焦发展中国家与发达国家之间的差距，以及国家内部经济发达地区与不发达地区、城市与乡村之间的比较。正如迪克所指出的，虽然"数字"一词表明数字鸿沟是一个技术问题，但事实上它更多的是一个社会问题，这也是"数字接入沟"逐渐弥合之后，数字鸿沟依然存在的原因。这就要求我们考察数字交往发生的具体场域和具体情景，如家庭、社群、工作等场域，看到数字技术在不同群体、地方和实践场域中的适用性差异，从而打破数字普遍主义的迷思。②

三、数字鸿沟的"老话题"与"新议题"

（一）家庭：数字鸿沟与交往实践的微观场域

第50次《中国互联网络发展状况统计报告》数据显示，目前促进非网民上网的首要因素是方便与家人亲属沟通联系，占比为26.7%；其次才是方便获取专业信息，如医疗健康等信息，占比为25.1%。③这意味着家庭因素是促进数字匮乏者主动接入网络，缩小数字鸿沟的主要因素之一。在造成代际鸿沟的因素中，"大众传播媒介的发展本身也可以是划分不同代际的利器"④。有学者以微信为例，不管在社会层面还是家庭层面，不同世代在接入、使用和

---

① 凯瑞.作为文化的传播［M］.丁未，译.北京：中国人民大学出版社，2019（1）：18，78—79.
② 刘国强，颜廷旺.底层群体为何拒用智能手机？——基于重庆棒棒的扎根研究［J］.国际新闻界，2022，44（7）：74—96.
③ 中国互联网络信息中心.第50次《中国互联网络发展状况统计报告》［R/OL］.（2022—08—31）［2022—11—01］.http://www.cnnic.net.cn/n4/2022/0914/c88-10226.html.
④ 周晓虹.文化反哺：变迁社会中的代际革命［M］.北京：商务印书馆，2015：312.

素养方面都呈现了显著的数字鸿沟。①在家庭代际间的数字鸿沟中，年轻世代由于掌握了更多的数字技术而在数字交往关系中掌握主导与建构性力量，而家庭中的父母、祖代往往被视为数字弱势群体。

不过需要看到，家庭既是代际数字鸿沟发生的重要场域，也是弥合代际数字鸿沟的重要场域。费孝通先生指出，不同于西方家庭中单向的"传递模式"，我国家庭的典型代际关系模式是"反馈模式"，即甲代抚养乙代，乙代赡养甲代，同时抚养丙代的模式。②中国家庭代际关系密切程度高，在数字媒介的作用下，家庭为代际间的数字反哺提供了特殊的交往情景和交往实践。

值得注意的是，中国家庭仍然经历着结构性的变迁。20世纪初，有实证研究指出，中国家庭在逐渐迎来核心化和小型化的趋势的同时，没有完全走入"核心家庭"模式。③此后，有学者基于1982—2010年历次人口普查数据，指出当代中国家庭经历着人口与家庭的双重变迁，家庭规模小型化与结构简化、家庭人口老龄化及相应的居住模式变化、非传统类型家庭大量涌现等是主要趋势。④除了社会经济发展与人口政策调整，婚育意愿与行为、迁移流动与城镇化、人口老龄化等也在不同程度作用于家庭变迁，个体主义与家庭主义、自主性和集体性杂糅并存，代际张力和互动也形塑着当下的中国家庭关系。

"家"作为社会的基本单位，也是媒介实践的重要场所，承载着代际鸿沟和弥合代际鸿沟之间的张力，这为考察数字交往中的数字鸿沟提供了微观而又具体的研究情景。以"家"作为方法⑤，可以为分析中国的数字鸿沟和数字交往实践提供中国理论、中国方法的关怀。

---

① 周裕琼，丁海琼.中国家庭三代数字反哺现状及影响因素研究［J］.国际新闻界，2020，42（3）：6-31.

② 费孝通.家庭结构变动中的老年赡养问题：再论中国家庭结构的变动［J］.北京大学学报（哲学社会科学版），1983（3）：6-15.

③ 怀特，伊洪.中国城市家庭生活的变迁与连续性［J］.开放时代，2005（3）：61-79.

④ 彭希哲，胡湛.当代中国家庭变迁与家庭政策重构［J］.中国社会科学，2015（12）：113-132，207.

⑤ 肖瑛."家"作为方法：中国社会理论的一种尝试［J］.中国社会科学，2020（11）：172-191，208.

（二）构建数字关系：代际反哺与同辈互哺

文化反哺是数字鸿沟研究中的重要内容，已有大量文献讨论代际之间的文化反哺问题。有学者提出随着数字媒介的加速变迁，文化反哺几乎每隔十年就延伸出一个新维度，从20世纪90年代的"器物反哺"到21世纪的"技能反哺"，再到21世纪10年代的"观念反哺"，层层递进，深入社会生活的方方面面。① 此外，数字反哺已经成为家庭互动的一种模式，是家庭得以正常运转的手段和动力机制。不过，仅有较少的研究注意到代际之间的反哺已经成为家庭的一种交往方式，如有学者发现代际数字反哺程度越深入的家庭，亲子关系就越和谐。② 新媒介技术在家庭内还构建起新的亲密关系，特别是家庭成员借助数字媒体展开的包括反哺在内的跨时空互动，正在使新型的亲密关系（情）取代传统的孝道价值观（理），成为当代中国家庭的核心纽带。③

同辈互哺现象在老龄群体中也普遍存在，以智能手机为代表的新媒介技术在信息、关系、行动等诸多维度和层面赋权老年人的日常生活。同辈互动、社交助推逐渐成为老年人媒介生活的新特征④。不少研究者指出，ICT使用能够增强老年人与家人和朋友之间的联系，巩固既有社会纽带；同时，老年群体可以通过互联网结交新朋友，拓展外部支持网络。在数字交往中，数字技术的同辈互哺也随之发生，但更多发生于代际反哺失灵的情况下。一项关于随迁老人的实证研究发现，得不到子女积极、正面反馈的随迁老人会在心理和行动层面上从家庭决策中退出，转向与家庭外部的群体互动，有可能加剧知识传播的内卷化问题。⑤

---

① 周裕琼，丁海琼.中国家庭三代数字反哺现状及影响因素研究［J］.国际新闻界，2020，42(3)：6-31.

② 周裕琼.数字代沟与文化反哺：对家庭内"静悄悄的革命"的量化考察［J］.现代传播（中国传媒大学学报），2014（2）：117-123.

③ 周裕琼，丁海琼.中国家庭三代数字反哺现状及影响因素研究［J］.国际新闻界，2020，42(3)：6-31.

④ 蒋俏蕾，刘入豪，邱乾.技术赋权下老年人媒介生活的新特征：以老年人智能手机使用为例［J］.新闻与写作，2021（3）：5-13.

⑤ 熊慧，李海燕.权威延展与"益能式"反馈：随迁老人智能手机赋权的家庭语境及其实现［J］.新闻大学，2022（8）：17-30，121-122.

(三)视频化社交:信息匮乏者的机遇或挑战

截至 2022 年 6 月,我国城镇地区互联网普及率为 82.9%,农村地区互联网普及率为 58.8%。①信息技术基础设施在全国范围的不断完善使接入沟不断缩小,而抖音、快手等视频社交平台的兴起,很大程度上降低了信息技术的使用门槛。数据显示,2022 年,我国短视频的用户数增长最为明显,达 9.62 亿,较 2021 年 12 月增长 2805 万,占网民整体的 91.5%。②从交往关系考察,语音、照相、视频等技术的普及以及 4G、5G 通信技术的支撑,使得传统的信息匮乏者的社会连接大大加强。从家庭的交往关系来看,语音与视频电话的使用频率比起文字沟通更高,这也成为家庭中老人与子代通话的主要交流模式,在一定程度上拉近了信息匮乏者和信息拥有者之间获得社会支持网络能力的距离。

但值得注意的是,信息弱势群体在积极触网的同时,产生了新的区隔。有学者很早就指出,在 ICT 技术不断革新的大背景下,每一种媒体都形成了自己独有的文化,而文化性障碍是新老媒体关键性的融合障碍③。以抖音、快手为代表的视频社交平台迅速崛起,使得社交媒体用户加速"下沉",传统数字鸿沟中的信息匮乏者凭借视频化社交媒介加速融入数字生活,并形成了一种新的社交方式和文化现象。但需要反思的是,这种视频化社交带来了一系列问题,如虚假信息的扩散、视频沉迷、传播伦理等。

(四)区隔:如何跨越圈层化交往

数字交往实践中不可忽略的还有圈层化特征。圈层化的一个方面是"圈子","圈子"是网络中一种重要的关系模式,由关系、文化和技术三种力量塑造,网络虽然赋予了人们重构关系"圈子"的可能性,但现实中的差序与

---

① 中国互联网络信息中心.第 50 次《中国互联网络发展状况统计报告》[R/OL].(2022-08-31)[2022-11-01].http://www.cnnic.net.cn/n4/2022/0914/c88-10226.html.
② 周裕琼,丁海琼.中国家庭三代数字反哺现状及影响因素研究[J].国际新闻界,2020,42(3):6-31.
③ 彭兰.文化隔阂:新老媒体融合中的关键障碍[J].国际新闻界,2015,37(12):125-139.

关系约束仍难以摆脱。①数字媒介的使用，在重构"圈子"的同时，在一定程度上固化了网络交往的圈层关系。

随着信息基础设施的完善（接入沟），再加上视频化社交的低门槛（使用沟），信息匮乏者在数字交往时，可能出现新的横向"数字鸿沟"。比如，快手采用"农村包围城市"的互联网路线，使传统意义上的信息匮乏者成为数字实践的先驱和主力军，但群体性的使用可能并未拉近乡村和城市之间技术使用者之间的距离。有研究指出，一方面，短视频推动了村民从失语的"他者"到自我言说者的转变；另一方面，平台逻辑和流量逻辑也使部分乡村使用者的自我呈现变成"乡村奇观"，为了吸引尽可能多的流量，他们会迷失自我，陷入"娱乐至死"的境地。②这一现象可以被视为数字交往实践中出现的横向"数字鸿沟"或"数字区隔"。此外，圈层化带来的数字区隔，还存在于青年亚文化群体、趣缘社群的交往之中，"回音室效应"的出现实际上也与数字鸿沟问题有所关联。

（五）"网瘾老人"：从数字鸿沟到数字沉迷

以往，家庭内部的老龄群体被认为是信息匮乏者，然而近些年"网瘾老人"大量出现，这也是数字鸿沟研究中的新现象。行业报告显示，有51%的中老年群体日均上网时长超过4小时。③"网瘾老人"看似已经跨过数字鸿沟，但事实上"网瘾老人"反映了另外一个相似的问题，即如何建立一种良好的数字生活。

在过往的研究中，有学者指出生活数字化、人口老龄化和家庭空巢化三大因素使"鸿沟"不断增大。④当前人口流动的频繁使家庭在空间上的迁徙成

---

① 彭兰.网络的圈子化：关系、文化、技术维度下的类聚与群分[J].编辑之友，2019（11）：5-12.
② 沙垚，张思宇.公共性视角下的媒介与乡村文化生活[J].新闻与写作，2019（9）：21-25.
③ 艾媒产业升级研究中心.2021年中老年群体触网行为研究报告[R/OL].（2021-07-08）[2022-11-01].https://www.iimedia.cn/c400/79550.html.
④ 周裕琼.当老龄化社会遭遇新媒体挑战：数字代沟与反哺之学术思考[J].新闻与写作，2015（12）：53-56.

为常态，出现了空巢老人（留守家庭）和随迁老人等。据2022年10月民政部数据，我国老年人口中空巢老人占比目前已超一半，部分大城市和农村地区空巢老年人比例甚至超过70%，预计"十四五"时期，60岁及以上老年人口总量将突破3亿，占比将超过20%，我国将进入中度老龄化。① 随迁老人的出现是因为为了照顾子辈或孙辈，许多老人不得不远离家乡，在城市中担负起"保姆式"的照料角色，成为"老漂"一族。②

从交往的角度来看，社会交往一定程度上遵循着"同质性原理"，即群体内的交往比群体外的交往要普遍得多，③ 而独居老人缺乏家庭中重要的代际支持，随迁老人则离开了原有的社会环境，"网瘾"实际上就是另一种社会融入的交往实践。"网瘾老人"现象的出现对数字社会建设提出了新的挑战。

第四节 圈层化与"去圈层化"交往

圈层化是近年来在新闻传播学研究中出现的一个新概念。过去认为，互联网发展会带来扁平的、开放的、互联互通的世界，然而网络用户的连接显然不是所有人对所有人的传播的理想状态，现实中形成了以兴趣、爱好、利益等为关系构成的网络社群连接，社交媒体的推荐算法以及"过滤泡"效应则加剧了圈层化现象。

网络文化的圈层化是指文化实践与文本符号的圈子化、层级化、差异化，表现为不同网络群体内部意义生产的一致性，以及圈子之间的文化隔膜甚至冲突。网络文化的圈层化主要有以下三方面特征：

一是社群连接，即形成各种具有文化意涵的圈子。圈子是网络人群自发组织形成的一种强连接关系，其内部常常组织有序、分工明确。圈子内部成

---

① 王祖敏．空巢老人占老年人口过半 中国部署开展特殊困难老年人探访关爱服务［N/OL］．（2022-10-26）［2022-11-01］．http://www.chinanews.com.cn/gn/2022/10-26/9880449.shtml.
② 吴小英．流动性：一个理解家庭的新框架［J］．探索与争鸣，2017（7）：88-96.
③ 张文宏，李沛良，阮丹青．城市居民社会网络的阶层构成［J］．社会学研究，2004（6）：1-10.

员有着不同身份和心理归属，对某一种文化类型尤其是小众文化、亚文化有着强烈认同。从个体来讲，因互联网技术赋权，个人参与网络社群得以成为可能，圈子亦能为个人的创新提供渠道，帮助其实现自我价值。

二是文化生产的参与性。网络文化本质上是一种参与式文化。比如，在网络二次元文化实践中，数以万计的创作者在社交平台上分享自制内容，生产丰富的二次元文化产品/文本。这种亚文化类型，因庞大的参与式协同创作和传播，在青少年中风靡开来。参与性也塑造了圈层内部紧密的关系和文化认同。

三是文化的层级差异。在文化研究的传统中，高雅与低俗、精英与大众、主流文化与亚文化等二元分类体现了文化的区隔，文化的区隔也因文化权力的再生产被巩固和合法化。网络文化的层级差异是一种新型的文化区隔，与文化的二元对立不同的是文化的"鄙视链"层级出现，往往表现为文化品位的差异。

一定程度上，圈层化现象反映了多元网络文化的繁荣，在建立社群关系、达成群体认同、创造文化资本、丰富符号生产等方面都有积极作用。然而应当注意的是，圈层化可能导致"部落化"，不同的网络文化圈层形成坚固的"壁垒"，变成一个个文化资本争夺的场域。因此，网络圈层文化如何突破彼此之间的"壁垒"，达成更广泛的文化交流、文化理解与文化认同，是网络文化繁荣发展面临的一项关键议题。

文化生产的主体是圈层"破壁"的行动者。青年是网络亚文化的主要人群，作为网络原住民，其语言符号、思维方式、行为习惯等已被互联网所形塑。对于主流文化生产者来说，主动将这些边缘化、个性化的文化类型纳入其中，去粗取精、合理引导，是圈层"破壁"的重要路径之一。例如，近年来说唱文化逐渐进入大众视野，一些中文说唱歌手也走出了网络圈子。此外，小众文化和亚文化圈层为了寻求发展空间，也开始"破圈"发展，这是反向的圈层"破壁"路径。

在文化符号生产上，网络圈层的"破壁"通过符号传播和意义共享来实现，如"应援/打call"本身是二次元文化、粉丝文化的符号，过去并未进入主流文化话语体系之中，但短短几年，这一符号已经成为大众媒介、官方话语、日常生活中的常规用语。此外，传统主流媒体还通过短视频、直播等形式，与网络用户共同生产视听符号、共享文本意义、共创网络文化。

网络文化主要是在网络空间中形成的，因而网络平台作为网络文化的媒介，是圈层"破壁"的结构性力量。当前，互联网业态发展正在进入平台化时期，垂直化内容生产是平台的主要运营模式，网络电影、电视剧、综艺、游戏等文化产品的生产，首先在于满足某一圈层的用户喜好，黏合用户群体。不过在平台的运作上，如何让某一产品"出圈"，从小众文化产品进入大众消费视野，获得更广泛的关注与认同，是平台运营的深层逻辑。近年来，一些网络视听平台将摇滚音乐这一文化类型包装成综艺节目的形态，突破了过去的小众文化圈层、走向了大众，这是以平台为中介实现圈层"破壁"的典型案例。

面对网络文化的圈层化现象，"去圈层化"是网络文化繁荣发展的现实要求。构建"去圈层化"的网络文化多元融合形态，是当代文化发展的重要方向，也是提升国家文化软实力的题中应有之义。

一方面，我们应以文化自信的姿态审视网络文化的圈层化现象。网络空间是一个活跃的文本生产、文化实践、文化创新的场域，网信事业代表着新的生产力和新的发展方向。对网络小众文化、亚文化圈层，我们要坚定文化自信，有充足的包容精神。同时，网络文化存在圈层化所导致的圈层内外、圈层之间的恶性竞争和冲突以及圈层的"鄙视链"等问题。应本着对社会负责、对人民负责的态度，依法加强网络空间治理，加强网络内容建设，做好网络正面宣传，培育积极健康、向上向善的网络文化，为广大网民特别是青少年营造一个风清气正的网络空间。

另一方面，我们应激发文化生产的自觉意识，促使圈层内部、不同圈层之间的网络文化融合创新，打破不同圈层之间的文化隔阂，让互联网发展成果为全体人民共享。网络文化具有交互性、行动性、仿真性等特点，良好的网络文化有助于网络强国建设，有助于构建线上线下同心圆、凝聚社会共识，有助于推动中华优秀传统文化创造性转化和创新性发展、继承革命文化、发展社会主义先进文化。应激发文化生产的自觉意识，推进圈层内部、不同圈层之间在基于社会共识、网络话语共识的基础上，各美其美、求同存异，寻求多元融合的网络文化形态，通过"破壁"达成美美与共的文化景观。

第五节　数字时代的世界交往观

最后，笔者将回到世界交往的视角，尝试探讨被传统传播学范式所忽略的文明之间交流的重大问题。在文明史研究中，汤因比在比较诸种文明形态之兴衰时，认为文明碰撞会引发不同的回应并导致复杂的后果。布罗代尔则指出，所有文明都通过贸易等交往方式从其他文明中汲取养分，文化在世界范围内的传播还会改变文明的边界。总之，不管是文明兴衰论、文明冲突论还是文明融合论，都离不开文明之间如何交流、采取何种交往方式和手段等问题。在这一意义上，马克思和恩格斯提出的世界交往概念，是具有世界史和文明史眼光的整体概念。

我们一般将媒介作为文明的载体，视其为记录文明信息的工具，却忽视了媒介之于文明的深刻意义。从媒介的视角来看，媒介逻辑深刻地嵌入了人类文明交流的历史，塑造了古代交往体系和现代世界交往体系，文明交流相当程度上受到一个时代媒介技术和交往工具的限制，也因媒介革命而获得新的可能性。从狭义上讲，文明通过媒介而得以交流／传播／交往，从语言、文字、印刷、电子到互联网媒介的演进，媒介与人类文明交流的扩大、世界交往体系的形成是同向的；从广义上讲，文明通过媒介而被保存、记忆、感知、共享，因而能够跨越时间和空间，文明的交流、融合与共同发展，无媒介而不能进行。文明交流总是通过媒介来实现，这是一种媒介化的世界交往活动。

世界交往进入新阶段。在数字媒介技术变革作用下，世界交往进入了一个新阶段，即以互联网为基础设施的人与人之间普遍的、直接的交往关系，我们可以称之为数字世界交往。这一进程与人类从工业文明进入信息文明时代同构。正如姜义华指出,信息文明最根本的特点是,它使人在历史上成为真正直接和世界产生联系的人。进一步看,数字世界交往有如下几个方面的特征:

第一,数字世界交往是建立在元技术、后勤型媒介逻辑上的复杂体系。从基特勒到彼得斯的媒介哲学,都十分强调媒介在人类存在中的本体论意义,指出媒介具有组织、协调人和物之间的关系的基础功能。在此意义上,互联网只是媒介技术的表层,而底层的媒介元素则是通信技术、代码、算法等组成的技术系统。这一技术系统不仅塑造了人们交往的信息语法,而且为物质交往和精神交往提供了标准格式。

第二,数字时代的交往体系是全时、全域形态的,在深度与广度上都超越了工业文明时代的交往体系。民族国家仍然作为重要的交往主体外,宏观上以文明为基本单元的交往活动、微观上以人为交往主体的世界交往活动都得到极大扩展。随着数字孪生、赛博人等新现象出现,数字交往看起来指向虚拟的交往,然而物质交往依然十分重要。数字交往受到生产力的制约,即出现了媒介基础设施条件、物质交往需求、资源(技术)供给等交往前提,而交往关系的发展反过来又推动生产力的进步,将数字技术落后的地区与人群连接到超级信息系统中。

第三,数字世界交往方式更加"轻盈"与流动,同时呈现着平台化交往的新特征。工业时代的世界交往以规模化、标准化为特征,而数字时代的交往,则以个体式、碎片化、多样化为特征,图像社交、短视频社交、游戏社交风靡全球即其表征。然而,平台在背后扮演着关键角色,在大型跨国企业、超级互联网公司、全球供应链等平台的基础设施化过程中,平台正在成为世界交往的行动者之一,跨越了民族、国家的传统交往边界。

数字世界交往的兴起为文明的交流互鉴带来了新的可能性。首先,数字媒介是现代文明尤其是科学技术文明的最新成果,它本身就是现代文明的一部分,在数字媒介上,人们不断创造新的文化样态,传承并创新传统文化形式,文明交流与文化融合创新交织在一起。其次,文明交流过程中的文化遗产、思想观念、文化艺术等内容都可以被数字化,交流过程也被存储于云端,这与前数字时代存在显著区别,时间与空间问题不再制约文明交流,能否数字化则是影响文明交流互鉴的关键。最后,文明交流主体间的关系是多向度的,既是现实的交往也是虚拟的交往,既是在场的交往又是离身的交往,文化族群之间的交往更加频繁。简言之,数字媒介是文明交流的"镜像",文明交流在媒介中存在。

中华文明的传播观与文明交流的新范式。在新的世界交往和文明交流形态下,中华文明正在以一种古老而又崭新的姿态推动人类文明的新发展。中华文明是不断同其他文明融合并保持自身特征的连续统一体,是一种开放的、世界性的、多元一体的文明形态。

中华文明的传播观至少具有两个向度。一是具有历史向度。中华文明很早就形成了以汉字为基础的媒介系统,并产生了书写文化与印刷文化,注重文化的传播与传承。二是具有世界向度。不论是天下观,还是共生交往观、对话文明观,中华文明的传播观是超越民族国家范畴的,是具有世界交往意义的观念,是开放、共享、沟通、对话的交往观念。在新的时代背景下,人类命运共同体理念的提出,在历史和世界意义上阐明了中国倡导的平等、正义、开放、包容、和谐的新秩序和文明交流互鉴理想。从世界交往的视野来看,中华文明与其他文明之间频繁交流、互动、互鉴,中华文明具有鲜明的交往特征、可沟通性。近年来,中华文明探源工程成果的不断推出、中华文化遗产的数字化工程建设、中国文化的海外平台推广等实践,展现了数字媒介在不断提升着中华文明的影响力和吸引力。

在数字媒介语境下,一方面,元技术、全球媒介基础设施和数字世界交往体系为中华文明的世界交往提供了新的连接和可能性;另一方面,当我们从媒介的视角审视中华文明,可以发现中华文明的多元、开放、尊重、包容、对话、互鉴等交往特征,与数字媒介变革下的世界交往形态高度契合。在此意义上,人类命运共同体理念是面向数字媒介变革的世界交往观,为文明交流对话提供了一种新的范式。

后 记

在中国传媒大学迎来七十年华诞的熠熠生辉之时，我们有幸共襄盛举，参与由学校组织的学者文库。本人拙作有幸忝列其中，不甚惶恐，犹如一叶扁舟汇入智慧的瀚海，心中涌动的是荣幸与感激。本人自知，在诸多方家之中，作为后学晚辈，岂敢以所谓自选集自居，姑且以此为契机，重新回顾、整理、修订、反思近年来的一些粗浅研究，集结成册，为学校呈上一份赤忱的学术献礼。

《数字时代的新闻学：涂凌波自选集》精选近年来24篇已发表的学术论文，经严谨筛选与精心编辑，删繁就简，略作增补，凝练为九个主题鲜明的章节。本书基于数字技术变革下的传播环境和中国式现代化的时代背景，围绕中国新闻学基础理论问题展开，突出"以中国为方法"这一研究取向，涵盖了关于新闻学理论范式、新闻学自主知识体系、媒介技术、媒体融合理论与实践、中国式现代化与媒介实践、新闻时间、新闻生产、新闻伦理、数字交往等问题领域，总体上呈现了中国新闻学理论研究的热点议题图景以及本人的粗浅思考。与此同时，本人希望借助这些议题展现在新时代背景下学界同仁对新闻学基础理论问题的深度思考与创新见解。在数字时代，中国新闻学研究的理论范式、核心概念、问题体系等需要进一步创新发展，以构建具有原创性、自主性、开放性的新闻学知识体系，为阐释中国乃至全球的新闻实践作出中国学者的理论贡献，这也是摆在当代中国新闻学者面前的重要学术使命。需要说明的是，本文收录的论文发表时间各异，一些论述难免带有研究和写作时的语境，本书在编辑时对其中的一些概念和引用作了修订，但

后 记

是总体上尽量保持原貌，呈现当时对这些问题的思考（也反映思考和研究的螺旋式上升过程），并按照每章节的主题和逻辑重新论述，使得各章节的主题更加聚焦。

这些研究成果的产生以及本书的出版，得益于中国传媒大学对学术科研的谋划布局、对人才的高度重视、对青年学者的大力扶持。近年来，学校以建设中国特色、世界一流的传媒大学为战略目标，提出"三个跨越"转型升级的发展战略，回答人工智能时代"教育强国、中传何为"的时代新题，肩负起构建中国特色哲学社会科学、建构中国自主知识体系的时代使命，为学者们提供了优越的学术环境与广阔的学术舞台。尤其对青年学者而言，学校提供的各类课题资助、学术交流平台、人才培养机制等，如同春风化雨，助力我们快速提升研究能力，实现学术抱负。这份关爱与支持，不仅激发了我们的创新热情，更为我们履行学术职责、担当学术使命奠定了坚实基础。

这本书的出版，要特别感谢中国传媒大学各位领导、电视学院各位领导和同仁的支持帮助。感谢中国传媒大学出版社各位领导和编辑老师的帮助，感谢本书的责任编辑张斯琪老师，他们为文稿付梓做了很多工作。向参与本书中各项研究的合作者和团队成员致谢，这些成果的推出离不开他们的共同努力。按照章节顺序，他们是李泓江博士，田欣荷、王子薇、张天放、赵奥博、贾雨心、余跃洪、任英、李晓娟、张正、边歌、刘梦青、蒲俊辰、杨泰一。向参与本书编辑工作的各位同学致谢，他们是博士研究生马娅萌，硕士研究生杨靖毅、贾佳豪、葛菲、张萌、初玲羽，他们尽心尽力投入书稿编辑、修订和整理工作，付出了大量的时间和精力。最后还要感谢我的家人的无私奉献，感谢各位师友的大力支持帮助。

本人水平有限，本书中的许多思考还不成熟、不完善，请各位同仁批评指正。

涂凌波

2024 年 3 月于定福庄